CW00820607

Peter Blickle / André Holenstein

Agrarverfassungsverträge

Quellen und Forschungen
zur Agrargeschichte

Herausgegeben von
Peter Blickle und David Sabean

Band 42

Agrarverfassungsverträge

Eine Dokumentation
zum Wandel in den Beziehungen
zwischen Herrschaften und Bauern
am Ende des Mittelalters

unter Mitarbeit von
Thomas Albert, Peter Kissling und
Catherine De Kegel-Schorer

herausgegeben und bearbeitet von
Peter Blickle und André Holenstein

 Lucius & Lucius Stuttgart

Adresse der Herausgeber:
Prof. Dr. Peter Blickle
Historisches Institut
Abteilung Neuere Geschichte
Unitobler Länggassstrasse 49
CH-3000 Bern 9

Die Deutsche Bibliothek – CIP-Einheitsaufnahme

Agrarverfassungsverträge : eine Dokumentation zum Wandel in den Beziehungen zwischen Herrschaften und Bauern am Ende des Mittelalters / Peter Blickle ; André Holenstein. – Stuttgart : Lucius und Lucius, 1996
   (Quellen und Forschungen zur Agrargeschichte ; Bd. 42)
   ISBN 3-8282-0007-9
NE: Blickle, Peter [Hrsg.]; GT

Satz: Sibylle Egger, Stuttgart
Druck und Bindung: Franz Spiegel Buch GmbH, Ulm

Alfons Louis zum Gedenken

Vorwort

„Agrarverfassungsvertrag" ist ein Wissenschaftsbegriff. Er bezeichnet einen Typus von Urkunden, die an der Wende vom Mittelalter zur Neuzeit, vornehmlich in geistlichen Herrschaften Süddeutschlands, entstanden sind. Sie regeln auf der Basis gütlicher oder rechtlicher Vereinbarungen zwischen Herrschaft und Untertanenschaft (deswegen *Vertrag*) dauerhaft und gerichtlich einklagbar (deswegen *Verfassung*) die Rechtsform der landwirtschaftlichen Betriebe und den Rechtsstatus der sie bewirtschaftenden Bauern (deswegen *Agrarverfassung*).

Mit der vorliegenden Dokumentation werden 14 derartige Verträge ediert. Sie sind im Verlauf vieler Archivaufenthalte eher zufällig zusammengekommen, eine systematische Durchsicht der Repertorien der verfügbaren Archivkörper auf vergleichbare Verträge ist jedoch nicht erfolgt. Aus der großen Schnittmenge der in den Urkunden behandelten Rechtsmaterien geht hinreichend deutlich hervor, welch fundamentalen Wandel die Agrarverfassung im 15. und frühen 16. Jahrhundert erfahren hat. Die Auswahl erstreckt sich räumlich auf ein Gebiet, das von Bayern bis Baden reicht, zeitlich auf eine Periode von 100 Jahren, und sie stellt dar, wie die Verträge zustandegekommen sind und sich weiterentwickelt haben. Ersteres, die Rekonstruktion der Vorgeschichte der Verträge, erfolgt dank einer besonders günstigen Überlieferung an den Beispielen der beiden Klosterherrschaften Ochsenhausen und Kempten: Für Ochsenhausen liegen die von der Bauernschaft und dem Kloster verfaßten Vorakten zum Vertrag von 1502 (Nr. 12) vor (Nr. 13-18), für Kempten verfügt man über die, soweit sich sehen läßt, in Deutschland einmalige Quelle des sogenannten Leibeigenschaftsrodels (Nr. 21), der individuelle bäuerliche Beschwerden zusammenstellt. Letzteres, die Präzisierung der Verträge und ihre langfristige Veränderung, läßt sich an Weingarten (Nr. 6-8) und für einen besonders langen Zeitraum für Steingaden (Nr. 2-5) zeigen.

Alle Texte wurden nach den Richtlinien von Johannes Schultze (Blätter für deutsche Landesgeschichte 98, 1962, S. 1-11) normalisiert, alle schon gedruckten Vorlagen an den Originalen überprüft und den gewählten Normalisierungsregeln angepaßt. Die Entscheidung war und bleibt ebenso unbefriedigend, wie es eine buchstabengetreue Wiedergabe gewesen wäre. Somit hat das Argument der leichteren Lesbarkeit den Ausschlag gegeben. Die den Kopfregesten nachgestellten Quellen- und Literaturnachweise sind alphabetisch geordnet.

Anmerkungen, Glossar und Ortsregister sind integral in dem Sinne angelegt, daß sie es erlauben, den Reichtum der Quellen möglichst umfassend und prägnant zu erschließen.

Die hier vorgelegte Edition geht auf eine Paläographische Übung zurück, die ich mit Dr. André Holenstein an der Universität Bern durchgeführt habe. Die rohen Transkriptionen wurden schließlich mit der Hilfe von Thomas Albert und Peter Kissling in eine endgültige Form gebracht, die paläographisch komplizierten Vorlagen für

Ochsenhausen von Catherine De Kegel-Schorer bearbeitet. Hervorgehoben zu werden verdienen die Vorarbeiten von Gerhard Meister und Immacolata Saulle. Für unkomplizierte Hilfe gilt der Dank Dr. Kurt Andermann (Karlsruhe), Dr. Christine Bührlen-Grabinger (Stuttgart), Dr. Rolf De Kegel (Engelberg), Kreisarchivdirektor Dr. Kurt Diemer (Biberach an der Riß), dem Leitenden Archivdirektor Dr. Reinhard H. Seitz (Augsburg) und Dr. Gebhard Weig (Ulm).

Der Plan, die Agrarverfassungsverträge zu edieren, geht in die späteren 1970er Jahre zurück. Die ersten Transkriptionen, die ich der Übung in Bern zugrundelegen konnte, hat noch mein Saarbrücker Assistent, Alfons Louis, hergestellt. Ihm, dem viel zu jung Verstorbenen, sei dieser Band zum Gedächtnis gewidmet.

P. B.

Inhalt

Einleitung*

von Peter Blickle

Am 14. September 1502 legte eine Schiedskommission Streitigkeiten zwischen Abt und Konvent des oberschwäbischen Klosters Ochsenhausen und dessen Untertanen durch einen Spruch folgenden Inhalts bei[1].

Die bisher als Fallehen, das heißt auf Lebenszeit ausgegebenen Klostergüter werden in Erblehen umgewandelt. Die Höfe können in und außerhalb der Genossenschaft verkauft werden. Beim Wechsel des Hofinhabers erhält das Kloster 5 % des Schätzwertes als *Abfahrt* und 10 % als *Auffahrt*. Alle klösterlichen Leibeigenen – die Quelle spricht von *aigen lütt* – können künftig ihre Verlassenschaft vererben. Anstelle der bisher vom Kloster eingezogenen Mobilien *und* Liegenschaften entrichtet der Erbe eine Geldabgabe in Höhe der Abfahrtsgebühr, also gewissermaßen eine 5%ige Erbschaftssteuer. Die leibherrlichen Abgaben werden auf das beste Stück Vieh im Stall *(Besthaupt)* und eine pauschale Geldabgabe von 1 Pfd. Heller für das beste Kleid *(Gewandfall)* verringert. Die Gottesleute können auswärts erbschaftsweise Güter übernehmen, müssen aber Besthaupt und Gewandfall weiterhin dem Kloster entrichten. Das Kloster verpflichtet sich, folgende Nutzungsrechte der Bauern einzuhalten: das nötige Bau- und Brennholz steht ihnen unentgeltlich zu, Holzverkauf jedoch ist verboten; die Allmenden dürfen nur noch mit Zustimmung der Bauern gegen Zins verliehen werden; die Brachen sowohl von klostereigenen als auch bäuerlichen Äckern sind für beide Teile als Weide offen zu halten; die Waldweide *(Eckerich)* bleibt den Höfen im bisherigen Umfang erhalten.

Die hier knapp referierte Quelle hat den Charakter eines *Vertrages*. Als Vertragspartner treten Abt und Konvent auf der einen Seite, die klösterlichen Untertanen[2] auf der anderen Seite auf, die von Schiedsrichtern, Mitgliedern des Schwäbischen Bundes, verglichen werden. Der Vertragscharakter kommt besonders deutlich darin zum Ausdruck, daß die Urkunde zweifach ausgefertigt, gesiegelt und jeder Partei ein Exemplar ausgehändigt wird. Inhaltlich legt der Schiedsspruch die Grundzüge der *Agrarverfassung* in der Klosterherrschaft Ochsenhausen fest. Daraus erklärt sich der Vorschlag, den Text einen *Agrarverfassungsvertrag* zu nennen.

---

* Die Einleitung stellt die überarbeitete Fassung eines Aufsatzes dar, den ich unter dem Titel Grundherrschaft und Agrarverfassungsvertrag 1983 veröffentlicht habe. In: Hans Patze (Hg.), Die Grundherrschaft im späten Mittelalter. 1. Teil (Vorträge und Forschungen 27), Sigmaringen 1983, S. 241 – 261. Der Studie haben seinerzeit teilweise andere Quellen zugrundegelegen. Auf dieses Belegmaterial habe ich verzichtet. Ich stütze mich auf die in diesem Band zum Abdruck kommenden Stücke [mit Verweis auf die Quellennummern].

In den Anmerkungen werden folgende Abkürzungen verwandt

BayHStA = Bayerisches Hauptstaatsarchiv München
HStASt = Hauptstaatsarchiv Stuttgart
MB = Monumenta Boica
StAA = Staatsarchiv Augsburg
U = Urkunde
ZAZ = Waldburg-Zeilsches Gesamtarchiv Schloß Zeil, Archivkörper Zeil

Die im Quellen- und Literaturverzeichnis aufgenommenen Titel werden in der dort vermerkten abgekürzten Form zitiert.

[1] Quelle 12.

[2] Die Untertanen werden im Original (HStASt, B 481 U 233) namentlich genannt.

Es handelt sich hierbei um die Einführung eines Wissenschaftsbegriffs in Analogie zum Begriff des *Herrschaftsvertrags*. In der Diskussion zwischen Werner Näf[3] und Fritz Hartung[4] hat sich die Bezeichnung Herrschaftsvertrag zur Charakterisierung verfassungsähnlicher Vereinbarungen zwischen Landesherr (König) und Landständen (Reichsständen, Parlamenten) durchgesetzt. Bezeichnet werden damit Dokumente, die durch ihre politisch weitreichenden Bestimmungen (Recht, Steuer, Krieg und Frieden) und ihre zeitlich unbefristete Gültigkeit Verfassungscharakter haben. Das gilt analog auch für den Ochsenhauser Vertrag von 1502 insofern, als er mit der Festlegung der dinglichen und personalen Rechte und Pflichten der Bauern gegenüber dem Kloster die verfassungsmäßige Grundlage der agrarischen Ordnung wurde und bis zur Bauernbefreiung im 19. Jahrhundert geblieben ist. Modifikationen dieses Vertrages, wie sie im 17. Jahrhundert erfolgten, bedurften der beiderseitigen Zustimmung von Herrschaft und Untertanenschaft[5].

Durch den Ochsenhauser Agrarverfassungsvertrag erfolgt eine Umwandlung der Ochsenhauser Grundherrschaft. Die wesensmäßige Verknüpfung personaler und dinglicher Beziehungen zwischen Herr und Bauern, wie sie bis 1502 im Heimfall von Hof *und* Habe, Liegenschaften *und* Mobilien des Holden an den Herrn und seines auf die Genossenschaft beschränkten Lebenskreises zum Ausdruck kommt, wird abgelöst durch eine Segmentierung in die Einzelberechtigungen *Grundherrschaft* und *Leibherrschaft*. Der Agrarverfassungsvertrag für Ochsenhausen von 1502 verändert also die Grundherrschaft prinzipiell, und zwar tendenziell im Interesse der Bauern, und legt ihren Charakter für Jahrhunderte fest.

Ochsenhausen ist kein Einzelfall. Es gibt eine Reihe ähnlicher und verwandter Dokumente, die mit dem Begriff Agrarverfassungsvertrag sachgemäß umschrieben werden können. Den folgenden Überlegungen liegen die hier edierten 14 Verträge für die Herrschaften Engelberg[6], Steingaden[7], Weingarten[8], Ottobeuren[9], Rot an der Rot[10], Salem[11], Ochsenhausen[12], Marchtal[13] und Kempten[14] zugrunde. Damit sind nicht alle Agrarverfassungsverträge erfaßt – Rottenbuch[15], Ettal[16], Schussenried[17], Weissenau[18], St. Blasien[19], Berchtesgaden[20], Ursberg[21] oder St. Gallen[22] könnten

---

3 Werner Näf, Herrschaftsverträge und Lehre vom Herrschaftsvertrag, in: Schweizer Beiträge zur allgemeinen Geschichte 7 (1949), S. 26-52.

4 Fritz Hartung, Herrschaftsverträge und ständischer Dualismus in den deutschen Territorien, in: Schweizer Beiträge zur allgemeinen Geschichte 10 (1952), S. 163-177.

5 HStASt, B 481 U 467.

6 Quelle 1.

7 Quellen 2 – 5.

8 Quellen 6 – 8.

9 Quelle 9.

10 Quelle 10.

11 Quelle 11.

12 Quellen 12 – 18.

13 Quelle 19.

14 Quellen 20 – 21.

15 MB, Bd. 8, 1767, Nr. 61, S. 83.

16 MB, Bd. 7, 1767, Nr. 106, S. 97f.

17 HStASt, B 505 U 408.

18 HStASt, H 14/15, Nr. 277, fol. 22-27'.

19 Josef Bader (Hg.), Urkundenregeste über das ehemalige sankt-blasische Waldamt, von 1411 bis 1480, in: Zeitschrift für die Geschichte des Oberrheins 6 (1855), S. 480f.

20 BayHStA, Abt. I, Klosterurkunden Berchtesgaden 422.

21 StAA, Klosterurkunden Ursberg 164/I.

22 Walter Müller (Hg.), Die Rechtsquellen des Kantons St. Gallen, 1.Teil: Die Rechtsquellen der Abtei St. Gallen, 2. Reihe, 1. Bd.: Die allgemeinen Rechtsquellen der alten Landschaft (Sammlung Schweizerischer Rechtsquellen 14), Aarau 1974, S. 155-247.

herangezogen, andere durch eine systematische Durchsicht aller Archive gewiß erschlossen werden -, doch ist das vorhandene Material repräsentativ genug, den Typus *Agrarverfassungsvertrag* als solchen zu konstituieren.

Bereits die folgende tabellarische Übersicht zeigt unter der Rubrik *Vertragsinhalt* die Ähnlichkeit der behandelten Rechtsmaterien, nämlich Rechtsform der Güter (RdG), Erbrecht an der Verlassenschaft (EadV), persönlicher Rechtsstatus (leibeigen, frei, Zinser) (PR) und Arbeitsrente (Fronen) (Fr), so daß es berechtigt ist, diese Quellengruppe als eigene Gattung einer vergleichenden Analyse zu unterziehen.

Tabelle: Rechtsinhalt der Agrarverfassungsverträge [nicht berücksichtigt sind Texte, die lediglich vorangegangene Verträge auslegen]

Jahr	Herrschaft	Schiedsrichter Vermittler	Rechtsinhalt			
			RdG	EadV	PR	Fr
1422	Engelberg		x	x		
1423	Steingaden	Bayern	x	x	x	x
1718	Steingaden		x	x		x
1432	Weingarten	König		x	x	
1523	Weingarten		x	x	x	
1434	Ottobeuren	König	x	x	x	
1456	Rot	Österreich	x	x	x	x
1473	Salem	Überlingen	x	x	x	
1502	Ochsenhausen	Prälat, Adel, Städte	x	x	x	
1520	Marchtal	Abt, Adel				x
1526	Kempten	Schwäbischer Bund		x	x	

Zur Charakterisierung des Agrarverfassungsvertrags als Typus seien drei Gesichtspunkte untersucht, die sich aus den Quellen selbst als vorrangig ergeben: Wer schließt die Verträge [1], was beinhalten die Verträge [2] und weshalb kommt es zu den Verträgen [3]?

1.

Vertragsparteien sind auf der einen Seite die geistliche Herrschaft – der Abt beziehungsweise der Propst und der Konvent beziehungsweise das Kapitel -, auf der anderen Seite die Untertanen. Der farblose Begriff *Untertan,* der in den Agrarverfassungsverträgen häufig genug als Quellenbegriff belegt ist, bedarf allerdings einer näheren Betrachtung, weil sich damit der Vertragspartner der Herrschaft ständischrechtlich genauer festlegen läßt. Im einzelnen benennen die Urkunden die Untertanenschaft folgendermaßen: In Engelberg ist die Rede von den *tallutten von Engelberg*[23], in Steingaden von *der gepawrschaft gemainlich, die in die pfarr gen Staingaden gehorend*[24], in Weingarten von des Klosters *armen lewten*[25], in Ottobeuren von *gemainer gepurschaft und armerlüten, die zu demselben gotzhuse gehörend*[26], in Rot an der Rot von des *gotzhus undertån und armen lúten gemainlich*[27], in Salem von *den gemainden gotzhuslüten*[28], in Ochsenhausen von den *nachbestimpten des gemelten gotzhaws underthanen, hindersäßen und aigen Gerichtzlütten*[29], in Marchtal, wo sich der Vertrag nur auf zwei Dörfer bezieht, von *den erbern richtern und gemainden baider flecken*[30] und in Kempten schließlich von des *gotzhus aigenlewt und freyen zinser und zinserin auf die restin unser lieben frawen, auch aller heiligen sant Martins und sant Niclaus altar zinser und zinserin und underthaunen*[31].

Die zusammengestellten Belege zeigen, bei unverkennbar regionalen Unterschieden, als herrschaftlichen Vertragspartner jeweils dasselbe Rechtssubjekt. Ständisch gesehen sind es – umschrieben mit dem Begriff der *Bauerschaft* – die Bauern. Rechtlich gesehen sind es Untertanen, die als *Eigenleute, Gerichtleute* oder *Zinser* zu ihrer Herrschaft gehören; den Untertanenstatus deutet auch der Begriff *arme Leute* an, der als Eindeutschung von *pauperes* interpretiert werden kann und damit herrschaftliche Unterworfenheit ausdrücken würde. Räumlich gesehen ist es, wie der Begriff *gemeinlich* ausweist, die gesamte Untertanenschaft einer Herrschaft, die den Vertrag schließt. Mit anderen Worten: der Agrarverfassungsvertrag gilt für die Herrschaft und deren untertänige Bauern insgesamt.

Die Gültigkeit dieses Satzes muß noch besser begründet werden, machen doch die obigen Belege gewisse Einschränkungen – etwa räumlicher oder personeller Art. In Steingaden wird nur von den Untertanen in der *Pfarrei Steingaden* gesprochen, in Ochsenhausen ist nicht von *den Untertanen* schlechthin die Rede, sondern von *nachbestimmten,* die in der Quelle selbst auch namentlich aufgezählt werden[32]. Die räumlichen Abgrenzungen sind Präzisierungen, insofern sie jeweils das Kerngebiet der Herrschaft benennen[33], nicht jedoch den entfernteren Streubesitz. Das Zentrum der Steingadener Herrschaft war die gleichnamige Pfarrei[34]. Personale Einschränkungen[35] erklären sich aus dem Umstand, daß die Agrarverfassungsverträge häufig

---

[23] Quelle 1 [Die fraglichen Begriffe werden in allen Texten in der Narratio verwendet].
[24] Quelle 2.
[25] Quelle 6.
[26] Quelle 9.
[27] Quelle 10.
[28] Quelle 11.
[29] Quelle 12.
[30] Quelle 19.
[31] Quelle 20.
[32] Quelle 12.
[33] Ähnliche Einschränkungen gibt es für Rottenbuch, St. Blasien und Ursberg.
[34] Renate Blickle, Leibeigenschaft und Eigentum. Vom Zusammenhang der Erscheinungen in der Verfassung und Geschichte des „Eigen" oder der Hofmark Steingaden, in: Sigfrid Hofmann, Steingadener Chronik, 3. Bd., Steingaden 1987, S. 958 – 972.
[35] So auch in Berchtesgaden.

das Ergebnis vorgängiger Prozesse und Unruhen sein konnten, die nicht immer die Zustimmung aller Bauern fanden. Daß sich freilich die Untertanenschaft in der Regel mehrheitlich daran beteiligte, steht außer Zweifel: Vergleiche der im Ochsenhauser Vertrag von 1502 namentlich genannten Bauern mit dem zeitlich nächstliegenden Urbar[36] ergeben, daß 90 % der Grundholden den Vertrag angenommen hatten. Das erklärt, weshalb die Agrarverfassungsverträge schließlich überall für das gesamte Gebiet der jeweiligen Herrschaft gültig waren, gleichgültig, ob ihnen ein Bauer ausdrücklich beigetreten war oder nicht[37].

Spänn und Irrung sollen durch den Vertrag beigelegt werden. Worüber Differenzen entstanden waren, sagen im einzelnen die später noch im Detail zu erörternden Vertragsartikel. Mit der einen Ausnahme von Engelberg war ein direkter Ausgleich zwischen Herrschaft und Bauernschaft offensichtlich nicht möglich. Dritte mußten eingeschaltet werden. Es sind dies die Vögte der geistlichen Herrschaften oder Personen und Institutionen in einer vergleichbaren Position: die Herzöge von Bayern für Steingaden, die Herzöge von Österreich für Rot an der Rot, die Könige für Weingarten und Ottobeuren und schließlich für Ochsenhausen und Kempten der Schwäbische Bund, dem beide Klöster angehörten und der nach seiner Verfassung von 1500 herrschaftsinterne Streitigkeiten schiedlich oder rechtlich beizulegen hatte[38]. Durch die Besiegelung der Urkunde seitens des Vogtes, zumal wenn er gleichzeitig Landesfürst oder gar König war, erhielt der Vertrag eine zusätzliche Dignität. Die *Vertragsform* unterstreicht die vielfach bezeugte zweifache Ausfertigung der Urkunde – für Steingaden, Weingarten, Rot, Ochsenhausen, Marchtal und Kempten. Damit war die Bauernschaft als rechtsfähiger Verband anerkannt. Die Bauern wußten das und deponierten die für sie ausgefertigte Urkunde, soweit nachweisbar, außerhalb der Einflußmöglichkeiten ihrer Obrigkeit: die Kemptener etwa in der Reichsstadt Kempten[39].

Die formalen Bestimmungsmerkmale des Agrarverfassungsvertrags unterscheiden diesen vom vorgängigen *Weistum* und der nachfolgenden *Landes- und Polizeiordnung,* wiewohl auch diese beiden Quellengruppen Fragen der Agrarverfassung behandeln. Das Weistum hat als Bezugspunkt den Herrenhof und entsteht aus der Wei-

---

36 HStASt, H 230, Bd. 170.

37 Für Kempten ergibt eine Auszählung, daß 1604 Bauern dem Memminger Vertrag beitraten gegenüber annähernd 2500 Untertanen, die ihm zunächst fernblieben; bereits im Oktober 1526 jedoch scheint der Vertrag generelle Verbindlichkeit im Stift Kempten erlangt zu haben. Einzelnachweise bei P. Blickle, Landschaften, S. 340ff. – Die Namenslisten veröffentlicht bei A. Weitnauer, Bauern.

38 Johann C. Lünig, Teutsches Reichs-Archiv, 24 Bde., Leipzig 1710-1722, hier Bd. VII/4, S.117f.: „Es sollen auch dye Communen der vnderthan/vns Bundesverwanten zugehörig/iren herren/irer oberkayt vnd gehorsam nit entziehen/sunder die zu yeder zeyt halten/in maß sy schuldig sein/vnd von alter herkommen ist: Wo sy aber vermainten/daz wider sy vnbillicher weiß/wider alt herkommen vnd anders dann sy schuldig wären/gehandelt oder fürgenommen würd: So sollen sy sich dannocht wider ire herren nitabwerffen/oder in ain ainich vngehorsam geben/sunder das an die gemaine versamlung des Bunds gelangen lassen; die baid tail gegen ainander fürderlich und summarie verhören/und fleiß haben sollen/sy zimlicher weiß gütlich mit ainander zuuerainen. Ob aber die gütlichait nit erfunden werden möcht/wie dann bayd tayl durch die versamlung des Bunds irer irrung und spenn halb entschayden werden/darbey sollen und wöllen wyr zu allen tailen den behaltenden tail handthaben/on irrung und widerred".

39 Vgl. P. Blickle, Landschaften, S. 331.

sung herrschaftlicher (und genossenschaftlicher) Rechte durch die Hofgenossen[40]; die Landes- und Polizeiordnung ist jedenfalls der Form nach herrschaftliche Satzung und bezieht sich auf die gesamte Untertanenschaft je einer Herrschaft[41]. Weistumsrecht entsteht im Erfragen des Rechts und im Verfahren des Vollzugs durch die Rechtsgenossen, die Landes- und Polizeiordnung ist obrigkeitlicher Willensakt[42]. Der Agrarverfassungsvertrag ist Ausdruck eines Rechtsdenkens, das die Weisung nicht mehr und die herrschaftliche Satzung noch nicht zuläßt. Recht und Gesetz befinden sich im Zustand schwer lösbarer Spannung. Einprägsam bringen die Vorakten des Ochsenhauser Vertrags das zum Ausdruck[43]: Recht – sagen die Bauern als Urteiler am Gericht – könne nur durch gerichtliches Verfahren gesprochen werden, und zwar wenn sich die Urteiler auf ihre Vernunft und ihr Gewissen stützen. Satzungen, wie sie der Abt erlassen und im Gericht hinterlegt habe mit der Verpflichtung für die Urteiler, sie aufgrund ihres Amtseides zur Anwendung zu bringen, verstießen gegen das Recht. Recht und Gesetz konfligieren. Das zeigt sich auch sehr deutlich in den Agrarverfassungsverträgen von Rot[44] und Salem[45].

Damit erweist sich der Agrarverfassungsvertrag ein weiteres Mal als eine eigenständige Quellengruppe innerhalb der bekannten Rechtsquellen für den ländlichen Bereich. In urkundlicher Form wurde mit dem Agrarverfassungsvertrag neues Recht geschaffen. Dieses neue Recht, das gleichzeitig den Charakter der Grundherrschaft veränderte, gilt es im folgenden in den Einzelbestimmungen der Verträge näher zu beleuchten.

2.

Inhaltlich konzentrieren sich die Agrarverfassungsverträge auf fünf Sachbereiche: Die Rechtsform der Güter (1), das Erbrecht an der Hinterlassenschaft (2), den persönlichen Rechtsstatus der Bauern (3), die Dienst- und Fronverpflichtungen (4) und den Untertanenstatus (5).

(1) Soweit die Agrarverfassungsverträge die *Rechtsform der Güter* behandeln, ist, wie bei Ochsenhausen, deutlich die Tendenz zu erkennen, das für den Bauern schlechtere Fallehenrecht durch das bessere Erblehenrecht zu ersetzen. Zu Erblehen werden die Fallehen auch in Engelberg[46] und Rot[47]. Rechtlich besonders weitreichend ist der Transformationsprozeß in Salem[48] und Steingaden[49]. Beide Klöster wurden verpflichtet, die Güter den bisherigen Beständern und ihren Kindern unter formaler Beibehaltung des jährlichen Stiftstages – ein Zeichen für Freistiftgüter –

---

[40] Jürgen Weitzel, Dinggenossenschaft und Recht (Quellen und Forschungen zur höchsten Gerichtsbarkeit im Alten Reich 15), Köln-Wien 1985, S. 1471 – 1477.

[41] Wilhelm Ebel, Geschichte der Gesetzgebung in Deutschland, 2. Aufl., Göttingen 1958.

[42] Vgl. A. Holenstein, Huldigung, S. 209 – 216.

[43] Quelle 13 [Art. 7], 14 [Art. 7], 15 [Art. 5], 17 [Art. 2].

[44] Quelle 10 [Art. 6, 11].

[45] Quelle 11 [Art. 5. Die Problemlösung liegt im Falle von Salem darin, daß ein Bußenkatalog im Gewand des Vertrags gewissermaßen mit Zustimmung der Urteiler (Siedelrichter) erstellt wird.].

[46] Quelle 1.

[47] Quelle 10 [Art. 2].

[48] Quelle 11 [Art. 3, 4].

[49] Quelle 5 [Art. 2].

zu leihen. Eher beiläufig sei zur argumentativen Absicherung darauf hingewiesen, daß auch in anderen Herrschaften, aus denen Agrarverfassungsverträge bekannt wurden, das Erbrecht an den Höfen deutlich im Vormarsch ist, in Weissenau[50], Berchtesgaden[51], Ursberg[52] und Ettal[53].

Mit der Vererbrechtung der herrschaftlichen Güter ging eine Abgabenfixierung in der Regel Hand in Hand. Häufig wurde ausdrücklich festgelegt, daß mit der Neuvergabe an die bisherigen Beständer bzw. deren erbberechtigte Besitz- und Rechtsnachfolger eine Gült- und Abgabensteigerung ausgeschlossen sein sollte.

(2) Zu den einschneidendsten und verbreitetsten Bestimmungen der Verträge gehört die teils starke Verringerung der herrschaftlichen Ansprüche auf die Verlassenschaft der Bauern. Die Maßnahmen sind im einzelnen regional sehr differenziert[54] und müssen hier grob in Tendenzen zusammengefaßt werden. In Kempten wird die bisher vom Kloster eingezogene Hälfte der Verlassenschaft auf Besthaupt und den Gewandfall beschränkt. In Weingarten, Rot an der Rot, Ochsenhausen und Salem reduzieren sich die von den Herrschaften eingezogenen Teile der Erbschaft – in den Quellen bezeichnet als *tail* und *laß* –, die in der Regel wie anderwärts die Hälfte oder ein Drittel der Verlassenschaft ausgemacht haben werden, auf Besthaupt und Gewandfall.

Verknüpft man die Bestimmungen bezüglich der Rechtsform der Güter und des Erbrechts der Bauern, so wird deutlich, welch fundamentale Neuordnung der agrarischen Ordnung zumindest rechtlich durch die Verträge herbeigeführt wurde. Die ältere, bis zu den Verträgen bestehende Rechtsordnung sicherte der Herrschaft mit dem gewissermaßen zweifachen Erbrecht an den Gütern und der fahrenden Habe im Prinzip den gesamten Arbeitsertrag des Bauern. Daß die Rechtswirklichkeit von der Rechtsnorm abweichen konnte und nachweislich abgewichen ist, ändert nichts an der prinzipiellen Rechtsverbindlichkeit dieser agrarischen Ordnung. Sie war getragen von der älteren Rechtsauffassung, der Unfreie sei nicht vermögensfähig[55]. Das

---

[50] HStASt, H 14/15 Nr. 277, fol. 22 – 27'.

[51] Günther Franz (Hg.), Quellen zur Geschichte des deutschen Bauernstandes im Mittelalter (Ausgewählte Quellen zur deutschen Geschichte des Mittelalters. Freiherr vom Stein-Gedächtnisausgabe 31), Darmstadt 1967, Nr.188 S.479-483.- Zur administrativen Umsetzung des Vertrags vgl. Gerhard Ammerer, Gesellschaft und Herrschaft, Besitz und Verwaltung an der Wende vom Spätmittelalter zur frühen Neuzeit, in: Walter Brugger u.a. (Hgg.), Geschichte von Berchtesgaden, 1. Bd., Berchtesgaden 1991, S. 679 – 689.

[52] StAA, Klosterurkunden Ursberg 164/I. In Ursberg wird eine ähnliche Konstruktion wie in Ochsenhausen gefunden. „Zum achtennden der guter halben, so die ledig wie die wider bestennden werden sollen lassen sprechen wir, so nu hinfüro ain gut ledig wirt, das alsdann die erbn desselben guts gemainlich daselbig widerumb bestenn sollen. Und so darnach der erben ainer das gut allein an sich kouffen und nemen wellte und also in der erbenn handen bleibt, sol derselbig nicht schuldig sein, das wider von newem zu bestennd. Wo aber die erbenn, nachdem und si das gut so es erst ist ledig worden, gemainlich bestennden hetten usser iren der erben hannden ainen frombden zu kouffen geben wellten, derselbig frembd kouffer, sol als dann das widerumb von newem besteen, Und sollen sollliche guter allwegen nach gnaden verlichen und bestenndgelt genomen werdenn".

[53] Für Ettal ist darauf hinzuweisen, daß die Umwandlung der Güter in Erbrecht schon 1330 durch Privilegierung Ludwigs des Bayern erfolgte, 1405 aber nochmals bestätigt wurde. MB, Bd. 7, 1767, Nr. 4, S. 233.

[54] Vgl. Quelle 20 [Art. 5, 7].

[55] J. Becker-Dillingen, Politische und wirtschaftliche Geschichte des deutschen Bauern, Berlin 1935, S. 393-400.

kommt in den Verträgen besonders überzeugend in dem Hinweis zum Ausdruck, auch Liegenschaften in Form von bäuerlichem Eigenbesitz seien in bestimmten Fällen den Erbschaftsansprüchen der Herren unterworfen gewesen. Ausdrücklich ist davon die Rede in Weingarten[56] und Salem[57], in der vagen Form, daß *die Güter* an die Herrschaft fallen, in nahezu allen übrigen Texten, wobei unklar bleiben muß, ob damit lediglich *fahrendes Gut* oder auch *liegendes Gut* gemeint ist. Falls allodiale Liegenschaften von ungenoßsam Verheirateten im Todesfall wirklich eingezogen worden sein sollten und nicht in äquivalenten Geldwerten bezahlt werden konnten, hätte das angesichts der hohen Anteile von Allodialbesitz in Oberschwaben, der um 1500 schätzungsweise bei 50 % gelegen haben mag[58], und der vielen ungenoßsamen Ehen zu einer völligen Enteignung der Bauern führen müssen. Die Agrarverfassungsverträge haben diese Entwicklung zum Stillstand gebracht.

Damit entschlüsselt sich die hier untersuchte ältere Agrarordnung als eine wesensmäßig dem Hochmittelalter kongeniale Verfassung, die man mit der Bezeichnung Villikationsverfassung auf einen wissenschaftlichen Begriff gebracht hat[59]. Ihr ist die Einheit von dinglicher und personaler Zuordnung des Bauern auf den Herrn noch durchaus selbstverständlich. Sie wird in den Agrarverfassungsverträgen noch häufig mit dem Begriff der *Eigenschaft* umschrieben[60]. Dieser Eigenschaftsbegriff bezieht sich ohne begriffliche Scheidung auf das Eigengut und den Eigenmann. *In dem aygen*[61] von Steingaden gilt der Agrarverfassungsvertrag, den die Herzöge von Bayern zwischen dem Propst und seiner Bauernschaft stiften[62].

Eine Tendenz ist nahezu allen Agrarverfassungsverträgen gemeinsam – dem bisher nicht erbfähigen Bauern rechtsverbindlich Erbfähigkeit zuzusprechen. Bis zur Bauernbefreiung im 19. Jahrhundert sind derartig tiefgreifende Veränderungen nicht mehr erfolgt. Der Effekt dieses Wandlungsvorgangs war, daß der Bauer, ähnlich wie der Bürger, über seinen Arbeitsertrag frei verfügen konnte, eingeschränkt allein durch jene Grenzen, die ihm durch die im wesentlichen fixierten Abgaben (jährlich von seinem Gut, beim Tod von seinem Leib) an seinen Grundherrn gezogen waren.

---

[56] Quelle 6 [Art. 6].

[57] Quelle 11 [Art. 7].

[58] Zahlen bei Peter Blickle, Oberschwaben als Bauernlandschaft, in: Hans-Georg Wehling (Hg.), Oberschwaben [Schriften zur politischen Landeskunde Baden-Württembergs 24], Stuttgart 1995, S. 82.

[59] Dietmar Willoweit, Deutsche Verfassungsgeschichte, München 1990, S. 37f. – Zur Begriffsproblematisierung Klaus Schreiner, „Grundherrschaft". Entstehung und Bedeutungswandel eines geschichtswissenschaftlichen Ordnungs- und Erklärungsbegriffs, in: Hans Patze (Hg.), Grundherrschaft im späten Mitelalter, 1. Bd. (Vorträge und Forschungen 27), Sigmaringen 1983, S. 11 – 74.

[60] Den Begriff selbst hat erstmals Hannah Rabe (Das Problem Leibeigenschaft. Eine Untersuchung über die Anfänge einer Ideologisierung und des verfassungsrechtlichen Wandels von Freiheit und Eigentum im deutschen Bauernkrieg [Beihefte der Vierteljahrschrift für Sozial- und Wirtschaftsgeschichte 64], Wiesbaden 1977) problematisiert, ohne zu einer methodisch akzeptablen Lösung zu kommen. Eine konkrete Objektbeschreibung am Beispiel des *Eigen* Rottenbuch bei Renate Blickle, „Spenn und Irrung" im „Eigen" Rottenbuch, in: Peter Blickle u.a. (Hgg.), Aufstand und Empörung? Studien zum bäuerlichen Widerstand im Alten Reich, München 1980, S. 69-145.

[61] Quelle 2 [Art. 8].

[62] Von den Schussenrieder Gotteshausleuten wird gesagt „mit [...] lib und gut recht eigen" zu sein. HStASt, B 505 U 406.

(3) Die Agrarverfassungsverträge problematisieren rücksichtlich des *persönlichen Rechtsstatus der Bauern* zwei Sachverhalte, die Freizügigkeit und die ungenoßsame Ehe[63]. Vielen Texten – so für Ochsenhausen, Steingaden, Rot, Salem – werden Artikel inseriert, die sicherstellen sollen, daß die Bauern, wie es etwa in Steingaden heißt, „dem gotzhaus unentpfrömdt beleiben"[64]. Mit *Entfremden* bezeichnen die Quellen zweierlei, den wirklichen Wegzug des Eigenmannes und die Wahl eines fremden Schutz- und Schirmherrn bei unverändertem Wohnsitz. Entfremdet wurden die Eigenleute ihren Herrn aber auch durch *ungenoßsame Ehen,* weil die Kinder üblicherweise dem Stand der Mutter folgten. Folglich wurde Leibeigenen die Ehe mit Auswärtigen in Steingaden, Ottobeuren, Weingarten, Rot, Salem und Kempten untersagt mit der Absicht, so die negativen erbrechtlichen Konsequenzen für die Herrschaft zu mindern, Eigenleute wurden verpflichtet, nicht wegzuziehen, mit dem Schutz des eigenen Herrn zufrieden zu sein und den Ehepartner, sofern er nicht aus der Genossenschaft kam, freizukaufen und in den eigenen Stand zu überschreiben. War das nicht möglich, drohten den Eheleuten Geldstrafen und den Kindern der Verlust der Erbschaft: Stirbt der ungenoßsam verheiratete Eigenmann, zieht der Herr in Salem ein Drittel, in Weingarten die Hälfte der Verlassenschaft ein.
Jetzt erst kann man von einer *Leibeigenschaft* sprechen. Jetzt erst verbreitet sich der Begriff selbst in den Quellen als terminus technicus zunehmend. Die für die Frühneuzeit charakteristische Leibeigenschaft, die sich rechtlich in beschränkter Freizügigkeit und Heiratsfähigkeit, wirtschaftlich in der Abgabe des Besthaupts und Gewandfalls präsentiert[65], ist mit den Agrarverfassungsverträgen entwickelt worden. Die persönliche Unfreiheit wurde eines der wichtigen Unterscheidungskriterien zum städtischen Bürger, während das Differenzierungsmerkmal der freien Verfügungsgewalt über die eigene Arbeitsleistung – ausgedrückt in Form des Erbrechts – mit den Agrarverfassungsverträgen unbedeutend wurde.

(4) Es liegt am Wandel der spätmittelalterlichen Wirtschaft, daß in den Agrarverfassungsverträgen die *Fronen* keinen bevorzugten Gegenstand vertraglicher Fixierungen darstellen. Detailliertere Bestimmungen enthalten allein die Verträge für Steingaden, Rot und Marchtal. Daraus läßt sich wohl schließen, daß die herrschaftliche Eigenwirtschaft bereits stark zurückgegangen war. Gegenläufige Tendenzen, die Dienste zu erhöhen, lassen sich in den Verträgen noch erkennen – und wohl mit der angespannten Situation der Grundherrschaften im Spätmittelalter erklären -, doch konnten von Seiten der Herrschaften solche Ansprüche kaum durchgesetzt werden: die Steingadener sollten „ungewondlich dinst und das garenspinnen [...] furbas nymmer tůn und darumb ledig sein"[66]. Allein Rot konnte den Gesindezwangsdienst der Bauernkinder, soweit sie auf dem bäuerlichen Hof nicht benötigt wurden, gegen den landesüblichen Lohn behaupten.

---

[63] Vgl. A. Holenstein, Huldigung, S. 302f. [für Rot]. – Allgemein Claudia Ulbrich, Leibherrschaft am Oberrhein im Spätmittelalter (Veröffentlichungen des Max-Planck-Instituts für Geschichte 58), Göttingen 1979.

[64] Quelle 2 [Art. 4].

[65] Wolfgang von Hippel, Die Bauernbefreiung im Königreich Württemberg, 1. Bd., Boppard am Rhein 1977, S. 143-172.

[66] Quelle 2 [Art. 6].

Deutlich erkennbar ist als Haupttendenz der Verträge, ungemessene in gemessene Fronen umzuwandeln – 16 Tage jährlich sind es in Steingaden, sehr viel weniger, gestaffelt nach der Größe der Höfe, in Marchtal. Damit wird von einer letzten Seite der Wandlungsprozeß innerhalb der Grundherrschaft unterstrichen. Im System der Villikation oder des *Eigen* waren Fronen prinzipiell ungemessen, richteten sich in ihrer Höhe vielmehr nach den jeweiligen Erfordernissen des Herrn. Jetzt waren sie in einem Maße reduziert und fixiert, daß die Arbeit auf dem eigenen Betrieb davon nicht mehr ernsthaft beeinträchtigt wurde. Eigenverantwortete Arbeit hatte die fremdbestimmte Arbeit ersetzt.

(5) Der Agrarverfassungsvertrag sicherte und festigte den Status der Bauern als *Untertanen*. Das konnte mehr über das Gut erfolgen wie in Ochsenhausen oder mehr über die Person wie in Kempten. „Gehorsam hindersäßen [zu] sein"[67] versprechen die Ochsenhauser Bauern, wenn sie künftig einen Hof übernehmen. Dem Kloster „gehorsam, gerichtpar, raiß und steurbar, dienstbar und bottmessig [...] sein und beleiben"[68] zu wollen, versichern die Kemptener Leibeigenen und Zinser. Das ist die zeitgenössische Umschreibung für Landeshoheit. Der *Gehorsam* der Bauern drückt sich darin aus, daß sie den *Geboten* der Herrschaft folgen. Damit wird deutlich, daß der Agrarverfassungsvertrag weit in die allgemeine Verfassungsebene hineinreicht und in engster Beziehung zur Territorialverfassung steht, so daß es auch unter diesem Gesichtspunkt nicht ganz unberechtigt sein dürfte, ihn in die Nähe des Herrschaftsvertrags zu rücken.

Die Vorakten zum Ochsenhauser Vertrag von 1502[69] leuchten ein Problem aus, das bisher in seiner Bedeutung kaum gewürdigt wurde. In der Klosterherrschaft Ochsenhausen galt offenbar mündlich tradiertes Recht, das im Verfahren durch das Gericht, das ausschließlich mit Eigenleuten des Klosters besetzt war, zur Geltung gebracht wurde. Auch Abt und Konvent holten sich dort Urteile. Fühlten sich die Urteiler *(Richter)* mit einem Fall überfordert, wandten sie sich nach Ulm und erbaten von dort ein Urteil. Dieses Verfahren wurde erheblich gestört, als der Abt *Satzungen* beim Gericht hinterlegte und die Urteiler zwingen wollte, aufgrund ihres geleisteten Amtseides solche Satzungen zur Anwendung zu bringen. Die Urteiler weigerten sich. Der Eid als solcher, so ihr Argument, verpflichte sie auf eine Urteilssprechung nach *Gewissen*. Satzungen könnten nur zur Anwendung kommen, wenn sie entweder als rechtsförmig anerkannt oder durch Konsens der ganzen Gerichtsgemeinde legitimiert seien. *Recht* konfligiert mit *Gesetz*.

Im Ochsenhauser Vertrag von 1502 scheint es das Problem gar nicht zu geben. Es wurde aber eben durch den Vertrag selbst gelöst. Recht nämlich – im konkreten Fall Güterrecht, Erbrecht und Eherecht – wurde im Agrarverfassungsvertrag selbst positiviert und durch den Konsens der ganzen Untertanenschaft legitimiert. Gesetz – die Ausgestaltung des Strafrechts etwa – ging ans Kloster über. So verfuhren offenbar auch Rot, Salem und Kempten.

Es bleibt nach der formalen und inhaltlichen Beschreibung der Agrarverfassungsverträge zu klären, warum es zum Abschluß solcher Verträge gekommen ist.

---

[67] Quelle 12 [Anhang Lehensrevers].
[68] Quelle 20 [Art. 1].
[69] Quellen 13 – 18.

3.

Auskunft über den Entstehungshintergrund der Agrarverfassungsverträge ist zunächst dadurch zu gewinnen, daß man sich ihre Verbreitung in zeitlicher, räumlicher und herrschaftlicher Hinsicht vergegenwärtigt. Das erlaubt es gleichzeitig auch, sie durch die Einordnung in größere Entwicklungslinien und Zusammenhänge in ihrem Stellenwert noch genauer zu erfassen.

Die hier zugrundegelegten Verträge decken den Zeitraum vom ausgehenden 14. bis zum frühen 16. Jahrhundert. Sie sind in einer Zeitspanne von rund 100 Jahren entstanden. Die räumliche Reichweite der bisher ermittelten Verträge beschränkt sich auf den alemannischen und bayerischen Rechtsbereich[70]. Beiläufig nur soll erwähnt werden, daß gleiche Probleme auch anders gelöst werden konnten. Tirol hat über Landtagsabschiede zu Beginn des 15. Jahrhunderts das Erbrecht durchgesetzt[71].

Auffällig ist, daß Agrarverfassungsverträge nur aus geistlichen Herrschaften bekannt sind. Dabei handelt es sich gleichermaßen um landsässige wie reichsunmittelbare Klöster, um Benediktiner-, Zisterzienser- und Prämonstratenserklöster wie um Augustinerchorherrenstifte. Dieser Befund könnte eine Folge der günstigen Überlieferung in geistlichen Herrschaften sein. Dennoch lassen sich vereinzelt auch für Adelsherrschaften vertragliche Abmachungen mit den Bauern nachweisen, die den beschriebenen Agrarverfassungsverträgen sehr ähnlich sind. Solche Abkommen sind vom Jahre 1526 aus den Herrschaften des Truchsessen Georg von Waldburg bekannt[72]. Sie regeln auf der Ebene der Gerichte (Zeil, Aichstetten, Wolfegg) Fragen der Leibeigenschaft[73] und der Dienste[74] in separaten, zum Teil in ihrer Laufzeit beschränkten, aber immer wieder prolongierten Verträgen. Von den Agrarverfassungsverträgen, wie sie hier definitorisch festgelegt wurden, unterscheiden sie sich durch ihren sachlich beschränkten Inhalt, ihren begrenzten Bezugspunkt – insofern sie sich nur auf Untertanen eines Gerichts erstrecken -, ihre teilweise beschränkte Laufzeit und den Verzicht auf ein schiedliches oder gerichtliches Verfahren. Ähnliche Übereinkommen hat es auch in anderen Adelsherrschaften gegeben. Erbrecht an der Fahrhabe erhalten Untertanen der Herrschaft Argen durch die Grafen von Montfort[75], eine Fixierung leibherrlicher Verpflichtungen die Bauern in der Herrschaft Staufen[76]. Strukturelle Schwierigkeiten gab es also auch in adeligen Grundherrschaften, doch waren sie offenbar durch weniger weitreichende Korrekturen zu lösen.

---

[70] Das heißt nicht notwendigerweise, daß dieser Radius bei näherer Erforschung der spätmittelalterlichen Grundherrschaft nicht noch weiter gezogen werden müßte, doch könnte für die räumliche Fixierung auf Oberdeutschland immerhin die Beobachtung sprechen, daß in den umfassenden Quellensammlungen zur Agrargeschichte von Günther Franz zwar die Verträge von Steingaden und Ochsenhausen verzeichnet werden, jedoch kein einziges vergleichbares Stück aus dem west-, mittel-, nord- und ostdeutschen Raum.

[71] Hermann Wopfner, Beiträge zur Geschichte der freien bäuerlichen Erbleihe Deutschtirols im Mittelalter (Untersuchungen zur Deutschen Staats- und Rechtsgeschichte 67), Breslau 1903, bes. S. 203-209.

[72] Joseph Vochezer, Geschichte des fürstlichen Hauses Waldburg in Schwaben, 2. Bd., Kempten 1900, S. 633f.

[73] Etwa für die Herrschaften Zeil und Aichstetten, ZAZ U 196.

[74] Etwa für die Herrschaft Zeil, ZAZ U 199.

[75] HStASt, B 123/II Büschel 168, fol.34'f.

[76] Otto Riederer, Urkundenkuriosa des K. Allgemeinen Reichsarchivs, insonderheit der Gerichtsbrief über die Leibeigenschaft der Staufer v. J. 1467, in: Archivalische Zeitschrift 13 (1906), S. 103-159.

Verknüpft man die Beobachtung, daß der Agrarverfassungsvertrag im wesentlichen an Klosterherrschaften des süddeutschen Raumes im Spätmittelalter gebunden ist, mit dessen inhaltlicher Ausrichtung auf Vererbrechtung der bäuerlichen Arbeitsleistung und auf Freizügigkeitsbeschränkung der Bauern, so sind damit Ansatzpunkte gegeben, den Agrarverfassungsvertrag in einen, wenn auch vorläufig noch allgemeinen Begründungszusammenhang einzuordnen.

Wenn Bauern wegzogen oder ihren Schirmherrn wechselten, dann kaum unter geistliche oder adelige Herrschaft, wiewohl es letzteres vereinzelt gegeben haben mag[77], sondern in die Stadt, die trotz verheerender Pestumzüge während des ganzen 15. Jahrhunderts einen steilen Bevölkerungsanstieg zu verzeichnen hatte[78], der nicht auf einem natürlichen Wachstum der städtischen Bevölkerung basieren konnte, sondern nur auf dem Zuzug vom Land. Vergegenwärtigt man sich, daß der von den Agrarverfassungsverträgen abgedeckte Raum mit einer ausgesprochen städteintensiven Landschaft zusammenfällt, darunter 20 Reichsstädte von zum Teil großstädtischem Zuschnitt wie Augsburg, Ulm, Memmingen und Konstanz, so wird deutlich, welchen Bevölkerungsverlusten die Grundherrschaften ausgesetzt gewesen sein mußten. Die zahllosen Privilegien der deutschen Könige und Kaiser im 14. und 15. Jahrhundert belegen mit ihrer wechselnden Begünstigung städtischer und feudalherrlicher Interessen zur Genüge, wie hilflos die Grundherren und das Reich dem bisher unbekannten Phänomen der horizontalen Mobilität gegenüberstanden[79]. Die Möglichkeit, *Ausbürger* zu werden, das heißt, städtisches Recht in Anspruch zu nehmen und dennoch den Hof auf dem Land weiterzubewirtschaften[80], gewissermaßen als *bäuerliche Bürger* eine doppelte Staatsbürgerschaft zu erwerben, beförderte die Erosion der geistlichen Herrschaften ebenso wie der Aufkauf von Gütern, Dörfern, einzelnen Herrschaftsberechtigungen und ganzen Herrschaften durch die Städte, ihre Spitäler und ihre Bürger[81].

Welchen Mentalitätswandel solche Vorgänge in der ländlichen Gesellschaft auslösten, kann man mangels Vorarbeiten nur erahnen, doch ist die Vermutung wohl nicht kühn, in der Stadt den Katalysator für die Ausbildung neuer Wertkategorien und Anspruchshaltungen der Bauern zu sehen. Schließlich nahm deren Integration in das

---

[77] Relativ gut dokumentiert für die Freien und Zinser in der Grafschaft Kempten. Vgl. Historischer Atlas von Bayern, Teil Schwaben 6: Kempten, München 1968, S. 80ff.

[78] Die Zahlen für Ulm: 1300: 4000 Einwohner; 1345: 7000; 1400: 9000; 1450: 13000; 1500: 17000. – Für Ravensburg: 1300: 1500; 1380: 3500; 1500: 4500. Weiteres Zahlenmaterial bei Erich Keyser (Hg.), Württembergisches Städtebuch (Deutsches Städtebuch, Bd. IV/2), Stuttgart 1962 [Ortsartikel]. – Hermann Grees, Die Bevölkerungsentwicklung in den Städten Oberschwabens (einschließlich Ulms) unter besonderer Berücksichtigung der Wanderungsvorgänge, in: Ulm und Oberschwaben 40/41 (1973), S. 122-198. Der hohe Anteil der ländlichen Bevölkerung an der Zuwanderung ist am Beispiel von Überlingen nachgewiesen worden von Peter Eitel, Die Herkunft der Überlinger Neubürger im 15. Jahrhundert, in: Schriften des Vereins für die Geschichte des Bodensees 87 (1969), S. 127-131.

[79] Versuch einer Zusammenfassung bei P. Blickle – R. Blickle, Schwaben, S. 99ff.

[80] Das Problem tritt durch Untersuchungen für die Schweiz und das Elsaß scharf hervor. Vgl. Guy P. Marchal, Sempach 1386. Von den Anfängen des Territorialstaates Luzern, Basel 1986, S. 109 – 185, und Max Georg Schmidt, Die Pfalbürger, in: Zeitschrift für Kulturgeschichte 9 (1902), S. 241 – 321. Vergleichbare Arbeiten für den süddeutschen Raum fehlen.

[81] Zusammenfassend Rolf Kießling, Die Stadt und ihr Land. Umlandpolitik, Bürgerbesitz und Wirtschaftsgefüge in Ostschwaben vom 14. bis ins 16. Jahrhundert (Städteforschung A 29), Köln-Wien 1989.

Marktgeschehen erkennbar zu – die in den Urbaren verzeichneten Geldabgaben setzten eine solche voraus –, und das Netz verwandtschaftlicher Beziehungen zwischen Stadt und Land wurde durch den Zuzug der Bauern in die Stadt zusehends enger. Mit der Durchsetzung des Erbrechts als Rechtsform für die Güter und der Vererbung der Fahrhabe an Kinder und Verwandte nähert sich das Land der Stadt, zu deren Verfaßtheit Eigentum und die individuelle Verfügungsgewalt über Arbeitskraft und Arbeitsertrag gehörten. Das Faktum Stadt mag teilweise die inhaltliche Ausrichtung der Agrarverfassungsverträge erklären. Die Verträge selbst sind damit noch nicht hinreichend begründet.

Wenn sie in ihren Präambeln durchgängig mit *Stoß und Unwillen, Spänn und Zweiung, Irrung und Uneinigkeit*[82] und analogen Formulierungen die Notwendigkeit der rechtlichen Festlegung strittiger Ansprüche begründen, wird offenkundig, daß die herrschaftlichen Anforderungen auf bäuerlichen Widerstand stießen. Spätmittelalterliche Aufstände sind in Süddeutschland seit langem bekannt und figurieren unter den Voraufständen zum Bauernkrieg von 1525[83]. Dieser Widerstand richtet sich gegen die Herrschaften in sehr unterschiedlichem Maße. Er richtet sich, von einigen Ausnahmen in der Schweiz abgesehen, nicht gegen die Städte als Obrigkeiten, er richtet sich nur vereinzelt gegen den Adel, er richtet sich jedoch zentral gegen die geistliche Herrschaft. Bauernunruhen gab es unter anderem nachweislich in Berchtesgaden, Kempten, Ochsenhausen, Rot, Rottenbuch, Salem, St. Blasien, St. Peter, Schussenried, Steingaden und St. Gallen. Diese Beobachtung legt es nahe, den Agrarverfassungsvertrag und den bäuerlichen Widerstand kausal aufeinander zu beziehen, zumal die Agrarverfassungsverträge in Kempten, Ochsenhausen, Rot, Salem und Steingaden nachweislich das Ergebnis vorangegangener Unruhen sind.

Unruhen setzen ein Legitimitätsdefizit von Herrschaft voraus. Worin es bestanden hat, kann aus den Agrarverfassungsverträgen heraus allein nicht umfassend beantwortet werden. Dennoch geben die Verträge und die auszugsweise mitedierten Vorakten für Ochsenhausen und Kempten selbst wichtige Aufschlüsse.

Das von den Bauern durchgesetzte *Erbrecht an Liegenschaften und Fahrhabe* belegt, daß der in der *Eigenverfassung* übliche Anspruch des Herrn auf die Hinterlassenschaft im umfassenden Sinn nicht mehr hinnehmbar war. Zweifellos bestanden angesichts des Städtereichtums gute Absatzchancen für landwirtschaftliche Produkte, die von den Klöstern als Empfängern von Naturalabgaben wie von den Bauern vermarktet werden konnten. Die durch Arbeit erwirtschafteten Vermögen der Bauern beim Tod über den Rechtstitel Leibeigenschaft wegzusteuern, mußte als unbillig empfunden werden, dies um so mehr, als die Klöster ihren neuen Reichtum in aufwendigen spätgotischen Klosteranlagen demonstrativ zur Schau stellten. Das um 1500 fertiggestellte Kloster Blaubeuren kann heute noch einen Eindruck davon vermitteln, welche baulichen Aktivitäten die Klöster entwickelten. Wie Bauern darauf reagieren konnten, zeigt der Rorschacher Klosterbruch vom 28. April 1489, dem der Neubau des Abtes von St. Gallen mit einer Bausubstanz von 80 Mönchszellen, einer Kapelle und einem Kreuzgang im Wert von 16000 Gulden zum Opfer fiel[84].

---

[82]   Belege wie Fußnote 23 – 31.

[83]   Günther Franz, Der deutsche Bauernkrieg, 11. Aufl., Darmstadt 1977, S. 1 – 99.

[84]   Johannes Häne, Der Klosterbruch zu Rorschach und der St. Galler Krieg 1489 – 1490, in: Mitteilungen zur vaterländischen Geschichte, hg. vom Historischen Verein des Kantons St. Gallen 26 (1895), S. 1 – 272.

Die gut belegte hohe soziale Mobilität[85], die zweifellos durch den Arbeitskräftebedarf der Städte enorm beschleunigt wurde, führte naturgemäß auch zu vielen Eheschließungen außerhalb der herkömmlichen Heiratskreise der *Genossenschaft*. Für die Herren stellte sich das Problem der *ungenoßsamen Ehe* so, daß wegen der Vererbung des Rechtsstatus der Kinder über die Mutter jede in die Herrschaft einheiratende fremde Leibeigene oder freie Frau den Bestand an Eigenleuten gefährdete, wohingegen die Kontrolle über die in eine fremde Herrschaft heiratende leibeigene Frau kaum zu gewährleisten war. Folglich taten die Herren alles, um die ungenoßsame Ehe zu verhindern. Die wirtschaftlichen Sanktionen reichten bis zur Enterbung der Kinder, die politischen bis zu Einkerkerungen, die kirchlichen bis zur Exkommunikation. Mit einer sonst wohl nirgends zu erreichenden Eindrücklichkeit belegt das der *Leibeigenschaftsrodel* der Kemptener Bauern[86], der als Quelle einmalig auch deswegen ist, weil er die Erosion herrschaftlicher Legitimität an den Klagen von dreihundertfünfunddreißig Bauern und Bäuerinnen belegt. Daß ein geistlicher Herr ungenoßsame Ehen mit dem Ausschluß der Brautleute aus der Kirche ahndete und damit ein Sakrament mit den Strafmitteln der Kirche verfolgte, mußte die Legitimität kirchlicher Herrschaft vollends zerstören.

Strittig waren schließlich die Rechtsgrundlagen, mit denen die Herren ihre ungesicherten Ansprüche durchsetzen wollten – die *Satzungskompetenz*. Die Klöster verfügten über Grundherrschaften, um den Mönchen ein auskömmliches und standesgemäßes Leben zu sichern. Herrschaft war damit kaum verbunden und wurde von Vögten wahrgenommen, vom kaiserlichen Landvogt, von den Herzögen von Österreich und Bayern. Mit Nachdruck versuchten die Äbte und Pröpste, die Vögte selbst zu bestellen und die Vogtei damit in ein Klosteramt umzuwandeln. So verbesserten sich die Chancen, politische Macht auszuüben, die über *Gebote und Verbote* und *Satzungen* inhaltlich definiert wurde. Das stieß offenbar auf den Widerspruch der Bauern. Durch eine lange eingeschliffene Praxis war Recht die Summe der im gerichtlichen Verfahren durch die Bauern selbst geschöpften Urteile, die sich aus Landrecht *(Schwabenspiegel)*, regionalem Herkommen, Sprüchen der benachbarten Oberhöfe, Vernunft und Gewissen ergaben. Der Anspruch der Klöster, Recht *zu setzen,* wurde offenbar als Neuerung empfunden. Satzungen ließen sich danach in das Recht nur integrieren, wenn sie durch den Konsens der Bauernschaft legitimiert wurden.

Der Agrarverfassungsvertrag stiftete eine neue Legitimität. Er antwortete auf die von den Bauern entwickelten Wertvorstellungen, indem er ihnen in der Regel in Form des Erbrechts mehr Eigentum zugestand und gelegentlich, wie in Kempten, durch Lockerung der Heiratsschranken und die Erleichterung des Wegzugs mehr Freiheit. Er löste den Konflikt um Recht und Gesetz, indem er *das Recht* (Güterrecht, Erbrecht, Eherecht und persönlichen Rechtsstatus) verschriftlichte und damit der obrigkeitlichen Ausgestaltung durch das Gesetz entzog. *Das Gesetz* diente somit fortan allein der Regulierung des Verhältnisses von Obrigkeit und Untertanen. So ist es bis zum Ende des Alten Reiches geblieben, denn die Agrarverfassungsverträge

---

[85] Peter Blickle, Leibherrschaft als Instrument der Territorialpolitik im Allgäu, in: Ders., Studien zur geschichtlichen Bedeutung des deutschen Bauernstandes, Stuttgart-New York 1989, S. 7, 13 [Karten].

[86] Quelle 21.

befestigten ihren grundgesetzähnlichen Charakter, indem sie von Reichsgerichten oder Hofgerichten in ihrer prinzipiellen Gültigkeit wiederholt bestätigt wurden.

Die Agrarverfassungsverträge sind eindrückliche Dokumente politischer Gestaltungskraft der Bauern.

Die knappe Einleitung sollte den Agrarverfassungsvertrag mittels formaler und inhaltlicher Kriterien als Quellentypus begründen und damit den ersten Zugang zu den Texten erleichtern. Ihr Reichtum ist damit keineswegs erschlossen.

Quellen

1

1422 Januar 9

Abt Johann und der Konvent der beiden Klöster Engelberg verkaufen den Talleuten von Engelberg für die Summe von 500 Gulden rheinisch das Erbrecht. Sie behalten sich vor, das Erbe dann einzuziehen, wenn keine rechtlich legitimierten Personen Anspruch darauf erheben können. Die Klöster verzichten auf die mit der Erbschaft verbundenen Rechtstitel, erheben aber weiterhin Anspruch auf ihre übrigen verbrieften Rechte und Freiheiten gegenüber ihren Gotteshausleuten.

Talmuseum Engelberg, Kanton Obwalden, Schweiz
Originalurkunde

Druck: Schnell, Thalrecht, S. 13 ff. – Vogel, Engelberg, S. 200-204.
Literatur: Bruckner, Engelberg, S. 50. – Büchler-Mattmann, Heer, Engelberg, S.
622. – Schmeitzky, Engelberg, S. 164.

Wir, Johannes von Gottes verli[h]en ze disen zitten abt und der convent gemeinlich[1] des[!] erwirdigen gotzhusser ze Engelberg sant Benedicten ordens in Constentzzer bistum gelegen, tůn kund allermengklichem und veriechen offenlich mit disem brief fur uns und unser nakomen der obgenannten gotzhussern ze Engelberg, die wir vestenklich harzů verbinden, daz wir unbetwungenlich mit gůtter zitlicher vorbeträchtung und mit einheligem gesamnotem capitel und ouch mit råtte unser lieben gůten frunden, dero etlich mit namen hienach verschriben stånd, unsern nutz und fromen ze furdern und kunftigem anligenden schaden zefurkomend, ouch durch frides und růwen willen unser gotzhussern und all unser nakomen sien ze rått worden, das wir die erbe, die wir von alter und lang zit harbråcht hand, darumb aber dicke und vil   1(
gross stôsse und missehelli ist gesin zwuschent unsern tallutten von Engelberg, uns und unsern gotzhussern daselbs, harinne ouch wir kunftigen kumer und schaden und ouch der uns ietz angelegen ist von harkomen, stôssen und såchen wegen furchten můsetten, hand hinzelôssen und abzekôffen geben dien obgenannten unsern ingesesnen tallutten ze Engelberg die erbe, die in dem vorgenannten unserm tal ze Engelber hinnanhin jemerme ewiklich vielen und gevallen möchtem[!] nach dattum hin   1[
diss briefs. Und ist diser egenannte verkôff als von der erbinen wegen beschechen und von uns dien egenannten abt und convent hin und ze kôffen geben dien obgenannten unsern tallutten ze einem fryen, stêten, ewigen, lidigen, unwiderrůflichem kôffe umb fůnfhundert rinscher guldin gůter s[we]rer und gerachter an gold und an   2(
gewicht, dero wir aller von inen harumb bezalt und usgericht syent, dz uns des von inen wolbenůgt, die ouch wir in unser und unsers gotzhuss offenbaren nutz bekerd[2] hand, und haben wir, der obgenannt abt und convent, dien obgenannten tallutten disen obverschribne verkôff als umb die erbe fur uns und unser nakomen gevergot[3]

---

[1]   Die vom Schreiber verwendeten Abkürzungszeichen haben mehr als nur eine Bedeutung. Die Auflösung erfolgt sinngemäß.
[2]   gewendet
[3]   gefertigt, rechtsförmig bestätigt

und hingeben uss unsern handen in ir hande zů einem fryen, ewigen, lidigen köffe
als daz billich und inen notdurftig ist, und hand inen des obgenannten köfs und erbe
gelobt recht weren ze sinne fur uns und unser nakomen an allen dien stetten, da sy
des notdurftig sind old in kunftigen ziten iemer wurden, und da wir dz billich und
durch recht tůn sullen. Und harumb so enziechen wir, abt und convent obgenannt,
uns fur uns und alle unser nakomen und gotzhusser des vorgenannten erbs und
verköffs und aller der rechtung und ansprâch, so wir und unser gotzhusser daran
untz uf den tag, als dirre brief geben ist, als von der vorgenannten erbinen gehebt
hand zů den obgenannten unsern tallutten und darzů aller der fryheiten, briefen und
briefeleyen, so wir von bâbsten, keysern, kungen oder von jeman ander gehebt hand
als von der erbinen wegen, oder wir old unser nakomen hinnanhin in kunftigen ziten
erwerben könden oder möchten von sölicher erbinen wegen wider die obgenannten
unser tallutte oder ir nakomen und enziechen uns ouch aller rechten von der erbinen
wegen fur uns und unser nakomen, so wir hand in unsern bůchren, spruchen oder
rôdlen, alle die stuk und artickel, die da wisent von der erbinen wegen, daz die alle
darumb tod, hin und gentzklich ab sin sullent, und also haben wir, der vorgenannt
abt und convent, fur uns und unser nakomen und fur unsre gotzhusser, beide ze En-
gelberg, gelobt und versprochen und versprechen ouch mit krafft diss briefs, dise
vorgenannten stuk und sache war und stêdt ze haltenne und darwider niemer
eweklich ze tůnde noch schaffen getân werden in deheinerley wegs weder mit geist-
lichem noch weltlichem gerichte noch âne gerichte noch mit enkeinen funden und
artickeln, die nu funden sind oder in kunftigen ziten möchten funden werden oder
erwerben nu old in kunftigen ziten, damit man wider disen vorgenannten köff als
von der vorgenannten erbinen wegen gereden oder getun kônde oder möcht, denne
das er war und stêtte fur diss hin in siner kraft iemerme eweklich belibe als âne alle
geverde. Harinne ist sunderlich berett und ze wussen, das wir, vorgenannte abt und
convent, fur uns und unsre gotzhusser beide und alle unser nakomen dise vorge-
nannte sâche hand getân mit der bescheidenheit und rechten gedingen als hienach
verschriben stâd.

[1.] Des ersten, dz wir uns selben, unsern gotzhussern und allen unsern nakommen
hand vorbehebt alle unsre früheit, briefeley und brief, so wir hand von geistlichen
oder weltlichen fursten und herren oder andern erbern lutten, spruchen oder briefen,
denen unschedlich und gentzklich unbegriffenlich, doch lutter und gentzklich diser
verköff als umb die erbe vorbehebt und ussgelâssen. Wir hand öch vorbehept uns
und unsern gotzhussern und nakommen alle unsre rechte, zins, zehende, velle, dien-
ste und gelêsse und unsry gerichte, twinge und bânne, und alle unsre rôdel und gotz-
huss zůgehôrde und andre unsre rechtunge, ehafti und gůt gewonheit und har-
komm[en], alte und nuwe, doch gentzklich dem verköff als umb die erbe unbegrif-
fenlich. Ouch haben wir uns selben und allen unsern nakomen vorbehebt und beha-
ben in kraft diss briefs unser pfrůnder, man oder wibesbilde, die wir ietz hand old
noch in kunftigen ziten gewunnen und zů uns komend, das wir, abt und convent vor-
genannt, oder unser nakomen dieselben pfrůnder erben sullen zů unser und unsers
gotzhuss handen, ân ir frunden, unser tallutten und mengklichs widerrede.

[2.] Item wir hand ouch uns und unserm gotzhuss und unsern nakomen vorbehebt,
were, das dehein erbe in kunftigen ziten in unserm tâl ze Engelberg viele von ieman,
mannes oder wibesbilde, da nut sömlicher nachwendiger frunden were, die dz fur-

bringen möchten, dz si von rechter sibschaft und rechtz wegen darzů recht hetten, das wir oder unser nakomen dzselbe erbe und gůt zů uns und unsers gotzhuss handen ziehen und angriffen mugend ån mengklichs widerrede. Aber, so hand wir uns, unsern gotzhussern und allen unsern nakomen vorbehebt, ob daz were, dz dehein persôn old ieman uns, unsern gotzhussern oder nakomen, utzid, klein oder gross, durch Gott oder durch êre geben wölti, dz si dz wol tůn mugen in der mässe, als dz von alter harkomen ist zwuschend uns und unsern gotzhussern beiden und den egenannten tallutten und uns nieman daran sumen noch irren sulle. Ouch haben wir uns selben und allen unsern nakomen vorbehebt, alle die erbe, die gevallen sind, untz uf den tag, als diser brief ist geben, die wir ietz innehand oder zůgesprochen und in geben sind, dz uns darinne nieman sumen noch irren sulle in deheinen wegen weder nu noch hienach, wan dz wir die gentzklich unsern gotzhussern behaben sullen ån mentklichs widerrede.

Ze gelicher wise, ob die obgenannten tallutte ouch dehein erbe innehetten oder zů ir handen gezogen untz uf dattum dis briefs, dz sy ouch da[r]by beliben sullen und fur ir erbe innehan als åne alle geverde. Und waren hieby und sind gezugen Barttolome ab Wisabergen, Heinrich Zelger, Tomann Zelger, Arnolt am Stein, Jenni Flůler, [Han]s Mettler, Heini in der Fur, Ůlrich Bůcholtzer, alle von Stans und lantlutte ze Underwalden. Und haruber ze einem waren offnen urkunde, dz diser brief und jeklicher artikel darinne vor und nach verschriben war, stêtte und feste belibe, so hand wir obgenannten Johannes, abt, und convent unsry eigen insigle der abty und des conventz fur uns und alle unser nakomen unser gotzhussern offenlich gehenket an disen brief ze gezugnusse aller obverschribnen sachen. Und ward dirre brief geben ze Engelberg in dem obren kloster uf den nösten fritag nach dem zwelften tag in dem jar, do man zalte von Cristus geburt vierzechenhundert jar zwenzig und zwey jaren.

2

1423 November 25

Die Herzöge Ernst und Wilhelm von Bayern schlichten als Schiedsleute einen Konflikt zwischen dem Kloster Steingaden und dessen Bauernschaft in der Pfarrei Steingaden. Der Vertrag regelt Fragen des Erbrechts, des Besitzrechts, des Eherechts, die Höhe der Dienste sowie der Geld- und Naturalabgaben.

Bayerisches Hauptstaatsarchiv München, Kurbayern, Äußeres Archiv 4156, fol. 357
Originalurkunde

Druck: P. Blickle, R. Blickle, Schwaben, S. 201ff. - Franz, Quellen Bauernkrieg, S. 9-
12 (nach: Bayerisches Hauptstaatsarchiv München, Klosterurkunden Steingaden
404). - Lori, Lechrain, S. 109ff. - Monumenta Boica, Bd. 6, S. 616-620.
Literatur: Ammer, Sonderstellung Bayerns, S. 62. - R. Blickle, Altbayern, S. 182f. -
R. Blickle, Leibeigenschaft, S. 964ff. - Kirchner, Klostergrundherrschaft in Bayern,
S. 30, 35. - Kobler, Schiedsgerichtswesen, S. 28. - Raabe, Leibeigenschaft, S. 92.

Wir, Ernst und Wilham von Gots gnaden pfallezgraven beÿ Rein und hertzogen in Beyrn[1] etc., bechennen offenlich mit dem brief von solicher stozz und unwillen wegen, als zwischen dez ersamen, unsers lieben andåchtigen dez brobsts unsers gotzhaws zu Steingaden, des convents daselben auf ainer seÿt, und der gepawrschaft ge-
5 mainlich, die in die pfarr gen Staingaden gehorend, auf der andern seit bis auf disen hewtigen tag gewesen sind, und der sy nu zu baider seit [wi?]llkurlich hinder uns gegangen und bei uns bliben sind, also was wir von aller stozz und zwaiung wegen, als zwischen ir gewesen ist und verloffen hat, sprechen und sy darumb entschaidn, dabey wellen sy gäntzlich beleiben und das trewlichen halden an alle gevärde, als
10 uns auch das paid partey mit iren hantgeben trewen gelobt und versprochen habend, und also sein wir mitsambt unsern raten über die sach gesessen, klag, red und widerred von iglicher partey aigenlich und kuntlich aufgenomen und verhört und also sprechen
[1.][2] von erst, das all unwillen, stozz und zwaiung, wie die genant sind, die sich auf
15 bayden parteyen bis auf datum ditz briefs ergangen oder verloffen habend, gäntzlich ab sein sullen und in arg nymermer geäfert noch gemeldet sullen werden, darzu ob die gepawrschaft aynung oder puntnuss wider den brobst und das gotzhaws gemacht hetten, das die gantzlich ab und kraftloz sein sullen, und sy sullend auch das hinfur nicht mer tůn, in dhain weiz, sunder sy sullen ainem ieglichen brobst und dem gotz-
20 haws zu Staingaden willig, gehorsam und dinstlich sein. So soll sy ain ieglicher brobst gnädiklichen halden und füdern, als sy dez zu baiderseit aneinander wol schuldig sein ungevarlich.

---

1 Über den Vokalen a, o, u und y finden sich des öfteren kaum erkennbare Punkte. Da diese regellos verteilt sind, wurden sie nicht als diakritische Zeichen interpretiert.
2 Die Abschnittsgliederung erfolgte durch die Bearbeiter. In der Vorlage ist der Text nicht gegliedert.

[2.] Als dann der brobst und der convent zu Staingaden sprechend, wenn dez gotz-
haws aigenläwt ire kind, ez sein sůn oder tochter, ausgestewrt haben, so sullend die
kind furbas nach vater und můter tod mit irem güt nichtz mer ze schaffen haben, und
ez sey dann dem gotzhaws ledig worden etc., darumb sprechen und entschaiden wir
sÿ, das das gantzlich ab und furbas nicht mer sein sol, sunder wenn dez gotzhaus ai-   5
genmann oder weib von tods wegen abgent, das dann derselben abgangen person
kind oder sunst nachst und recht gesipt erben ir gut erben süllen, als ander unser
gotzhäwser zu Payrn recht ist. Wenn aber dez gotzhaws mann oder weib gar an er-
ben, als vorgeschriben[3] stet, absterbent, so soll und mag sich ein ieglicher brobst
oder dez gotzhaus ambtlewt derselben abgangen person hab wol underwinden und   10
sich der underziechen, als recht ist.
[3.] Darnach sprechen wir, das ain iglicher brobst unsers gotzhaws zu Staingaden
und der convent daselben nu furbas jarlich und ewiklichen ain freie stift haben sul-
len an mainklichs irrung und einsprechen, also daz sy ire güter besetzen und entset-
zen und mit der gult gehöhern und genidern mugen, nach irer und dez gotzhaws not-   15
durft, und als ander unser stift und gotzhawser zu Baÿrn tünt und als unsers lands-
recht ist.
[4.] Auch sprechen wir, das ein iglicher brobst nu hinfur dhainen den seinen zu der
ee mer notten sol, ez wêr dann, das ir ainer oder mer, ez wären sün oder tochter, sich
von dem gotzhaws entpfrömden wolten, von den mag ein brobst ain gwishait nemen   20
und ain redliche pen darauf setzen, damit sÿ dem gotzhaus unentpfrömdt beleiben,
und ob sÿ das überfueren, so mag er die pen wol darumb nemen.
[5.] Darnach sprechen wir, das ein iglicher pawr, der des gotzhaus aigen oder hin-
dersazz ist, ainem iglichen brobst und dem gotzhaus [zu] Staingaden nu hinfür
ewiklich alle jar acht tag mäen und acht tag rechen sůllen ungevårlich[4].   25
[6.] Dann von akergens[5] und ander gwondlicher dienst wegen, wie sÿ die dem gotz-
haus von alter her getan habend, dabeÿ sol ez furbas auch beleiben, ez wår dann, das
der brobst in seiner stift mit seinem gůten willen den armenlewten die tagdienst
mindern wolt, dabei sol es auch beleiben. Aber ungewondlich und das garenspinnen
sullen sÿ furbas nÿmmer tůn und darumb ledig sein, si wellen ez dann gern tůn, ez   30
wär dann, das das gotzhaws verprunne und in merklich verderben chöme, da Got
vor sey, so sullend sy mit diensten und andern sachen hilflich und gehorsam sein,
als sÿ dann dez dem gotzh[aus] schuldig sein.
[7.] Darnach sprechen wir, wellich der vorgenanten armenlåwt ainer oder mer brief
habend under ains brobsts und convents von Staingaden insigel, daz sy bei densel-   35
ben briefen an dez brobsts eintragen und irrung beleiben sullen, ez wär dann, das ein
brobst und ein convent brief oder urchund dawider hietten, der gnůg wär, das der ar-
mênläwt brief absein solten, dez sullend sÿ auch geniessen. Hiett aber der brobst
yemant seiner aÿgenläwt brief umb erbschaft versprochen ze geben, dez man in red-
lichen erweisen möcht, dieselben brief sol er den armenlåwten fuderlich geben und   40
in die auch halten.

---

[3] Die Vorlage ist an einigen wenigen Stellen verderbt; sie wurde ergänzt durch die von Franz (siehe
oben) besorgte Bearbeitung.
[4] Das diakritische Zeichen (über a) konnte hier und an anderen Stellen nicht mit letzter Sicherheit
aufgelöst werden.
[5] auf den Acker gehen; pflügen, säen, eggen, ernten

[8.] Dann umb die viertzicg pfund haller, die die armenlawt järlich zu stewr geben muessen, sprechen wir, daz in dem aÿgen niemant dafür gefreit süll sein, ausgenomen dez brobstes und gotzhawss versprochen diener und amptlawt, als kellnär, pfister, marstalär, köch und ander solich diener.

5 [9.] Dann von dez grazz wegen, das nicht in der armenlawt gůter gehört und das der brobst frŏmden läwten, die zu dem gotzhaus nicht gehörent, zu kauffen gibt, sprechen wir, das er dazselb gras furbas dez gotzhaws aigenlawten ze kauffen geben sol, doch umb den gelt, das im frŏmd läwt darumb gêben und geben wolten.

[10.] Auch sprechen wir, das die armenläwt von Prem und die vier von Turhgäw nu
10 furbas dez rechens vertragen sein süllent, doch so sullend sy dem brobst und gotzhaus jarlich die air geben und ir iglicher jarlich acht tag mäen und ander dienst tůn, als sy vor getan haben an gevärde.

[11.] Auch sprechen wir, das der brobst zu Staingaden Chüntzen aus der Rawt sein schaden, die er im mit dem sew getan hat, nach der nachgepawrn rat, den darumb
15 wissenlich ist, abgetragen und im ain benugen darumb tůn sol.

[12.] Darnach sprechen wir, daz Ullein Kratz und Peter Keltenofen jarlich zechen schilling Muncher pfening zu dienst geben sullen und nit mer, dartzu hundert ayr und sunst ander scharlberch, als sÿ dann von alter her getan haben, und der brobst soll sÿ dann bei dem gůt beleiben lassen, als lang die leib werent[6], den der brief sagt.

20 [13.] Wir sprechen auch, das Chüntz Röslein ainem brobst von Schaingaden[!] auf dem swaighof nit mer dann vier kůe haben sol, und er sol auch die kås machen, das sÿ die mader geessen und nit verschlachen mügen ungevärlichen.

Und also wollen wir, das diser unser obgeschriben spruch von baiden tailen gantzlich, getrewlich und ungevärlich gehalden wärde, welher taÿl in aber überfuer, das
25 wissenlich und kundlich wurd, den oder dieselben wolten wir darumb hertiklichen und ungenädiklichen straffen und pessern lassen. Und dez zu urchund geben wir den brief mit unserm anhangenden insigel versigelten zu Munchen an sand Kathreientag der heÿligen junckfrawen, do man zalt von Cristi gebürd vierzehenhundert jar und darnach in dem dreyundzwaintzigisten jare.

---

6   auf Lebenszeit

3

1441 Januar 13

Herzog Albrecht von Bayern schlichtet einen Streit zwischen dem Kloster Steingaden und dessen Bauernschaft. Der Spruch regelt die Verpflegung der Frondienste leistenden Bauern, bestätigt dem Kloster das Freistiftrecht, klärt Differenzen um eine Todfallabgabe, die Waldnutzung durch die Bauern sowie das Tragen von Waffen und ermahnt die Bauern, die Frondienste nicht zum Schaden des Klosters auszuführen. Ferner werden ihnen wegen bewaffneten Eindringens in das Kloster Strafen in Aussicht gestellt und Bündnisse untersagt.

Bayerisches Hauptstaatsarchiv München, Klosterurkunden Steingaden 475
Originalurkunde

Literatur: R. Blickle, Altbayern, S. 182. - R. Blickle, Leibeigenschaft, S. 965.

Von Gotes genaden wir, Albrecht pfallentzgraf bey Rein, hertzog in Bairn und grave zů[1] Voburg etc., bekennen offenlich in dem brief als von solicher irrung wegen, die auferstanden sind zwischen Johannsen brobsts des gotzhaus in Staingadem an ainem und der gemainen pawrschaft zů Staingadem am andern tail von etlicher mangerlay sprůch und clag wegen, die dann die pawrn wider den brobst getan und furbracht haben, dieselben sprůch und clag auch dez von Staingadem widerred haben   5
wir mitsambt unsern råten eigentlich verhorret und mit baiden tailen sovil geredt, das sy sollicher sach aller bey uns und unsern råten beliben sein und uns mit hantgeben trewen gelobt haben, was wir zwischen ir sprechen, das sy das trewlich stat halden, auch dawider nicht reden noch tůn wellen in dhain weis, also seien wir mit-   10
sambt unsern råten darůber gesessen, baider tail red und widerred fůr uns genommen und sprechen.
[1.] Item als die pawrschaft furgibt, das mit alter gwonhait herkomen sei, wann sy dem brobst von Steingadem im sumer die scharberck als mit måen getan haben, so hab man ir yedem all tag geben zwen layb und ain halben kås, und die layb seien so   15
gros gewesen, daz in ainer auf den rist an daz pain gelaint hab, so sei er über daz knye heraufgangen so hoch, daz ain arm man oberhalb dez knyes darab gesniten, daz er den tag darab ze essen gehebt und das übrig behalden hab, die well in der brobst nicht mer so gros geben und prech in die ab. Dawider aber der brobst fůrgibt, es sei von alter nicht herkomen, dann etlich prelatn haben das den armen laůten zu   20
lieb getan, desgleichen hab er bißher auch getan, er sei in aber dez von rechts oder alts herkomens wegen nicht schuldig, sunde[r] er mocht daz tun oder lassen, wann unsers lieben hern und vatters hertzog Ernsts, auch unsers lieben vet[er]n hertzog Wilhelms saliger gedåchtnůs spruchbrief vormalen zwischen ir getan nyndert inhalt, daz er in der laib und kås schuldig sei ze geben. Darauf sprechen wir, daz die paw-   25
ren fůrbaß dem gotzhaws die scharberk tůn und måen sollen als durch unsern lie-

---

[1] Schreiber bringt über Vokalen als diakritisches Zeichen eine Schleife, die sinngemäß durchgängig als überschriebenes e wiedergegeben wird.

ben herren und vattern hertzog Ernsten und unsern liebn vettern hertzog Wilhelmen
saliger gedächtnüs gesprochen ist. So sol in ain yeder brobst gewöndliche speys ge-
ben als dann arbaitern zügehört. Aber der layb und kås ist in dhain brobst schuldig
ze geben, er well in dann von gnaden wegen layb und kås geben, wie er in die dann
5 geben well, des sollen sy sich benügen lassen und darüber nichts an den brobst ze
vordern haben, nachdem und dann in unsers lieben herren und vatters auch unsers
vettern saligen spruch nyndert begriffen ist, das man in der laib und kas schuldig sei
ze geben.

[2.] Item als die pawren furbringen, wie der brobst zwen knaben, die des gotzhaws
10 aigen sein, ab ainem güt gestift und von dem gotzhaws getriben und ain frawen dar-
auf gestift hab, dawider der brobst spricht, die knaben seien so jung gewesen, daz sy
dem güt nicht mochten vorsein. Darzu so hab er ain freie stift, daz er seins gotshaws
guter wol stiften und entstiften müg nach seiner notturft. Darauf sprechen wir, daz
der brobst daran nicht unrecht getan hab, wann durch unser vatter und vettern salig
15 gesprochen ist, daz ain yeder brobst zü Staingad[e]m ain freie stift haben soll, es
wår dann, daz die knaben leibgeding auf dem gut und darumb brief gehebt hetten,
dabey sol sy der brobst beleiben lassen.

[3.] Item als die pawren furgeben, wie der brobst zwain wittiben abgenommen hab
nach irer manen tod yeder zehen reinisch guldin und fur den totenfal ain ros, daz ze-
20 hen guldin vert sei, daz tü also viertzigk guldin. Dawider der brobst spricht, die
zwen pawren seien abgangen vor sand Bartholomeus tag, zu denselben zeiten sei
der traid auf dem veld und im zügestanden, dann wie und zu welcher zeit im ain güt
ledig werd, also müg er sich dez underwinden und einzichen, also haben die zwo
frawen willigclich mit im geteidingt für die frücht umb zwaintzigk guldin. So hab er
25 die zway ros fur den totenfal genommen, als er dez dann gefreit sei mit mer wor-
ten. Darauf sprechen wir, daz der brobst die zwaintzigk guldin für die frucht von den
wittiben pillich genommen hab, dann von dez totenfals wegen, daz setzen wir zu
dez brobsts gewissen, also verstee er, daz er der totenfåll ze nemen recht hab, so
mug er die behalden, verstünd er aber, daz er die nicht rechtlich nåmen sol, soll er
30 die pfård den frawen kerren[2].

[4.] Item als die pawren fürbringen, wie von alter herkomen sei, daz sy im winter, so
sy dann ire güter fürsehen und gepawt haben, pawm geslagen, flöss daraus gemacht
und nach irer notturft hingeben und gefürt haben, darumb sei der brobst zu unserm
lieben vettern hertzog Wilhelmen saligen kom[m]en und hab ain brief austragen,
35 darin er in verpiet, solichs nicht mer ze tün, daran in ungütlich geschech. Dawider
der brobst redt, wie die wåld, darin sy solich pawm geslagen haben, seins gotzshaws
sein und im zügehören, als er dann darumb brief hab, die er uns horen liess, und die
pawren haben an seinen willen nicht gewalt, darin ze slahen. Es haben auch die
pawren die holtzer so gar abgeslagen und geödet, solt dem gotzhaws ichtz auferstan,
40 darzü er holtz bedörft, er müst mangel daran haben, darumb so hab er sollich verbie-
ten von not wegen tün mussen zusambt dem, daz er des sünst wol gwalt und recht
gehabt hett mit mer worten. Darauf sprechen wir, daz ain yeder dez gotzhaws hin-
dersass zimerholtz und prennholtz, dez er zü dez gotzhaws güt bedorf, aus den holt-
zen, die zu seinem güt gehoren, wol slahen und nem[m]en mag, ob er aber in dem-
45 selben holtz nicht funde, daz zü dem zymer nutzlich wåre, so sol er daz aus andern

---

2   zuwenden, zukommen lassen

dez gotzhaws holtzen nemmen, doch mit dez brobsts erlauben. Aber sunst sollen die pawren dhain holtz nicht slahen, daz sy hingeben oder zu anderm irem nutz prauchen wolten dann mit dez brobsts willen, wissen und erlauben.

[5.] Item als die pawren fůrbringen, wie der brobst vert nach unserm haissen geboten hab harnasch yedem mann nach seinen ståtten, er hab auch dabey geboten, daz 5
niembt gewappend noch verpundnet dez nachts auf der gassen geen solt, fund man aber ainen in solicher mas[s], so wolt er schaffen, daz man sy hart slůg und nåm, was sy bei in hieten[3], also sei ain knab villeicht an seins vatters wissen ausgangen und hab ain pantzer angelegt und sey ain ander mit im gangen, da seien drey an sy kom[m]en und haben dem knaben daz pantzer genommen und in hart geslagen, man 10
wiss auch nit, wer die sein, dann als sy auf dem knaben gelegen sein, da hab er der dreier ainen in dem manschein gesehen und erkennt. Dawider der brobst redt, er hab daz pot getan von unsers haissens auch etlicher veintschaft wegen, die er und sein gotzhaus desselben mals gehebt haben, aber daz er geschaft hab, niembt ze slahen noch daz sein ze nemmen, dez hab er nicht getan, er hab auch mit den man[ne]slaůr 15
ten geredt, er wiss nicht, wer den knaben geslagen oder daz pantzer abgezogen hab, daz sy im aber die nennen, so well er sovil darzů tůn, dabey sy versteen sollen, daz im solichs dhain gevallen sei mit mer worten. Darauf sprechen wir, daz der brobst an solichm gebot recht und nicht unrecht getan hab, er můg auch daz hinfůr auch wol tůn, wann das gotzhaus veintschaft hette oder sůnst notturft sein wurd. Dann als 20
die pawren fůrgeben, der knab hab der ainen kennt, sprechen wir, daz er zu dem lantrichter, der über sein leib ze richten hat, geen můg, ob er wil, und im den haymlichen nennen, auch mit recht und pő[r]gschaft sovil darzůtůn, als dann recht ist.

[6.] Item als die pawren fůrbringen, wie der brobst von Staingadem dez sontags nach Severi nagst vergangn ir bei fůnfzehen[4] zů ainem rechten gevordert hab, darab 25
seien sy erschrocken, wann das vormalen nye geschehen wår, und hieten zu dem richter geschickt umb ain glait zwen irer gesellen, der hett in geantwort, daz sy sich darvonhuben, sy wåren all nyndert sicher, daz hetten sy also getan und wåren ainen wenigen weg hindan getreten, da hetten sy fůnf geraisig gesehen und darhinter ain halt bey fůnfundzwaintzigk pfarden, wann sich der brobst von Swaben und Bairn 30
geworben hett auf dreissigk pfård und wolt in villeicht etwas zůgezogen haben, also wåren sy an ain půhel getreten und darvon komen. Dawider der brobst redt, wie er und die seinen auf denselben tag von mangerlay sach wegen ze handeln hetten, also hett er dem pfleger von Schongaw, Otten Pientzenawer geschrieben, daz er zů im kåm, auch den von Lantsperg umb zwen irer ratgesellen, die hetten im gelihen Con- 35
raten Smalholtz und den Zeysser. Er hett auch andern den seinen uber Lech und anderswo auf denselben tag zů im ze komen geboten von scherms wegen auch darumb, daz yederman gleich geschåch und hab auch daz von dhainer andern sach wegen getan. Wir haben auch den richter gehőrt von dez glaits wegen, der spricht, das er sollicher wort gen den zwain mannen, die die pawren zu im umb glait geschickt 40
hetten, nicht geredt hab, dez zeich er sich noch zů den zwain und liess darauf horen ain instrument, darin der ain bekennt, daz im der richter dhain solich antwort geben hab, er hab auch nicht gesprochen, daz sy sich darvonheben, so ist der poten ainer

---

[3] hätten
[4] 1440 Oktober 27

persöndlich vor uns gestanden, den haben wir auch darumb gefragt, der hat auch auf
solich maynung geantwort, das der richter sollicher wort nicht geredt hab mit mer
worten. Darauf sprechen wir, das der von Staingadem daran nichts verprochen noch
unrecht getan hab und die pawren haben in darumb unpillich verclagt.

5 [7.] Item von Peters ab dem Slauch und dez guts Slauch wegen, daz dem Petern und
seinen geswistrigeren vererbt ist, und der brobst der zwair swestern recht an dem gůt
in sein gwalt bracht hat und maint, mit dem Petern ze tailen, sprechen wir, das der
brobst die gewöndlichen gůlt von dem Petern nemen und in sein lebtag bei dem gůt
beleiben lassen sol. Wann er dann abgangen ist, so mag sich der brobst dez guts wol
10 underwinden auf die gerechtigkait, die der brobst von den swestern in sein gwalt
bracht hat, ob die dannoch in leben waren, und daz dann besetzen nach seiner not-
turft.

[8.] Item als der brobst fůrbringt, wenn im die pawren seine scharberk mit dem madt
tůn, so steen sy so lang nacheinander an, daz im sein arbait dardurch vast ernider[5]
15 lig und nicht so furderlich ausgericht werde, als dann pillich wåre. Es slahen im
auch die pawren ire ros, die sy dann bei in haben, im ze schaden in sein wismad und
geben zwen oder drey aus in, die der ross hutten, dardurch im sein arbait aber er-
nider lig, auch vast ze schaden kåm. Sprechen wir, daz im die pawren die scharberck
tůn und mån sollen nach dem trewesten und pesten, so sy dann můgen, damit dem
20 brobst die arbait furderlich und ordenlich vonstat gee. Es sollen auch die pawren ire
ros dem brobst nicht ze schaden in sein wismadt slahen noch die mader hutten las-
sen, sunder der brobst sol in die hutten lassen und an ain end slahen, da die ros ze
essen haben und dem brobst nach dem mynsten schaden sey alles trewlich und un-
gevardlich.

25 [9.] Und darauf so sprechen wir, daz der brobst von Staingadem seinen armenlaůten
genedig und in allen sachen vor sein sol, als dann ain herr seinen armenlaůten schul-
dig ist, desgleichen sollen die pawren widerumb dem brobst undertånig und gehor-
sam sein, als dann pillichen und ain yeder hindersåss seinem herren schuldig ist,
und sol ain tail dem andern hinfůr umb all ergangen sach nichts args noch unfrunt-
30 lichs zuziehen in dhain weis.

[10.] Dann umb solich unpillich verclagen, so die pawren den brobst getan, auch
umb solich fravel, so die pawren mit dem begangen haben, daz sy gewappend und
mit werender handt zum rechten komen, auch in sein closter und in aw gangen sein
und mit mer andern artikeln, die dann hievor geschriben stend, auch sůnst von bai-
35 den tailen fur uns und unser råt komen sein, daran sy unrecht und wider den spruch,
den dann unser vatter und vetter saliger gedåchtnus getan haben, darumb sind sy
nach ausweisung desselben spruchs und auch anders wegen in unser straff verval-
len, dieselben straff wir dann gen in nach unser råt rat tůn und handeln wellen.

[11.] Wir sprechen auch, ob die pawren ainicherlaÿ puntnůs oder aynung gemacht
40 oder sich zesamengetan hetten, daz die gåntzlichen ab und hinfůr nicht mer ge-
braucht noch von den pawren fůrgenommen werden sol. Ob es aber darůber ge-
schåch und die pawren sollich oder ander unredlich weg mer furnemen und suchen
welten, so sollen sy dem brobst und gotzhaus zů Staingadem umb all ir sprůch, die
sy vermainten ze haben, darzů mit leib und gůt in unser straff vervallen sein. Es sol
45 auch unsers lieben herren und vatters hertzog Ernsts und unsers lieben vettern hert-

---

5   darnieder

zog Wilhelms saliger gedächtnůs spruch, den sy vormalen zwischen baiden tailen getan haben, hinfůr mitsambt disem unserm spruch bey kreften beleiben und von baiden tailen gehalden werden. Das diser spruch durch uns und unser råt also geschehen sey, auch von baiden tailen trewlich gehalden und dawider nicht getan werde, dez haben wir zu urkunt yedem tail ainen solichen spruchbrief gleich lautend geben, mit unserm insigel besigelt, daz heran gehangen, und der brief geben ist zu München an freitag vor sand Anthony tag in den jaren als man zelet nach Cristi unsers lieben Herren gepurd vierzehenhundert und darnach im ainsundviertzigisten jaren. 5

4

1515 April 26

Herzog Wilhelm von Bayern und seine Räte schlichten einen Streit zwischen dem Kloster Steingaden und dessen Bauernschaft in der Pfarrei Steingaden über strittige Dienste, die Festsetzung der Höhe der Todfallabgaben und bestätigen die Holznutzungsrechte.

Bayerisches Hauptstaatsarchiv München, Klosterurkunden Steingaden 921
Originalurkunde

Druck: Lori, Lechrain, S. 254f.
Literatur: R. Blickle, Altbayern, S. 182. - R. Blickle, Leibeigenschaft, S. 965.

Von Gottes genaden wir, Wilhelm Pfalntzgraven bei Rein, hertzog in obern und nidern Baÿrn etc., bekhennen mit dem brief, als sich irrung gehalten haben zwischen dem wirdigen in Got unserm lieben getrewen abte unsers closters zu Staingaden ains, und seiner hindersåssen, der gepaurschaft der pfarrmenig daselbs, an-
5 ders tails, derhalben sÿ an heut dato vor uns und unsern rëten auf unsern furbeschaid ÿetz gemellter unser prelat durch sich selbs, Hanns Resch und Hanns Pfeiffer von Prem, Heÿss Hutz von Lautterbach, Pauls Strauß am Grundel, Hanns Poger, Steffan Hůbler, Hanns Mair von Staingaden, Hanns Klain am Rőslein und Cristan Hubler von Lanndegkh, von wegen ir selbs und gemainer vorgenannter pfarrmenig zu
10 Staingaden erschinen sind, und haben sich dieselben gepaurschafft beclagt, wie sÿ vorgenannter prelat uber etlich verträg, durch weilend die hochgebornen fürsten, hertzog Ernnsten, unsern uranherrn, und hertzog Wilhelmen, unsern vettern, desselben briefs datum steet der jarzal nach Cristi unsers lieben Herrn geburde vierzehenhundert und im dreÿundzwaintzigisten jar[1], auch uber den vertrag, durch weilend
15 den hochgebornen fursten, unsern lieben anherrn, hertzog Albrechten, graven zu Vohburg, ausgangen, des datum steet freÿtags vor sand Annthonien tag, der jarzal Cristi vierzehenhundert und im ainsundviertzigisten jar[2], in etlichen articklen in denselben verträgen begriffen, beswärte, auch ains holtzslags halben, deshalben der von Staingaden ainen vertrag mit denen von Swangaw aufgericht und gemacht het,
20 der durch weilend unsern lieben herrn und vattern hertzog Albrechten in Bairn etc. confirmirt und bestätt ist, des dat[um] steet an freÿtag nach sand Khatherinen tag der jarzal Cristi funfzehenhundert und im ersten jare[3]. Verrer haben sÿ sich, die von Prem und die von Durchgew, beswärt, dass sÿ mit måhen und rechen uber vorberurten hertzog Ernnsts und hertzog Wilhelms vertrag, auch der todtfåll halben mit ne-
25 mung derselben und ander mer articl durch sÿ angezaigt, beswärt worden. Dagegen ist der von Staingaden auch gehort worden. Und als aber baid partheien mit irm furtrag notturftigclich gegeneinander verhort worden sind, haben unser rete umb

---

[1] 1423 Dezember 25
[2] 1441 Januar 13
[3] 1501 November 26

vermeidungs willens merers unwillens, so zwischen ir hett entsteen, auch mue und costens den partheyen daruber het laufen mugen, sovil vleiss zwischen ine, mit irm gueten willen und vorwissen zwischen inen zu merer erleuterung etlicher artickel beteidingt und gesprochen, beteÿdingen und sprechen in craft diss briefs,

[1.] erstlich die von Prem und die vier zu Durchgew antreffend, das vorgenannter 5 von Staingaden sÿ des rechens vertragen, aber sonst sŏllen sÿ alles das thŭn, das vorgenannter hertzog Ernnsts und hertzog Wilhelms vertrag vermag.

[2.] Zum andern der todfåll halben ist durch unser rete gesprochen, so ain armann mit tod vergangen, der den todfal zu geben schuldig ist, so sŏlle der von Staingaden zwen und des abgestorbnen frundtschaft auch zwen dartzue geben und verordnen, 10 und was alsdann durch die vier oder den merern tail aus ine nach vermŏg des abgestorbnen guets erkhennen und sprechen, dabei sŏlle es beleiben, und der von Staingaden sŏlle khainerlai viche, sonder gelt nemen, und sŏlher spruch sol im dorf und bei der armen guet on costung beschehen, und wo sich die vier sŏlhs spruchs nit verainen mŏchten, so sol unser ÿetz gegenwurtiger und ein ÿeder khunftiger unser 15 pfleger zu Schongaw ein obman sein und wŏlhem tail er mit seiner stimm zuveld, demselben sol alsdann gelebt werden.

[3.] Dann des holtzslags und aller ander artickel halben, durch baid parthei in der verhŏr angezaigt und ermelt, sŏlle es beÿ denselben vorberurten vertrågen beleiben und durch sÿ bederseÿt getrewlich gelebt und nachgangen werden. 20

Auf sŏlhs alles sŏllen baid partheÿ entlich miteinander vertragen sein, und sŏllen sich die vorberurten gepaurschafft gegen dem von Staingaden als irm herrn in allen sachen halten und beweisen, als sÿ ime zu thun schuldig sind, herentgegen solle sÿ der von Staingaden auch gegen ine halten und beweisen, als ain herr seinen hintersåssen auch zu thŭn schuldig ist, und die costung, so ine bißher zu beder seÿt 25 uber die sachen gelaufen ist, sŏllen gegeneinander gleich aufgehebt und ain tail dem andern darumb zu thun nichts schuldig sein alles getrewlich on gevårde.

Des zu urkhundt ist ÿedem tail, der des begerndt ist, ain gleichlautender spruch mit unserm anhangendem secret besigelt geben zu Munchen an pfintztag nach sandt Jŏrgen tag nach Cristi geburt funfzehenhundert und im funfzehenden jare. 30

5

1718 November 16

Die Untertanen des Klosters Steingaden und das Kloster vergleichen sich über das Erbrecht und regeln Fragen des Besitzrechts und der Besitzwechselgebühren, die Höhe der Todfallabgaben, der Scharwerksdienste sowie der Natural- und Geldabgaben. Für die sogenannten Schmalzbauern werden bezüglich der Abgaben und Dienste gesonderte Vereinbarungen getroffen.

Bayerisches Hauptstaatsarchiv München, Zivilakten Faszikel 1201, Nr. 43
Originalausfertigung für den Kurfürstlichen Hofrat

Druck: Dußler, Vergleich, S. 47f. - Lori, Lechrain, S. 522ff. (nach: Bestätigungsurkunde der kurfürstlichen Hofkanzlei, Klosterurkunden Steingaden 1913).
Literatur: R. Blickle, Altbayern, S. 182-185. - R. Blickle, Leibeigenschaft, S. 967.

Vergleichsrecess[1]
Demnach sich beÿ einem Churfürstlichen[2] hochloblichen hofrhat zwischen hier endts gesetzt 89 closter staingad[ischen] underthanen clegen an einen, dan dem loblichen closter Staingaden am andern und beclagten thails wegen denen güeteren, dann schardienst und anders etlich jahr her schwere strittigkeit erhalten, als und damit nun aber solche auf einmal aufgehebt und inskhonftig auf ewig abgethan wer-
5 de, haben obgedacht beÿde thail auf ein bestendiges und unwiderruefliches ende sich in güete dahin verglichen und veraint, daß namblich und
[1.] vors erste aller stoss und unwillen, (wie diser immer nammen haben mag), ipso facto gefallen sein, auch in argen nit mehr genommen, beederseiths ufgewendte uncosten aber gegeneinander compensiert werden und sein sollen, sondern es erbiet-
10 hen sich die underthanen ihrer loblichen grundts- und hofmarchsherrschaft gantz gern zu gehorsammen, verhoffen dahingegen auch, die loblichen herrschaft werde ihnen in der noth mit rhat und hilf an handen gehen und beispringen, wie eines dem andern woll schuldtig ist.
[2.] Fürs andere solle von diser stundt an dz jehrliche pauding (craft dessen die güet-
15 ter iedes jahr dem loblichen closter lediglichen haimbgefallen, und sie die underthanen von einem kleinen auf ein groses und von einem grosen auf ein kleins guet zu setzen und entsetzen, ohne alle widerred offentlich vorgelesen worden), hiemit nit nur gefallen und gentzlichen abgethan, auch sÿe vergleichente underthanen darbei zu erscheinen gar nit schuldtig sein, ausser insoweith, wo dz pauding sich uf andere
20 ihrer gerechtigkeit gahr[!] nit præiudicierliche fähl erstrekhent; sondern auch eine lobliche herrschaft hat austruckhlich pactiert und versprochen, einen jedin aus disen

---

[1] Die Vorlage nimmt marginal Ergänzungen vor oder tilgt bestimmte Passagen. Diese Korrekturen sind stillschweigend übernommen worden.

[2] Der Text neigt, den Gepflogenheiten der Zeit folgend, zur Großschreibung von Substantiven. Aus Gründen der Einheitlichkeit sind die für die vorliegende Dokumentation beobachteten Normalisierungsregeln auch für diesen Text beibehalten worden.

89ig underthanen uf ihre güeter von nun an uf ewig ein erbrecht, wie es in landten zu Baÿrn gebreuchig ist und die loblichen landtrecht vermögen, zu verleichen, wie es dann auch hiemit und in craft diss wissent- und wollbedächtlich mit einwilligung des loblichen convents hiemit dergestalten beschichet, daß ein ieder sein dermal besitzentes guet in dem standt, wie es ist, erbrechtsweis so lang unperturbierter zu 5 genüessen haben solle, als lange kinder oder sonst negst recht und gesipte erben von iedem stamme vorhanden sein werden, die sodan nach der absterbung ihre güeter erben sollen, wie landtsgebreuchig ist.

[3.] Nit weniger drittens ist hiemit ein ieder underthan befuegt, iedoch mit vorhergehent grundtherrlichem consens und bewilligung, sein erbrechtguet zu verkhaufen, 10 zu vertauschen und einem andern zu ÿbergeben, oder nach belieben zu verendern. Und damit solche gerechtigkheit inskhonftig nit bestritten werden könne, hat man sich dahin beschlossen und abgerädt, das einem ieden von disen underthanen ein ordentlicher erbrechtsbrief (worinnen alle ihre præhtanda und schuldigkheiten begriffen) zu handen gestellt, von ihnen dargegen ein ordentlicher revers extradiert wer- 15 den solle.

[4.] Dahingegen und vors vierte ist austruckhlich pactiert worden, dz ein ieder aus disen bei iedermalligem verenderungsfahl für den todt-, anfahl oder anstandt (massen die abfahrt nit herkhommens) item convent, cantzeleÿ und dienerschaftgebühr, alles zusammen von den halben hof 60, dritlhof 55, von einem viertlhof 50, dann 20 von 6tlhof 45 fl. ohne widerred einer loblichen herrschaft zu bezallen. Dan dem neu anstehenten maÿr, der solches gelt bei seinen anstandt zu geben hat, auch widerumb einen neuen, dem vorig gantz gleichen erbrechtsbrief auszulesen, dagegen einen reversbrief von sich zu geben schuldig sein solle.

[5.] Ingleichen und fünftens hat ein ieder underthan ohne underschidt (iedoch mit 25 ausschluss der schmaltzpauren) ainer wie der ander volgente scharrdienst zu verrichten, als 8 täg mehen, 8 täg rechen, 2 ackherfärth, 2 schnitteg, 1 zimmerfarth, 1 abkhlotztag, item jehrlich 2 teg reverendo tung ausfiehren, dan 1 kalch- und 1 holtzfarth, mehr 1 tag pfister- und kuchenholtz seegen und machen, dan 1 tag reitten, und dises alles ohne geltreichung, iedoch sollen ihnen dagegen die respective cost und 30 gewohnliche leibl brodt (wie von alters herkhommen) hiefür gegeben werden.

[6.] Ferers und sechstens sollen gedachte underthanen ohne underschidt ÿber obiges noch 3 tag mehen und, solang es die notturft erfordert, rechen, dann schliesslichen des jahrs im waldt 1 tag paum hauen. Nebst deme aber ist ordentlich pactiert worden, das neben der sonst gewohnlichen bezallung, so in die erbrechtsbrief einzutra- 35 gen ist, für verrichtung gemelter scharrdienst das lobliche closter einem ieden aus des closters pannweldern sovill zimmer- und pauhöltzer ohne bezallunge, iedoch auch iedens gebihrentes anmelden, ausfolgen lassen solle und wolle, als ieder zu underhaltung seines guets bedurftig ist. Fahls aber die lobliche herrschaft von all obgemelten scharrdiensten aine oder die andere mehr oder weniger nit nöthig haben wur- 40 de, sollen die underthanen hiefür keine andere zu verrichten, vill weniger die abgengige zu bezahlen schuldig sein; worbei mann aber sich versichet, dz die underthanen solche persohnen hierzu abordtnen werden, welche nit nur allein zur rechten stundt, nemblich die mader umb 6 und die recher umb 7 uhr erscheinen, sondern auch ihre dienst gethreulich vorstehen mögen, damit sie einander nit selbsten in schaden brin- 45 gen oder zur straff ursach geben.

[7.] Wan aber sibentens einem sein guet wider verhoffen gentzlich darnieder fallen, oder durch andern unglukhsfahl als feur oder wassergüss (so Gott vorsein wolle) zu grundt gerichtet und in aschen gelegt werden solle, hat sich ein lobliche herrschaft hiemit und in craft diss erklert und austruckhlich eingewilliget, das man einem dergleich zu schaden gekhomenen underthann zu erpauung seines haus, wann er nit mit einem zum guet gehörigen holtz versechen, oder im selben dergleichen nit verhanden were, das nöthige pauholtz hierzue umb einen leidentlichen und billichen breis ausvolgen lassen wolle.

[8.] Dahingegen und fürs achte soll ein ieder halber paur (ausser der schmaltzpauren) des jahrs 1, der viertlpaur aber ½ kalb sambt den gewohnlichen aÿren der loblichen herrschaft zu lifern, gedacht lobliche herrschaft aber vor iedes pfundt 1 landtsmüntz, für dz heitl³ aber 6 kreuzer zu bezallen schuldtig sein.

[9.] Belangent nun neuntens die schmaltzpaurn, dise haben dz bishero gewohnliche schmaltz sambt den eÿrn noch fernershin bestendig zu verreichen, wie es einem ieden in dem erbrechtsbrief aufgezeigt werden soll. Dahingegen hat ein ieder nur 2 tag mehen, 1 tag schneiden, 1 tag ackherfahren, 1 tag abkhlotzen und 1 tag zimmerfarth und ein mehrers nit zu verrichten, nit weniger ein ieder halber paur aus ihnen inerhalb 3 jahrn ein gantzes, der viertlpaur aber in 6 jahren auch ein gantzes kalb zu lifern und für iedes pfundt gleich den andern 2½ kreuzer für dz heitl aber 6 kreuzer zu empfangen.

Fahls nun aber schliesslichen ain oder anderer puncten, so in disem vergleich nit begriffen, hervorkhommen wurde, solle iedem theil an seinem gebihrenten recht hierdurch nichts vergeben noch benommen sein.

Disen vergleich nun von puncten zu puncten stett, fest und unverprechlich zu halten, auch dz kein theil zu ewigen zeiten dz geringste weeder anderst auszudeuten oder zu verendren macht haben solle, haben solchen dz loblich closter und convent nit allein mit ihren handtschrift und insiglen becreftiget, sondern auch die underthanen mit mundt und handt solch zu halten angelobt, zu solchen ende auch ihren beÿstender, herrn Johann Antoni Koffler juris utriusque licentiatus und Churfurstlichen hofrhats advocaten, mit zu underschreiben und zu färtigen ersuecht, euer Churfürstlich durchlaucht aber beede theil umb die gnedigiste ratification und das iedem theil ein gleichlautentes exemplar under dero grössern secret gnedigist ertheilt werden mochte, hiemit underthenigist gehorsambst gebetten haben wollen. Geschehen im closter Steingaden, den 16. novembris 1718.

Magnus, Abt
P. Adrianus Mayr, Prior. [manu propria]
P. Wilhelmus Hörtrich, Supprior cum Convent[u]. [manu propria]
Auf ersuechen der underthanen, so alle hinach volgen, underschreibt und fertigets
Johann A[n]toni Koffler, juris utriusque licentiatus, Churfürstlicher hofrhatsadvocat. [manu propria]

Nun volgen die vergleichenten underthanen, als [Es folgen die Namen von 89 Bauern aus mehreren Orten].

---

³ Haut

6

1432 Dezember 9

Marquart von Königsegg, Jakob Truchseß von Waldburg und Haupt von Pappen-
heim legen im Auftrag von König Sigmund einen Streit zwischen dem Kloster
Weingarten und den Gotteshausleuten bei. Die alten Freiheitsbriefe und ein früherer
Urteilsbrief werden bestätigt, für verschiedene Gruppen von Gotteshausleuten die
Todfallabgaben fixiert und Sanktionen für die Vertragsverletzung festgehalten.

Hauptstaatsarchiv Stuttgart, B 515 Urkunde 222
Originalurkunde

Literatur: Maurer, Territorialgewalt, S. 162. - Sabean, Landbesitz, S. 88f.

Wir, dis nachgeschriben Marquart von Kungsegk[1], landcomnitur in Elsässe tutsches
ordens, Jacob Truchsess zů Walpurg und Höpt zů Bappenhaim, des hailigen römi-
schen richs erbmarschaclk[2], verienhen offenlich und tůgen [kund][3] allen den, die di-
sen brieff yemmer ansienhend oder hörend lesen, als umb sölich zwaiung, stosse
und spenn, so gewesen und ufferstanden sind, zwuschen den erwirdigen gaistlichen   5
herren, hern Johannsen Plaurer, apt des gotzhus zů Wingarten, und sinen con-
ventherren desselben gotzhus uff ain und iren armen luten uff die andern syte. Dar-
umb uns der allerdurchluchtigost furst und herre, hern Sigmund, romischer kunig,
zů allen zyten merer des richs und zů Ungern, Beheim, Dalmatien, Croatien etc. ku-
nig, unser allergnädigoster herre, under sinem kunglichen insigel geschriben, befol-   10
hen, gebotten und gantze volle maht gegeben hat, baid obgenannt[4] parthie fur uns zů
vordern, tag zů setzen und sy mit der minne oder mit dem rechten zů verrichten und
entschaiden etc., alsdenn das derselb brieff clärlicher inhalt. Und uff das so haben
wir baid obgenannt parthye umb die berürten ir spenne fur uns gevordert und in dar-
umb ainen tag her gen Ravenspurg verkundet und gesetzt, uff den tag als diser brieff   15
geben ist. Und als nu baid tail fur uns kommen sind, so sigen wir hie zů Ravenspurg
uff dem rathus nyder gesessen und haben baid tail durch ir fursprechen umb alle ir
spenne mit statten luter gehört und darzů ir brieff, der sy begerten, vor uns zů verle-
sen. Und als das beschach, so haben wir sovil darin gerett und zwuschen in ge-
tädingt, das baid tail mit irem gůten willen, gunst und unbezwungenlich derselben ir   20
spenne gantz hinder uns und uff uns kommen und gegangen sind und uns daruff die
egenannten apt Johanns und sin conventherren in gegenwirtikait der erwirdigen
gaistlichen herren, hern Martins, apt zů Rot, und hern Johannsen, apt in der Mindern
Ow by Ravenspurg gelegen Premonstrater ordens, und suss vil ander erber, biderber

---

[1]   Der Schreiber verwendet über u ein Dehnungszeichen, das in der Transkription nicht berücksich-
      tigt wurde. Nur in eindeutigen Fällen wurden diakritische Zeichen übernommen, in häufigeren
      Zweifelsfällen, wo die Vorlage unklar bleibt, weggelassen.
[2]   verschrieben für erbmarschalck
[3]   Der Schreiber schreibt kn.
[4]   Der Schreiber kürzt obgenannt und egenannt immer mit obgnt bzw. egnt und zwei übereinanderlie-
      genden waagerechten Strichen über gnt ab.

lute, die och dabÿ waren, mit iren truwen in min, deß egenannten Jacoben Truchses-
sen, hannd zů Gott und den hailigen gelopt und verhaissen hånd. So haben die ege-
nannten armen lut, die dem bedåhten gotzhus zů Wingarten zů gehören, och in min,
Jacob Truchsessen, hannd mit iren truwen gelöpt und daruff allesampt liplich aide
5 mit uffgebotten vingern zů Gott und zů den hailigen geschworn, also wie wir sy
umb ir spenn ußrichten, entschaiden und zwuschen in ußsprechen, es sÿ gůtlich oder
rechtlich, das sÿ das baider syte fur sich selbe, alle ir nachkommen und erben ym-
mer, öwenglich, getruwlich, war, stet, vest und unzerbrochenlich halten und dabÿ
beliben söllen und wöllen und dawider nymmer mer getůn noch von yeman anders
10 schaffen getan werden weder haimlich noch offenlich noch in kainen wege alles an
alle gevårde.
[1.]⁵ Und uff das so haben wir alle drÿ zům ersten ainmůtiglich zwuschen in ußge-
sprochen, das aller unwille, zwaÿunge und stösse und was sich bis uff hut disen tag,
als diß brieff geben ist, unfruntlichß zwuschen baiden obgenannten parthÿen, und
15 wer von iren wegen darzů gewant und verdauht⁶ ist, ain schlehte, gesůnte gerichte
sach⁷ haissen und sin sol fur sÿ und menglichs von iren wegen, und söllen die ege-
nannten unser herren, der apt und sin conventherren, die berůrten irs gotzhus armen
lute dehainer⁸ vergangen sache noch handels nit engelten laussen, sunder ir gnådig
herren sin. Es söllen och dieselben armen lute hinfur der egenannten unser herren
20 und irs gotzhus getruw und gehorsam lute haissen und sin und inen von dehainer
vergange sache wegen och nit dest unwilliger sin, alles ane alle gevård und argliste.
[2.] Furo haben wir zwuschen in ainhellenglich ußgesprochen, das der egenannten
unser herren, des aptes und sins convents, und irs gotzhus stifftebrieff, alle ander
frÿhait und begnadbrieff, so sÿ haben von römischen kaisern und kungen und der ur-
25 tailbrieff, so herrůret von des flegken Hagnowen wegen, den der von Swartzenburg⁹
selig, wÿland des benannten unsers gnådigosten herren des römischen etc. kungs
hofrichter und ander mit im gesprochen hand, die och vor uns gewesen und in gůter
maß all verlesen sind, das dieselben brieff alle gantz bÿ iren krefften beliben söllen
an all gevårde.
30 [3.] Und umb des willen, das die egenannten unser herren, der apt und sin convent
des gotzhus zů Wingarten, und irs gotzhus armelut dest furderlicher unn baß in růw,
frid, gemach unn an zwaÿunge hinfur öwenklich in kunftigen zÿten gegen ainander
bestan und beliben mögen, so lutern und sprechen wir alle drÿ ainhellenglich in der
gůtliche, wenn ain mensch bÿ sinem genoß verfert und von tod abgaut und dehain
35 kind laut oder laut es kind, die gesundersausset¹⁰ sind, das dem egenannten gotzhus
voruß werden sol ain vale mit nammen das bestgewand, als es am stoltzen mentag
zů kirchen und zů strausse gieng an gevårde, und das best hopt vichs fur das hopt-
recht und darzů ain drittail alles sins gůts, das es nach tod verlaussen hat, ußgeno-

---

⁵ Die Abschnitte folgen den Markierungen in der Vorlage.
⁶ verdächtigt
⁷ Es bieten sich zwei Lesarten an: eine geschlichtete, gesühnte, gerichtete Sache bzw. eine schlichte,
   offenbar gemachte (gesehente), gerichtete Sache.
⁸ keiner
⁹ Vor Abschluß des vorliegenden Vertrags fand im selben Jahr unter der Vermittlung des Hofrichters
   Schwarzenburg, möglicherweise handelt es sich um den königlichen Hofrichter Graf Günther von
   Schwarzenburg-Ranis, eine vertragliche Einigung zwischen dem Kloster und dem Dorf Hagnau
   statt (vgl. Sabean, Landbesitz, S. 88; zur Vorgeschichte vgl. Bilgeri, Vorarlberg, S. 161f.).
¹⁰ s. S. 38 Anm. 3

men alles ysengeschiere mit namen wagen, karren und pflůg, das zů dem buw ge-
hŏrt, won das billich uff dem gůt beliben sol ungeverlich.

[4.] Stirbt aber ains und laut kind, die nit ußgesturt sind, so sol dem gotzhus werden
ain vale und ain hoptrecht in der maß, als hie oben von der vålle und hoptrecht we-
gen och begriffen ist ungeverlich, das ander gůt alles den erben beliben sol och an   5
all geverde.

[5.] Mer haben wir alle drÿ ainhellenglich in der gůtliche gesprochen, stirbt ains, es
sÿ frow oder mann, und hat uff die zÿt dehain elich wib oder mann, das von demsel-
ben dem egenannten gotzhus werden sol ain val und ain hoptrecht und ain drittail
des gůts, so es nach tod verlaut, och in der måß als hie oben berůrt ist von vålle,   10
hoptrecht und tails wegen, das ubrig gůt den erben beliben sol ungeverlich.

[6.] Furo haben wir in der gůtliche ainmůtiglich gesprochen, stirbt ain man, der sin
ungenŏssinen hat, und das nit hat abgetragen mit der egenannten unser herren des
apts und des convents willen, das dem gotzhus von demselben werden sol ain vale
mit namen das bestgewand und ain hoptrecht mit namen das besthopt vichs und dar-   15
zů ain halbtail alles gůts, so er gelaussen hat, es sÿ ligend oder varend gůt, nihts uß-
genomen ungeverlich.

[7.] Stirbt aber ain frow, die des gotzhus ist und laut ainen elichen mann, der nit hat
nach ir gehŏrt, so sol dem gotzhus von ir werden ain vale mit namen das bestge-
wand, als sÿ am stoltzen mentag zů kilchen unn zů strausse gieng, unn ain drittail al-   20
les des gůts, so sÿ nach tod verlaussen hat, ußgenommen alles ysengeschire, wågen,
karren und pflůg, won das billich uff dem gůt beliben sol, das uberig gůt sol den er-
ben werden ungeverlich.

[8.] Och so haben wir alle drÿ aber ainhelliglich in der gůtliche gesprochen, wer der
were, ir wer ainer oder mer, der sich durch sinen gůten willen an das egenannt gotz-   25
hus erkoufft oder sich daran ergeben und des brieffe hetten[!], das die egenannten
unser herren, der apt und convente zů Wingarten, dieselben personen nach sŏlicher
ir brieff sag halten und sÿ dabÿ beliben laussen sŏllen ungeverlich.

[9.] Mer haben wir all drÿ ainhellenglich in der gůtliche gesprochen, wer, ob ain
person oder mer, die uff des gotzhus zů Wingarten gůten såssen, wider dis unser   30
richtung und spruche tåten und diser obgeschriben stugk und artigkel ainen oder
mer nit hielten nach dis brieffs sag und das sich das kuntlich erfunde, das dieselben
gůt und lehen, daruff sÿ såssen, dem egenannten gotzhus zů Wingarten uff stund le-
dig sin sŏllen, das ain apt und convent daselbs furo damit schaffen und tůn mag nach
irs gotzhus nutze unn frommen, dabÿ sÿ och denn ain yeglich landvogt des richs in   35
Swaben getruwlich hanthaben und beschirmen sol ungeverlich.

[10.] Were aber ob ain person oder mer, die uff des gotzhus gůten nit såssen, wider
dis richtung tåten und der berůrten stugk und artigkel ainen oder mer nit hielten
nach dis brieffs sag und das sich das kuntlichen funde, dieselben personen, ir wer ai-
ne oder mer, sŏllen denn uff stund [einem][11] yeglichen landvogt des richs in Swaben   40
uff stund zů rechter pen verfallen sin zů geben zwaintzig malter habern Ravenspur-
ger messes, die sÿ im och alsdenn unlåsslich raichen und betzalen sŏllen und darzů
so sol dannenhin den egeschriben unsern herren dem apt und convent zů Wingarten
zů denselben, die also wider dis richtung getan hetten, als vor stat, alle ire recht be-
halten sin nach ußwisunge irs gotzhus stifftbrieff und sins alten herkommens, dabÿ   45

---

[11] Vorlage unleserlich, ergänzt nach Hauptstaatsarchiv Stuttgart, H 14/15 Nr.266, fol.20-22'.

och sÿ und das gotzhus ain yeglich landvogt des richs in Swaben och getruwlich
hanthaben und beschirmen sol alles an all gevårde.

[11.] Furo und zůletst, so haben wir aber alle drÿ in der gůtliche ainhellenglich ge-
sprochen, ob das were, dz des egeschriben gotzhus lute, ir were ainer oder mer, den-
5 selben unsern herren, dem apt und convente des gotzhus zů Wingarten, ungehorsam
weren oder wurden und sich in irem willen nit hielten, es were uber kurtz oder uber
lang, und das sich das kuntlich fůnde, dieselben sôllen denn diser unser gůtlichen
richtung, entschidung und spruche niht geniessen, sunder es sol den egenannten un-
sern heren, dem apt, convent und irem gotzhus zů inen alle ire recht behalten sin
10 nach ußwisunge irs berůrten gotzhus stifftbrieff und sins alten herkomens, dabÿ och
sy und ir gotzhus ain yeglich landvogt des richs in Swaben getruwlich hanthaben
und beschirmen sol, alle bôß fund arglist und gevårde in disen sachen allen gantz
ußgeschaiden.

Und wann der sachen, die nit beschriben und mit brieffen gevestnet werden, schier
15 vergessen wirt, darumb und des alles so an disem brieff gesch[rieben]¹² ståt zů
wårem gůtem urkunde und vester, ôwiger sicherhait, so haben wir obgenannten
Marquart von Kungsegk, landcomintur in Elsåsse tutsches ordens, Jacob Truchsesse
zů Walpurg und Hopt zů Bappenhaim, des hailigen rômischen richs erbmarschalk,
unsere aigne insigel mit wissen laussen hengken an disen brieff, doch uns und un-
20 sern erben ane allen schaden, der zwen von wort ze wort glich gemaht sind, derer
yeglicher parthÿe ainer gegeben ist und ist dis beschienhen und diser brieff geben
uff den nehsten zinstag vor sant Lucien tag der hailigen junkfrowen nach Cristi ge-
burt als man zalt tusendvierhundert und in den zwainunddrÿssigosten jaren.

---

¹² In der Vorlage abgekürzt.

7

1434 Juli 1

Marquart von Königsegg, Jakob Truchseß von Waldburg und Haupt von Pappen-
heim entscheiden im Auftrag von Kaiser Sigmund zwischen dem Kloster Weingar-
ten und dessen Bauernschaft einen strittigen Artikel im Vertrag von 1432. Die
Schiedsleute klären die Bedeutung der Ausdrücke „ußgesturet" und „gesundersaus-
set".

Hauptstaatsarchiv Stuttgart, B 515 Urkunde 225
Originalurkunde, 3 Siegel

Ich, Marquart von Kungsegk, landcommtur[1] in Elsåsse tutsches ordens, ich, Jacob
Truchsesse zů Walpurg, des hailigen richs landvogt in Swauben, und ich, Hŏpt zů
Bappenhaim, des hailigen richs erbmarschalgk, bekennen und vergienhen offenlich
mit disem brieff, als wir von enphelhens und haissens wegen des allerdurchluchtigo-
sten fursten und herren, hern Sigmunds, römischen kaisers, zů allen zyten merer des   5
richs und zů Ungern, Beheim, Dalmatien, Kroatien etc. kungs, unsers allergnedigo-
sten herren, zwischen dem erwirdigen gaistlichen herren, hern Johannsen Plårer, apt
des gotzhus zů Wingarten, und sinem convent uff ain und iren armen luten unn ge-
burschafft uff die andern syte, umb ir spenne und zwayunge, so sy mitainander ge-
hebt hånd, ain richtung getån unn des yeglicher parthie ainen richtungbrieff gege-   10
ben haben[2], mit unsern insigeln gesigelt, und wann nu baid parthie in derselben
richtung etwas misshellig sind, sunder von ains artigkels wegen in derselben rich-
tung begriffen, der da also anfahet, wenn ain mensch by sinem genoß verfert und
von tod abgaut und dehain kind laut oder laut es kind, die gesundersausset[3] sind etc.,
alsden derselb artigkel gar luter in den berůrten richtungsbrieffen mergklichen be-   15
griffen ist und von derselben misshellunge wegen, so hat uns der benant unser aller-
gnädigoster herre, der kaiser, aber under sinem kaiserlichen insigel geschriben, ge-
haissen, befolhen und gebotten, baid parthie darumb och zů entschaiden, alsdenn
das derselb siner gnaden kaiserliche brieff mit mer worten clårlich inhalt.
Und[4] darumb so haben wir alle drÿ zwischen den baiden parthien ainhellengklich   20
ußgesprochen und sy also entschaiden, das die berůrt richtung und richtungbrieffe
by allen iren puncten und artigkeln gantz krefftig und unzerbrochenlich von baiden
partyen nu und in kunfftigen zyten ymmer ŏwiglich bestan und getruwlich gehalten
werden sŏllen an all gevårde.
Und umb den benempten artigkel, der da wiset von des sundersaussens wegen etc.,   25
denselben artigkel lutern wir und sprechen ainhelligklich also. Wenn des benempten
gotzhus armlut und geburschafft, es sy frow oder man, knab oder tohter[5], zů der hai-

---

1   lesbar als landcommtur oder landcomintur
2   Vgl. den Vertrag von 1432 Dezember 9 (oben Nr. 6).
3   gesondert sitzen, ausgesteuert sein. Vgl. die Definition unten S. 38 Z. 26 - S. 39 Z. 2.
4   Abschnittseinteilung durch die Herausgeber
5   Tochter

ligen ee gegeben oder komen sind, das daz als vil haissen und sin sol als ußgesturet und gesundersausset alles ane all gevårde.

Und des alles zů waurem gůtem urkund so haben wir obgenannten[6] Marquart von Kungsegk, Jacob Truchsesse und Höpt, Marschalgk, unsere insigel, uns selb ane
5   schaden, laussen hengken an disen brieff, der geben ist an donrstag nach sant Peter und sant Pauls tag, der hailigen zwölfbotten nach Cristi geburt, als man zalt tusend-vierhundert und in den vierunddryssigosten jaren.

---

[6]   Der Schreiber schreibt obgnten und macht über gnt zwei Striche.

8

1523 Juli 30

Die in Hagnau und im Hagnauer Gericht ansässigen Leibeigenen des Klosters Weingarten vereinbaren mit dem Kloster eine Neuregelung der Todfallabgaben und der ungenossamen Ehe. Das Kloster verzichtet gegen eine Geldzahlung auf Halbteil bzw. Dritteil an der Verlassenschaft der Leute. Leibeigene Frauen, die keine klösterlichen Güter besitzen, können künftig ungestraft Ungenossen heiraten. Leibeigene Männer müssen nach der Heirat einer Ungenössin diese in Jahresfrist bei Androhung einer Buße bzw. Verlust der klösterlichen Güter hinter das Kloster bringen.

Hauptstaatsarchiv Stuttgart, B 520 Büschel 1
Kopie (zeitgenössisch)

Literatur: Sabean, Landbesitz, S. 91f.

Wir, des gotzhus Weingarten aigen lewt zů[1] Hagnow und im gericht daselbs gesessen, bekennen offenlich für uns und alle unsere erben und nachkomen und thůn khunt allermenigklich mit disem brief, wiewol das gotzhus Weingarten von alter her und lenger dann sich kains mentschen gedechtnus erstregkt den gepruch gehabt und anfengklich von den loblichen stifftern desselben also gestifft, gewidempt, fundiert, 5 uff gemelt gotzhus kumen und sollicher gestalt von allen vorfarenden prelaten desselben seliger gedechtnus vil jar und zeit gehandthapt, also wann under zwaÿen eegemechten, dem gotzhus Weingarten mit der libaigentschaft zů oder angehörig, das ain von dem andern on eelich leibserben, von inen baiden bei und mitainandern geporn, tods vergangen, das damit dem gemelten gotzhus Weingarten der halbtail bai- 10 der eegemecht oder so ainer, der ain ungnossame gehapt, sollicher gestalt on eelich leibserben tods verschieden, die dreÿ tail alles hab und gůt, ligends und varends, besůchtz und unbesůchtz[2], nichtz ußgenomen noch hindan gesetzt, anerstorben und haimgefallen. So ist doch nochmaln von den verstorben brelaten berůrtz gotzhus, unserer gnedigen herrn, sonders zweÿfels on und freÿ erlich getrews mitleidens ge- 15 můts, Gott dem Herrn zů lob und allen des gotzhus Weingarten aigen armen lewten zů sundern gnaden und gůtem bewilligt und lut briefflicher urkhunt derhalben in notturftiger form uffgericht vertragen in obangeregtem ersten [fall][3] und, so sich der wie gemelt selbiger gestalt zůgetragen, füro nun der drittail und in dem andern fal, von dem, der die ungenossame gehapt, den halbtail irs habs und gůtz und nit mer, 20 wie ouch seider der zeit desselben vertrags beschechen und gehandthabt, zů nemen und zů empfachen etc.

---

[1] Der Schreiber unterscheidet mit einem besonderen diakritischen Zeichen u und n. Über allen anderen u verwendet er andere diakritische Zeichen, die nicht immer eindeutig sind. Im Zweifelsfall folgt die Transkription der Aussprache.
[2] genutzt und ungenutzt
[3] Ergänzung der Herausgeber

Dieweÿl[4] wir uns aber jetzo als gemeltem gotzhus Weingarten mit der libaigent-
schaft angehörig und zůstendig desselben und vorangeregts vertragens, geprauchs
ouch beschwerdt und die erwirdigen und gaistlichen herrn, herrn Gerwigken, abbte,
prior und convent des gotzhus Weingarten, unser gnedig, günstig und lieb hern, un-
5 derthenig und dienstlich angesůcht, gesonnen und begert, ander mittel und weg hier-
innen, so sich füro dergleichen fǎll zůtragen und begeben werden, gegen und mit
uns, damit wir unsere kinder und unsere nachkomen in ewig zeit leidenlicher, zimli-
cher und treglicher weiß dann bißhǎr beschechen beÿ dem unsern beleiben, unser
nechrung und ußkomen dester stattlicher haben mügen, fürzůnemen. Also sollich
10 unser underthänig, diemuetig bitt und ansůchen angesehen, haben gemelt unser gne-
dig und günstig hern, abbt, prior und convent, betracht, zů hertzen, sÿnn und gmuet
vernünftigklich gefiert, das Gott dem Hern nitt onangenem, sonder allem mentschli-
chen wesen, brüederlicher und nattürlicher liebe nach gefellig, derglichen uns, un-
sern nachkomen, wie wir, als gehört, selbst angeregt, hinfuro in ewig zeit erschieß-
15 lich, gnießlich, besserlich und fürstendig zů sein, uns in baiden obgemelten fǎllen,
wie wir irn gnaden und gunsten zum höchsten underthenig und dienstlich dangkbar
sind, zimlich, leidenlich und treglich milterung zů thůn und daruff mit sonder co-
sentz[5], wissen und willen des hochwirdigen fürsten und herrn, hern Hugen, bischof-
fen zů Costentz, unsers gnedigen hern, ires ordenlichen obern, uns, die aigen lewt zů
20 Hagnow und daselbs im gericht gemeltem gotzhus Weingarten mit der libaigent-
schaft, wie gemelt, zůstendig und alle unser erben und nachkomen in ewig zeit
obangeregter beschwerdten uffer[6] sondern gnaden und miltigkait gnedigklich und
gůnstlich nachfolgender maÿnung erlassen und sich daruff sollicher aigenschafft ge-
gen uns und unsern nachkomen vertzigen und begeben haben, wie das nach aller
25 zier und wesenlichait gemainer geschriben rechten, ouch vor allen und jeden gaistli-
chen und weltlichen lewten, richtern und gerichten allerhöchst und maist krafft und
macht hat, haben soll, kan und mag wissentlich in kraft ditz brieffs.
[1.] Dergestalt und also, das wir, die aigen lewt zů Hagnow und in dem gericht da-
selbs und alle unser erben und nachkomen gemelten gotzhus Weingarten mit der lib-
30 aigentschaft zůstendig, hinfüro in ewig zeit, wann sich der fǎll ainer, wie im ingang
diser verschribung gemelt, zůtragen oder begeben wirdet, mit gebung des dritten
oder halben tails unsers hab und gůtz gantz freÿ enprochen sein und ouch gemelt un-
ser gnedig und günstig hern, ir gotzhus und nachkomen oder ire amptlewt denselben
dritten oder halben tail von uns nit mer nemen, erfordern oder uns in ainicherlai
35 weÿß, wie mentschen sÿnnlichait das jetz oder künftigklich ÿmmer erdengken oder
fürwenden kündt oder möcht, darumb nit anziechen, beklagen oder fürnemen sollen
oder wellen in kainen weg.
Wann sich aber füran in künftig zeit, so oft das beschicht, zůtregt und begipt, das
von zwäÿen eegemechtden uß uns, des gotzhus Weingarten aigen lewten zů Hagnow
40 und daselbs im gericht, die baide mit der libaigentschafft dem gotzhus Weingarten
verwandt sein, das ain, welches das ist, es sig mann oder frow, vor dem andern mit
oder on eelich leibserben von tod abget und erstirbt, so soll dem gotzhus Weingarten
von dem mann das best ross und von der frow das best rindhaft vich[7] und für den

---

4   Festlegung der Abschnitte nach Sinneinheiten durch die Bearbeiter.
5   Konsens
6   Verschrieben für usser
7   Rindvieh

schlouff ain guldin und dem amptman fünf schilling pfennig folgen und werden on widerred.

Weren aber zwai eegemechidt im stand der ee beiainandern und nun das ain dem gotzhus[8] Weingarten mit der libaigentschafft zůstendig, wann dann dasselbig, so wir jetz gemelt des gotzhus libaigen, es were ain mann oder ain frow, vor dem andern mit oder on eelich leibserben von tod abget, so soll inen, irm gotzhus und nachkomen abermals, als obstet, von dem mann das best ross und von der frowen das best rindhaft vich und ain guldin für den schlouff und dem amptman fünf schilling pfennig werden.

Wa aber ain mentsch, es were ain mann oder frow, vilgemeltem[9] gotzhus mit der libaigentschaft zůstendig, in baiden obgemelten fällen tods abgienge und weder ross oder fich hett oder verließ, so soll inen und irm gotzhus für dasselb hopt von seiner hab und gůt vier guldin und ain guldin für den schlouff und dem amptman fünf schilling pfennig gegeben und zůgestelt werden.

Wann aber dasselb verstorben gotzhusmentsch so arm, das gemelt vier guldin und den guldin für den schlouff hinder ime nit verlassen oder von sinem gůt zů komen wern, so soll des gotzhus amptman oder hoffmaister zů Hagnow, den sÿ jederzeit da haben werden, den fal nach gestalt und gelegenhait desselben verstorben mentschen verlaussen gůtz, wie sich gepürt, nemen und einpringen für ains.

[2.] Zum andern, wann füran in ewig zeit ain frow oder dochter zů Hagnow und daselbs im gericht dem gotzhus Weingarten mit libaigentschafft zůgehörig, aber davon nitt belechnet oder vom gotzhus lechen weder in erbs noch ander wÿse nach des gotzhus pruch und altem herkomen gewertig, ainen elichen man neme, der des gotzhus nit aigen were, dieselben frowen oder döchter sollen darumb nit gestraft noch ungnossam gescholten, in ansehung, das ire kinder nach in, den můtern, der libaigentschafft fechig und empfengklich werden.

Wa aber ain mann oder jünglin, die dann gedachter hern, abbt, priors und convents, und irs gotzhus Wingarten libaigen sind, ain frowen oder ain jungkfrowen, die nit ir und irs gotzhaws obgemelt aigen wern, zů der hailigen ee nemen, dieselbigen mann oder jüngling sollen ire frowen in jarsfrist mit irn libaigentschaften nach dem gotzhus pringen. Die sollent dann allwegen von abbt und convent zů Weingarten und irn nachkomen mit irn libaigentschaften uffgenomen werden und sollent dann dieselbigen mann oder jüngling allwegen damit der ungnossame ledig sein.

Wa aber si sollich frowen oder jungkfrowen nit in jarsfrist nach inen mit der libaigentschaft pringen und dem gotzhus Weingarten zů aigen ergeben, der oder dieselben sollen alsdann dem gotzhus Wingarten zů straff der begangen ungnossame zů betzalen verfallen sein, namlich welcher uber zwaihundert guldin, sovil des ist, wert hat vermag zechen guldin[10], welcher zwaihundert guldin hat und vermag sechs guldin und welcher under hundert guldin hat und vermag, der soll nach ansehung und gelegenhait ains hofmaisters mit drig, vier oder fünf guldin gestrafft und soll sollich ir vermügen allwegen von inen ainem hoffmaister bei irn waren trüwen anzaigt werden alles one allermenigklichs abtailen und widersprechen gar und gentzlich.

---

8 Der Schreiber braucht hier für „us" ein sonst nicht verwendetes Abkürzungszeichen.
9 Es folgt gestrichen: dem
10 Welcher über 200 fl. Wert hat und vermag, wird mit 10 fl. bestraft.

Wann aber ain mann oder jüngling, gemeltz gotzhus libaigen und von dem gotzhus
belechnet oder nach pruch und altem herkomen desselbigen sollicher lechen und gů-
ter fechig und gewertig, ain ungnossame zů der hailigen ee neme und, wie oben be-
schaiden ist, in jarsfrist nit nach im pringen wurd, alsdann soll derselb obbestimnp-
5 ter[!] straff und dartzů die lechen und gůter, so er vom gotzhus inhat, ouch all sein
recht und gerechtigkait, der er in vermüg obgedachtz bruchs wertig und vechig wer,
verwirgkt und verloren haben. Besonder söllen si hern abbt und convent on all in-
träg und widerred frig ledig haimgefallen und diser vertrag, des gotzhus stifftung
den lechenbrieffen deßhalb one vergriffen, unabbrüchig und unnachtailig sein.
10 Und für die obgenanten ir begnadung[11], begabung, nachlassung irs gotzhus herge-
prachten und vertragens gepruchs haben wir, die aigen lewt zů Hagnow und im ge-
richt daselbs gesessen, den obgemelten unsern gnedigen herrn, abbt, prior und con-
vent zů Wingarten, ungenöt[12] und ungetrungen, ouch mit kainen lüsten[13] noch ge-
ferden hinderkomen, frigwilligklich versprochen und zůgesagt newnhundert und
15 funftzig guldin, sechtzig crützer für ain jeden guldin Ravenspurger mintze und
werung, zů geben und irn gnaden und gunsten die in fünf jarn den nechsten nach di-
sem datum folgend, namlich uff nechstkünftigen unser lieben frowen tag liecht-
meß[14] zwaihundert guldin und darnach alle jare jerlich uff allerhailigentag[15] zwai-
hundert guldin und uff das letzst zil[16] ainhundertundfünftzig guldin, daran für al-
20 lermenigklichs abtailen und widersprechen, ouch on all wider und ußred zů betzalen
und irn gnaden und gůnsten dieselben gen Weingarten oder Hagnow, welches si
wellen, zů irn sichern handen und gewalt jedeßmals one allen irn costen und scha-
den zů antwurten und zů entrichten, daran si wolhäbig und benüegig sein in allweg.
Wa wir aber sollichs nitt thaten und, wie kains wegs sein oder beschechen soll, zů
25 ainem oder mer zil daran sumig weren, so haben alsdann si oder ir nachkumen voll-
en gewalt und gůt erloupt recht und macht, uns, die aigen lewte zů Hagnow und da-
selbs im gerichte und alle unser erben und nachkomen, allesampt oder sonder, wie si
verlust an allen unsern haben und güetern, ligenden und varenden, gantz nichtz da-
von ußgenomen, darumb anzůgriffen, zů nöten, zu pfenden und die mit oder on
30 recht, gaistlichen oder weltlichen, zů irn handen und gewalt zů nemen und zů prin-
gen und damit one allermenigklichs irrung und verhindrung zů thůn und zů lassen,
wie und was si wellen.
Hieruff so gereden und versprechen wir obgemelten des gotzhus Wingarten aigen
lüte zů Hagnow und daselbs im gericht für uns und unser erben und nachkomen beý
35 unsern waren trüwen an aýdesstatt, dise unser verschribung in allen puncten, clausu-
len und artigkeln und begriffungen getrüwlich zů halten und zů volziechen und dar-
wider nit zů sein, zu thůn oder schaffen gethon werden in kainen weg.
Wir vertzichen uns ouch daruff aller und jeder gaistlicher und weltlicher recht, ge-
rechtigkait, gnaden, freýhaiten, gesatz, gepott, verpott, hoff und landtgericht, sý rai-
40 chen vom hailigen stůl zů Rom, romischen kaýsern, künigen, fürsten, hern oder an-

---

[11] Es folgt gestrichen: nach
[12] ungenötigt, aus freiem Willen
[13] Listen
[14] 1524 Februar 2
[15] 1525, 1526, 1527 November 1
[16] 1528 November 1

dern dar, gantz uberal, nichtz ußgenomen, wann wir uns der und aller anderer gnaden und fryhaiten und insonder deß geschriben rechten, so gemainer vertzichung on vorgend sinderung[17] widerspricht oder diß verschribung unkrefftigen mecht, gentzlich in krafft ditz brieffs verzigen und zum höchsten begeben haben, also das wir uns kainer andern gnaden, freyhaiten noch rechten, so jetz oder in künftig zeit erlangt oder ußbracht sein oder werden, hiewider nit fröwen, getrösten, sonder allem dem inhalt ditz brieffs on alles absolvieren und restituieren volg thůn sollen und wellen one geferde.

Und des zů warem urkunt habent wir obgemelte des gotzhus aigen lüte zů Hagnow und im gericht daselbs gemainlich mit vleyß erpetten die fürsichtigen, ersamen und wysen burgermaister und rat der statt Uberlingen, ouch den frommen und vesten jungkher Sÿmprecht Hitzler, statthalter der landtvogtei Schwaben, unser günstig hern, das si ir statt und aigen insigele, doch inen und irn erben und nachkomen in allweg on schaden, offenlich gehangen haben an den brieff, der geben ist uff dornstag nach sant Jacobs des hailigen zwelfpottentag nach Crists, unsers lieben Hern gepurt, getzalt thusentfünfhundertzwaintzigkunddrü jare.

Und wiewol in disem vertrag der flegk Hagnow und das gericht daselbs gemelt und begriffen, so ist doch nachfolgends von baiden tailen wolbedachtlich mit lutern worten bedingtlich abgeredt, zůgesagt und beschlossen, das unangesehen obangezaigts und ernents gerichtzwangs sich diser vertrag nit weiter stregken, dann allain die gotzhuslewt in nachfolgenden flegken und höfen, wie die hierin mit namen vermelt, gesessen, als namlich in dem flegken zů Hagnow, Riet, Kippenhusen, Frengkenbach, deßglichen im dorf Ittendorf und in den weÿlern und höfen Anhusen, Praitenbach, Stechlißweiler, Huntweÿler, Rütin, Burgkperg, zů den Felwen, ouch zum Löwings und nit weÿter besonder derhalben allain und obgeschribner massen gehalten werden soll. Des zů urkhunt ist diser abredung und beschliessung mitt diser unser, der gotzhuslewt[18] zů Hagnow und im gericht daselbs, verschribung und vertrag durch unser aller des gotzhus Wingarten aigen lewte, so hierin begriffen stand, fleissig und ernstlich bitt mitt der vorgemelten unserer hern von Überlingen und hern statthalters gedachter landtvogti Schwaben irer statt und aigen insigele für uns all, ouch alle unser erben und nachkomen, doch inen, irn erben und nachkomen, ouch irer statt Überlingen on schaden mit durchgezognen pressen[19] besigelt an dornstag nach sant Jacobs des hailigen zwelfpottentag nach Crists gepurt getzalt thusentfünfhundertzwaintzigkunddrü jare.

---

[17] Sonderung, Entscheidung
[18] Der Schreiber setzt auf den w zwei Punkte.
[19] Pressel; Siegelkapsel einer Urkunde oder der Streifen, an dem jene hängt.

9

1434 Januar 31

Peter, Bischof von Augsburg, und Bürgermeister und Rat der Stadt Memmingen
entscheiden als kaiserliche Kommissare einen Streit zwischen dem Kloster Ottobeu-
ren und der Bauernschaft des Klosters. Kinder und Geschwister sollen, sofern sie
Eigenleute des Klosters sind, erben können, doch zieht das Kloster den Halbteil von
ungenossam Verheirateten ein, falls sie keine unmündigen Kinder hinterlassen. Von
verstorbenen Eigenleuten sind Hauptrecht und Fall zu entrichten. Die Güter kann
das Kloster nach Belieben besetzen.

Staatsarchiv Augsburg, Klosterurkunden Ottobeuren 166
Originalurkunde

Regest: Hoffmann, Ottobeuren, S. 138f.

Wir, Peter von Gottes genaden byschof zu Augspurg, wir, burgermaister und rate ge-
mainklich der sat[!] Memmingen, bekennen offenbar mit dem briefe und tüen kunt
allen den, die in ansehend, lesend oder horend lesen als von sollicher stöß, zwäyung
und zwÿtracht wegen, die zwischen dem erwirdigen gaistlichen unsern lieben her-
5 ren und frwonde abt Johannsen und sins convents zu Ottenbüren an ainem und ge-
mainer gepurschaft und armerlüten, die zu demselben got[z]huse gehörend, an dem
andern taile von erbschaft und ander sachen wegen gewesen sint und darumb für ir
Kaÿserliche Maiestat unsern allergenedigisten herrn sollich ir klag gebracht haben,
und daruf höstgedacht ir Kaÿserliche Maiestat uns als comissarien verordnet mit
10 ernstlichem empfelch, sÿ baÿde taile gegenanandern zu verhoren, und da es sin
mügte, güetlich zu verglichen, und da die güte nit statfunde, dem klagenden taile bÿ
ir Kayserliche Maiestat das recht sülte unbenommen sin, das darumb wir vorge-
nannten taile uf hüt datum des briefs für uns beschriben und baÿder sÿt zu Memmin-
gen in bÿwesen och etlich unser räte verhört und rede und widerrede vernommen
15 und och etlich briefe, die sÿ zu baÿden tailen für uns getragen und hören lassen
hand, verlesen haben und nachdem wir bayd vorgenannten taile verhört und ir brie-
fe verlesen haben, so haben wir sÿ von der obgeschriben irer stöß, zwäyung und
zwÿtracht wegen mit irem gueten willen uf ain gantzes en[d]e und uf ewige zÿte one
alles widerruffen werende ze halten und ze beliben entschaÿden und veraÿnt ent-
20 schaÿden und veraÿnen sÿ ietzo in krafft dis briefs in der wÿse so hernach volget.
[1.] Und des ersten also das ain kind, das des vorgeschribenen gotzhuses zu Otten-
büren aigen und bÿ demselben sesshaft und dem undertenig ist, sinen vater und sin
muter erben sol, und ain bruder sinen bruder, ain schwester ir schwester, und ain
kind süllent och ainander erben, doch also, ob sÿ des vorgeschriben gotzhuses aigen
25 darhinder gesessen und im undertenig sint als vorgeschriben stat. Wer aber, das der-
selben erben dehainer da wäre, was denne von tode ledig und verlassen wurde, d[a]s
sol an das vorgeschriben gotzhus gefallen. Ware och, das sollich nacherben und
frwonde, als vorgeschriben stat, da wären, die sich von dem vorgeschriben gotzhus

wegen getzogen hetten, wenn sich denne die wider hinder dasselbe gotzhuse setzent und darumb gut trostung und sicherhait tund, fürbaß dabÿ ze bliben, die mügent denn och wol erben als vor ist geschriben ungevarlich. Wäre och, ob ain oder aine, man oder frow, von tode abgiengen, die des vorgeschriben gotzhuses aigen wären, und der ander taile ainer andern herschaft wäre oder zugehörte, so mag der vorgenannte abt Johanns und sin convent und ire nachkommen den andern taile zu ainem taile vorderen und triben und ainen halbtaile von mannen und frowen nemen, doch also, das er demselben halbtaile den kinden, ob kind da sint und die des vorgenannten gotzhůs aigen wären, volgen lassen und denselbigen kinden darüber trager ald pfleger mit des vorgenannten abt Johannsen und siner nachkommen gunst und willen geben werden süllent, also das dieselben trager dieselben kind davonfuren und [fur]sechen süllent nach billichen dingen ungevärlich. Und wen dieselben kind darnach von todes wegen abgand und versterben, so sol es mit der erbschaft umb sÿ bestan [und beliben mit] sollichen rechten und in der wÿse als vorgeschriben stat och ungevärlich.

[2.] Denne von houbtrecht und v[a]lle wegen haben wir sÿ och also entschaiden und veraÿnt, wenn ain man oder ain frowe, die des vorgeschriben gotzhus aigen sint, von tode abgand und ersterbent, so sol dem vorgenannten abt Johannsen und sinen nachkommen von dem man das best houbt und von der frowen och das best houbt, doch von der frowen das best houbt ain gespalten vihe, das sÿ denn nach tod verlassent, volgen werden und gelangen. Und süllent inen och die välle och volgen und werden, als dan von alter gewonhait herkommen ist ane alles widersprechen und gentzlich ane geverde.

[3.] Wir haben och sÿ insonderhait von der buwe wegen sollich gueter, die dem vorgeschriben gotzhus zestand und zegehören, entschaiden und veraÿnt, das der vorgenannte abt Johanns und alle sin nachkomme oder ir amptlüt von irenwegen dieselben güeter, alle und ÿegliche, insunder es sien tafern, schmitten, badstuben, mülenen oder ander gütter, wie die dan genant oder gehaissen sint, zu rechten zitten und zilen und nach des landes und des vorgeschriben gotzhuses sitten, gewonhaiten und herkommen besetzen und entsetzen und damit tun und schaffen süllent und mügent nach aller irer und des vorgeschriben irs gotzhuses notturft, und als sÿ ir gewissen underwiset und wie sÿ es gegen ir Kayserliche Maiestat getruwen zu verantwurten, doch süllent sÿ die armelüte, die uf dem[!]selben güten sitzen, gnediclich halten und handlen ungevärlich.

[4.] Wir haben och gesprochen wÿtter, das der vorgenannte abt Johanns und all sin nachkommen mit des vorgenanntn irs gotzhus armlüten, sÿ sient buwlüt, handtwercktslüt, oder wie die genant sint, darinne gar nÿemant usgenommen, schaffen und tun süllent und mügent nach ir notturft ungevärlich und sÿ ime und sinen nachkommen gehorsam, undertenig als irem rechten herren sin süllent.

[5.] Wir sprechen och witter, da sich in künftig zitten der vorgeschriben sachen halben zwÿschen baÿden tailen ain unglicher verstand, so in güte nit mügte vergliche werde, entstunde, so sol alsdenne der beklagte dem klagende taile vor aim römischen kaÿser oder könig oder vor dem rate zu Memmingen als iren usträgen oder vor der ritterschaft houbtman rechtens sin.

Und uf das alles süllent baÿd vorgenannten taile dise richtund[!] und täding und all vorgeschriben sachen in ewig zitte und als geschriben stat war, stät und unzerbrochen halten und trüwlichen dabÿ beliben. Doch sol dise vorgenannte täding weder

dem vorgedachten abt, sinem convent und sinen nachkommen und gotzhus an allen
iren herlichaiten, hochaiten, weltlichaiten, regalien, hoch und nidergerichten, recht
und gerechtigkaiten wie och gemainer gepurschaft an irer kaÿserlichen und königk-
lichen frÿhaiten unschädlich sin doch ane allen geverden und argenlisten in all vor-
5   geschriben sachen gantz ußgeslossen und hindan gesetzten. Und diser richtung sint
zügen gewesen die frome, vesten Jörg von Schwangow, Jos von Utenride, Jörg von
Schewenberg, Jos Schwinckrist, von[!] Conrat von Minwitz und die erbern und wÿ-
sen Märck Eglofser, Hans Rupp, Jos Ansang, Hans Scherrich, Wilhalm Besserer,
Hans Wernher, Hainrich Eberlin und Claus W[ä]gelin, burger zu Memmingen, unser
0   lieb frwunde, und des alles zu offen urkunde und stätter, ewiger sicherhait geben wir
disen briefe versigleten mit unsern gewonlichen insigelen von baÿder tail ernstli-
chen gebett wegen, doch uns vorgenannten Petern, bÿschoff zu Augspurg, und unser
nachkommen und och den vorgenannten von Memmingen, gemainer irer stat und
allen iren nachkommen ane schaden, und dir brief geben zu Memmingen an sontag
5   vor unser lieben Frowen zu liechtmiß nach Cristi gepurt verzehenhundert jar und
darnach vier und drÿzigisten jaren.

47

10

1456 Februar 13

Berchtold vom Stain vermittelt im Auftrag Erzherzog Albrechts von Österreich mit vier weiteren Schiedsleuten im Streit zwischen dem Kloster Rot und dessen Untertanen. Geregelt werden die Umwandlung der Klostergüter in Erbgüter, die Abgaben von den Gütern, Todfallabgaben, die jährliche Abgabe an den Landvogt, die Gebotsgewalt des Abtes, die Bußenhöhe für verschiedene Delikte, Maßnahmen zur Verhinderung der Flucht von Untertanen, die Schweinemast und der Dienstzwang für Untertanenkinder.

Hauptstaatsarchiv Stuttgart, B 486 Urkunde 154
Originalurkunde

Literatur: Holenstein, Huldigung, S. 310ff. - Maurer, Territorialgewalt, S. 161, 164, 166. - Nuber, Rot, S. 189-192, 292f., 342ff.

Ich Berchtold vom Stain ritter bekenn und tůn[1] kunt offenbar menglichem mit disem brieve, als hievor etlich spenn und unwillen erwachsen und gewesen sind entzwÿschent der erwirdigen gaistlichen herren herrn Martin, abt, und convents des erwirdigen gotzhus zů Munchrot, ordens von Premonstrat ains, und desselbigen gotzhus undertän und armen lúten gemainlich und sunder des andern tails, darumbe dann von baiden parthyen derselbigen irer spenn und mercklicher noturft halben der durchlúchtig hochgeborn furst und herre, herr Albrecht, ertzhertzog zů Österreich etc., min genediger herr ist angerůft worden uff mainung, dz sein genad die parthÿen irer spenn verhoren und sÿ daruff entschaiden, oder dz getän werden wolt genediglich schaffen, dz nun sein genad und durchlúchtikait mit genediger furderung angesehn und mich zů den dingen als siner genaden verweser oder conmissary[!] beschaiden hat, die sachen zu verhören und die nach baÿder tail furgåb gůtlich oder rechtlich mit råte ze entschaiden, nach lut derselbigen conmission[!] von sein furstlichen genaden zů Friburg im Brisgöw versigelt usgegangen, der datum ist zinstage nach Francissy nach Cristi geburt vierzehenhundert im fúnfundfúnfzigisten jare[2]. Daruff ich nun mit gůtem flÿs anstatt meins genedigen herren von Österrich etc. obgenant baiden parthyen uff ir begeren ainen tage gen Múnchrot in dz gotzhus uff hut dato diß briefs angesetzt und verkúndt hab. Da nun baÿd obgenant parthyen fur mich komen und in gegenwirtikait etlicher edler, strenger und vester, fursichtiger, ersamer und weyser, gůter herren und fründ, die daselbs beÿ baÿden tailn gestanden und gewesen sind, also hab ich von denselben parthien, namlich von der genanten miner herren, abts und convents zu Rot, taile genomen zů mir den edeln ritter herrn Bern von Rechberg von Hohenrechberg, höptman etc. und den edeln Eberharten vom Stain. Desgelichen hab ich von gemainer gotzhuslúte tail zů mir genomen die ersamen und weysen Hansen Fechlin, alten burgermaister zů Memingen, und Ort-

---

[1] Die Unterscheidung zwischen ů und ů ist in der Vorlage nicht immer zweifelsfrei möglich.
[2] 1455 Oktober 7

lieb Sengen, burger und des rats daselbs. Und als nun wir fúnf als frúntlich tådings-
lúte baider tail clag, wort und widerwort umb vil stugg und mengerlaÿ sach jetlichen
tail von dem andern tail in clagwyse und daruff ir baider antwirt genugsamlich ge-
hört und wol vernomen haben, haben wir als frúntlich tådingslute die parthien mit
5 emsigem ersůchen, mit gůter vorbetrachtung in gegenwirtikait irer gůter herren und
frúnd und mit irem wissen und gůten willen so vil betådingt söllicher maß, dz sy uns
umb all ir spenn verwilligot haben, mit wissen, sÿ zů baÿder sit gůtlich und frúntlich
ze entschaiden, und wie wir die sachen jetzund setzen und mit irem wissen ussprechen
chen, dz so das von bayden tailn nun und zů ewigen ziten halten und dem allem un-
0 verwågert³ nachkomen wellen beÿ iren handgeben trúwen, mir, obgenantn conmis-
sarÿ, anstatt des vorgenanten meins genedigen herren von Österreich etc. von den-
selben parthien in aÿdswise versprochen, den dingen strags und uffrechtlichen nach-
zekomen, getruwlich an arglÿst und geverde in sölicher wÿse und form, wie dz her-
nach von ainem an dz ander stugg aygentlich begriffen und von uns fúnfen gesetzt
5 ist. Und ist dem also.

[1.] Des ersten setzen wir und haben gesetzt, das aller unwille und wz sich unfrunt-
lichs zwÿschent den obgesetzten parthien bis uff disen tag verloffen sich mit worten
oder mit wercken begeben und gemacht håt, gantz und gar ab und luter gericht und
geslicht sin sol, dehainerlaÿ usgenomen. Insunder sollen nun hinfúr die obgemelten
.0 gotzhuslúte gemainlich und sunder irem herren, ainem abte zů Rot, sinem convent
und iren nachkomenden dienstbar, gehorsam und gewårtig sin als irem rechten her-
ren. Desgelichen sol herwiderumb unser herr von Rot und ain jeder abte daselbs der
gemelten gotzhuslúte genediger herr sein.

[2.] Item wir setzen öch und haben usgesprochen, dz alle des gotzhus gůt söllen
.5 rechte erbgůt haissen und sein, und nit wyter dann in der genosschaft von ainander
geerbt werden. Wann aber und wie oft hinfur ain gotzhusgůt oder mer verkouft wir-
det, so sol man dz von ainem abt zů Rot empfahen und im davon den zehenden
pfennig ze erschatz geben. Und wanne sollich köiff usserthalb der genosschaft be-
schehen, so sol der verköffer dem abt ainen köffer stellen, der im gevellig und öch
0 dem gůt, dz wåsenlich ze halten, nutzlich und tougenlich seÿ.

[3.] Item wir haben och gesetzt, das des gotzhus behůbte gůt nit höher dann sy den,
die sy jetzund innhaben, verlihen sind, gestaigt söllen werden. Doch wann nun hin-
fúr ain gůt oder mer ledig wirdet, so mag ain herr von Rot das oder dieselbigen gůt
nach synem willen höher oder nåher verlihen. Und ob iemant rútgůt⁴ von im emp-
5 fahet, wie dz oder die hinfúr verlyhen werden, da sol es öch beÿ beliben und dem
nåchkomen werden.

[4.] Item wir haben von erbtails und von erbvals wegen gesetzt und ußgesprochen,
dz uff des gotzhus von Rot gůten hinfúro die erbschaft oder derselb erbtail alß bis-
her gantz ab sein sol, und das nun hinfúr ain herr von Rot von ainem abgestorben
0 man sol ain hoptrecht, dz beste roß oder rind, dz ain jeder nach im verlasset, und
darzů ainen val sol und mag er nemen, wie ainer ungevarlich am stoltzen måntage
ze kirchen und ze strässen gegangen ist, und die úberige verlassen hab sol seinen
kinden oder nåchsten erben vallen und werden. Desgelichen sol und mag ain herr
von Rot von ainer abgegangen frowen zů val ain ků nemen. Ob aber die ků nit vor-

---

³   unweigerlich
⁴   Rodungsgüter

handen ist, sol und mag er ain gewand oder klayde nemen, als sÿ dann ŏch ungevarlichen am stoltzen mãntag ze kirchen und strãssen ist gegangen und nit mer. Wann aber und wie oft ain gotzhusmensch ain ungenössit gehabt het und ains von dem andern [stir]bt[5], so mag ain herr von Rot den taile durchuß, alß des ander umbsãssen hinder im und vor im pflegen, nemen ungevarlichen.

[5.] Item wir setzen und haben ußgesprochen, dz unser herr von Rot se[in conve]nt4 [und] ir nachkomen das fŭder weins, so die egemelten gotzhuslúte bisher ainem landvogt jerlichen gegeben haben, nun hinfúr zŭ ewigen ziten von irem gŭt ãne der gotzhuslút schad[en ... ei]ns jeden jares bezalen und antwirten sollen, und darumbe so haben unser herr von Rot und sein convent jetzund zwaÿhundert rinischer guldin von iren gotzhuslúten ingenomen und a[...emp]fangen.

[6.] Item umbe dz dann in kúnftig zite von gerichtsgenge, von frevel, och von gebott und ander sachen wegen irrung und spenn werden vermitten, so haben wir gesetzt und mit ir baÿder [...] mer ußgesprochen, dz hinfur ain abte zŭ Rot seinen gotzhusluten und undertãn sol zŭ gebieten haben nach gestalt und gelegenhait seiner noturft, als zŭ gerichte ze geen, im ze dienen oder ander sachen zŭ tŭn oder ze lãssen, sölichs sol und mag ain herr von Rot an fúnf schilling haller gebieten lassen. Und als oft ainer oder mer dz gebott wúrd verachten, sol und mag er mer an fúnf schilling haller lassen gebieten, und das als oft tŭn, bis dz ain pfunt haller gebúrt.

[7.] Item wir setzen ŏch darbÿ, dz uff des gotzhus von Rŏt gŭten und in iren gerichten ain unrecht mit fúnf schilling haller sol gebŭst und gebessert werden.

[8.] Item welher dann hinfúr frevenlich ain messer oder ander wãuffen úber den andern zucket, oder ander frãvel ãne fliessend wunden an iemant begãt oder tŭt, der sol mit drissig schilling haller gebŭst und gebessert werden.

[9.] Item wir setzen ŏch, das ain fliessende wund[6] an den enden mit dreÿ pfund haller sol gebŭst und gebessert werden.

[10.] Item desgelichen sol ŏch ain bainschrŏt[7] oder fridbrãch wund[8] hinfúr mit fúnf pfunt haller gebŭst und gebessert werden.

[11.] Item verrer sprechen wir und haben gesetzt, das ain abt zŭ Rot, ainer oder mer desselben ordens oder sunst des gotzhus knecht oder amptlúte, hinfúr ainem oder mer, wa oder wenn sich dz fŭgt, mŏgen und sŏllen frÿden gebieten an zehen pfunt haller, alles der statt Memingen wãrunge. Und ob solichs in nŏten frÿden ze halten nit mŏcht verfahen, so mag man gebieten frÿd ze halten an leib und an gŭt ungevarlichen. Und wann also ain gesworen oder gelopter knecht oder amptman sŏllicher vorgesetzter gebott, ains oder mer, klain oder groß, es wer umb gerichtsgeng, umbe dienste ze tŭn oder ander sachen ze tŭn oder ze lassen, gebotten und getãn hat, und er dz vor des gotzhus gerichten beÿ dem aÿde oder der gelúpte, so er seinem herren getãn hat, bekent, getãn haben, dann so sollen des gotzhus richter und gerichte uff dieselben wort irem herren von Rot sŏlliche gebott und sachen kreftiglichen uff ir aÿde zum rechten erkennen und sprechen zŭ bezaln und nãchzekomen alß umb ander sach, die ie zŭ ziten fúr sÿ brãcht wirdet. Solich bŭssen und schulden sol und

---

[5] Vorlage beschädigt. Zweifelsfreie Stellen sind hier und im folgenden durch die Herausgeber in Klammern ergänzt. Nicht rekonstruierbare Passagen wurden gekennzeichnet.
[6] Wunde, bei der Blut fließt
[7] Wunde, die bis auf den Knochen reicht
[8] tiefe Wunde

mag ain herr von Rot von den lúten also nemen und sy daruff ze pfenden haben nach
seinem gevallen, alles ăn geverd. Aber umbe die aÿbŭssen[9] sol es alß bysher steen
und beliben, als dz an des gotzhus von Rot gerichten noch gewonhait ist ungevarli-
chen.

5 [12.] Item noch mer haben wir gesetzt, dz ain abt zŭ Rot die seinen, die zŭ iren tagen
sin komen, zŭ beyvangen[10] in an ain sum geltz ze gebieten oder trostung, alß ander
umbsässen tŭnd, von in nemen mag fúr flutsame. Desgelichen dz sy mit ungenossa-
men nit sollen man noch weib nemen, und wann dz hinfur úberfaren wirdet, so sol
alwegen der, so úberfaren hăt, den oder die frőmden nach im pringen oder aber, ob
10 dz nit sein mag, mit ainem abte zŭ Rot ußkomen nach seinem gevallen, und ob also
ain gotzhusmensch hinfúr fluchtsam oder mer dann ains ungehorsam wúrden, die
uff redliche erfordrung nit herzŭ wőlten, dy syen frowun oder mans namen, sőllen
irs erbtails so vil und in zŭsteen wúrd, beroubt sein, sunder dieselben erbtail dem
gotzhus vallen und zŭgehőren sőllen.

15 [13.] Item wir haben och von swein, kiĕs und ăckers wegen gesetzt, also dz ain jetli-
cher gotzhusman und undertăn, namlichen welher ainen hof buwet, dz derselb nur
vier swein und nit mer uff den guten, so er verzinset, und och die nit verrer triben
noch găn lassen sol. Desgelichen welher ain selde buwet, sol nur zwaÿ swein uff
dem gŭt, dz er verzinset, und nit mer noch weiter triben noch găn lassen sol an den
20 enden, da kies und ăcker ist. Und insunder sol dz niemant gevarlichen ufflesen.

[14.] Item am letsten ist beslossen und abgeredt, ob hinfúr ain abt zŭ Rot in seinem
gotzhus knecht oder megde im ze dienen noturftig wúrd, und ain gotzhusman oder
mer solich kind hetten, die nit bey iren văttern und mŭtern beliben, sunder anderhalb
dienen wőlten, die mag ain herr umb zimlich lantlőffig lőn zu im nemen, doch dz er
25 in sollichen tőchtran nit gevarlichen sol ze nőten haben.

Und umbe dz hinfúr zŭ ewigen tagen sollich hievor und nachgeschriben stugg und
frúntlicher übertrag von uns vorgenanten abt Martin und gantzem convent zu Rot
und allen unsern nachkomen getrúwlich volfŭrt und ăn alle geverd gehalten werden,
so haben wir mit besamnotem capital und gŭter vorbetrachtung, wie hievor von uns
30 geschriben steet, bey unsern handgeben trúwen in aÿdwise versprochen, dem strags
nachzegeen, und daruff die obgeschriben fúnf tădingslúte, unser lieb herren und
frúnd, emsiglichen erbetten, dz sy fúr uns und alle unser năchkomen ir aigne insigel
offenlich haben getăn hencken an diesen brief, uns damit und unser nachkomen zu
ubersagen aller vorgeschriben sach, die wir in sollicher maß mit unserm gŭten wil-
35 len bekennen, beschehen und volgangen sein. Desgelichen haben wir die gotzhuslú-
te und undertăn, der mertail ietzund fúr uns und die anderen gotzhuslúte, die nit hir
beÿ sind, und fúr unser aller erben und nachkomen mit unsern handgeben trúwen in
aÿdswise versprochen, dem allem wie vor begriffen ist, gestrags nachzekomen ăn
arglÿst und geverd, dz wir alles mit unserm gŭten willen und wissen bekennen, uff-
40 gericht und volgangen sein. Daruff wir och die obgenanten frúntlichen tădingslúte,
unser genedig lieb herren und frúnd, flissig erbetten haben, dz sy ire aigne insigel,
uns, unser erben und nachkomen hiemit ze übersagen, haben getăn hencken an die-

---

9   Möglicherweise als Eidbußen zu verstehen. Vgl. dazu mittelhochdeutsch eiden im Sinne von
    büssen (Lexer, Wörterbuch 1, Sp. 517). Aus dem Kontext möglicherweise als jene Bußen zu inter-
    pretieren, die vom Gericht auf Anzeige von Gebotsübertretungen durch vereidigte Amtspersonen
    verhängt wurden.
10 festnehmen

sen brief. Und des alles und jetlichs zu wårem, gůtem urkúnd und ståter sicherhait haben ich, Berchtold vom Stain, ritter, als ain verweser des genanten meins genedigen herren von Österreich etc., ŏch ich, Bern von Rechberg von Hohenrechberg, ritter hŏptmann etc., ich, Eberhart vom Stain, ich, Hans Fechlin und ich, Ortlieb Seng, baid burger und des råts zů Memingen, als frúntlich tådingslúte diser brief zwen in ungevarlicher glichlutender forme machen und die mit unsern angehangen insigeln, doch uns und unsern erben unschedlich, besigeln lassen der jetlichem tail ainer von uns gegeben ist am sambstag vor dem Wissen Suntage, an dem man pfligt in der hailigen kirchen ze singen Invocavit etc., nåch Cristi unsers herren gebúrt als man zalt vierzehenhundert im sechsundfúnfzigisten jare.

11

1473 Januar 21

Bürgermeister und Räte der Stadt Überlingen legen als Schiedsleute Streitigkeiten zwischen dem Kloster Salem einerseits und den alten Siedelrichtern sowie den Gotteshausleuten andererseits bei. Die Übereinkunft regelt Fragen des persönlichen Rechtsstandes der Gotteshausleute, besonders der Leibeigenschaft, sowie des Strafrechts und des bäuerlichen Besitz- und Erbrechts.

Badisches Generallandesarchiv Karlsruhe, 4/129
Originallibell

Literatur: Baier, Vorgeschichte, S. 205ff. - Schneider, Geschichte Salems, S. 27ff. - Ulbrich, Leibherrschaft, S. 273f. - Weech, Codex, S. 441-444[1].

Wir, dis nachgenanten Jos Wanger, burgermeyster, Lienhart Wintersulg, obrester zunftmeyster, Waltz Franck des rauts, Hanns Betz, Lentz Oswalt, zunftmeystere und Conrat Fundel des rauts der statt Überlingen, in der hernachgeschriben sache tadingslüte[2], bekennen offenlich mit disem briefe und tüen kundt allen den, die disen briefe ansehend, lesend oder hörend lesen, von sölicher spenne und misshellung enzwüschen dem erwirdigen, andåchtigen herren, hern Johannsen von Gottes genaden apte und convent des wirdigen gotshuß Salmenswil, unsern gnådigen und lieben herren an eynem, und den ersammen alten sydelrichtere und den gemainden gotshuslüten des gerierten gotshuß von sölichen flecken, dörfern und wylern als die mit namen begriffen stend namlich Hanns Schmidmeyster und Hanns Wyser von Mimmenhusen, von der gemeinde wegen daselbs zů Mimmenhusen, Hanns Läll von Wyldorff, von der gemaind daselbs zů Wyldorff, Jacob Koch und Hanns Bugglin von Tyfingen, von der gemaind wegen daselbs zů Tyfingen, Lienhartt Schnider von Nussdorff, von der gemaind wegen daselb ze Nussdorff, Mayer Heintz von Üldingen, von der gemaind wegen daselbs zů Üldingen, Peter Sayer von Mülhofen, von der gemaind wegen daselbs zů Mülhofen, Hanns Klencker von Pfaffenhofen und Hanns Kolb von Owingen, von den gemainden wegen daselbs zů Pfaffenhofen und Owingen, Conrat Dietrich von Nüffren und Claus Schorp von Nükirch, von den gemainden wegen daselbs zů Nüffren und Nükirch, Jäck Soggar von Grasbüren, von der gemaind wegen daselb ze Grasbüren, Heintz Fünfflin von Nyderstenwyler, von der gemaind wegen daselbs zů Nyderstenwyler, Jäck Mayrs von Buggensegen, von der gemaind wegen daselbs zů Buggensegel am andern tayl, darunder sich vil und menige, rechtlich und gůtlich handlung begeben und nochdannen zů dehainem endt-

---

[1] Weech stellt an der angegebenen Stelle die entscheidenden Quellen zum Siedelrichterstreit zwischen 1470 und 1486 in regestenartiger Form zusammen. Auf den Vertrag von 1473 wird erstaunlicherweise nur in stark verkürzter Form ohne Inhaltsangabe verwiesen.
[2] Die diakritischen Zeichen sind nur bei zweifelsfreier Lesart wiedergegeben. Überall, wo eine Unterscheidung zwischen ů und ü u.ä. nicht sicher möglich ist bzw. die Schreibweise sich mit zwei schräggestellten Punkten der heutigen Schreibweise stark annähert, ist die moderne Schreibweise gewählt worden. Einfacher Strich über u wurde zu ü aufgelöst.

lichen betrag und veraynung bisher nicht erfunden mocht werden. Dardurch, wa darinne nit fürkerung zů abtrag sŏlicher spenne angesynnt und erfolgt, were zů besorgen, sich zů merer und grösser unaynikait erwachsen und entsprossen. Sŏlichs fürzekomen, hat ein raut der gemelten statt Überlingen als getrüw nachgebüren aller billichkeit nach zů hertzen genomen und darinne Gott dem Almächtigen zů lob und den obgerierten unsern gnädigen und lieben herren, apte und convent, irm wirdigen gotshuß und den egedachten alten sydelrichtere und gantzen gemainden gotshußlüten zů eren, nutze, frucht und frommen, an die vorgerierten beyd parthyen mit allem hohem, emsigen und ernstlichen flisse angestrengt und gepetten, einem raute an sŏlichen iren spennen und misshellung der gütlichait zů verfolgen, in hoffnung, mit   1 hilf des Almächtigen darinne früntlichen übertrag zů fryde und gemach erfinden. Des nun von beyden egerierten parthyen gnädiger, früntlicher und günstlicher maynung und willens erfunden und verfolgt ist.

Daruff nun ein råte der gerierten statt Überlingen uns obgedachten tädingslüte, usser einem raute, dartzů bescheyden, unsern allerhöchsten ernste und emsigen gůten   1 flisse an allen und yeden irn spennen und zweyungen anzekeren, damit ob sölich spenne abgestrickt und zů früntlichen übertrag komen möchten, des wir nun als gehorsam und mit sonderheit gůtwillig underzogen. Und die obgedachten unser gnädigen und lieben herren, apte und convent, und die alten sydelrichtere und gemainden gotshuslüte an allen und yeden hernachgeschriben stucken, puncten und artickeln   2 miteynander mit irm rechten wissen und willen überainbracht, früntlich betragen, gentzlich gericht und geschlicht in aller form, måß, wyse und gestalt, als dannen an einem yeden hernachgeschriben articel das clarlich verstanden wirdet und begriffen syen.

[1.]³ Des ersten von der aygenschaft wegen, das die gotshuslüte sich sŏllend beken-   2 nen und sin aygen gotshuslüte. Und alles das, das aygen gotshuslüte dem gotshuß und einem abt des gotshuß Salmenswil als irm rechten herren schuldig ze tünd sind, tůn sŏllen mitsampt dem ayd und der trostung, wie dannen derselb ayde gesworn und sŏlich trostung von alter her bescheen ist.

[2.] Von dem andern articel von der gefencknüss wegen, so will yetz unser herre   3 von Salem für sich und sin nachkommen nachgeben, das hinfür sölich gotshußaygenlüt vengclich nit angenommen werden sŏllen umb einen handel, der schinbärlich berürt die bůß und satzung in dem jarbriefe⁴, so yetz vorhanden ist und in diser bericht gesetzt wirdet oder in künftig zite der apte oder sin anwalte mit raut der fünfzehen sydelrichter mitsampt fünfzehen erbern mannen von und usser den gemain-   3 den gotshuslüten, doch das die unserm gnädigen herren von Salem mit gelüpte und ayde als dienste nit verbunden syen, die och ein apte zů Salem darzů erkyessen und erwöllen mag, setzen oder zů welcher zite das die notturft tät erfordern an einem oder mer puncten und artickeln endern würden und die den usgang des rechten vertrösten mögen. Und ob yemands also vengclich angenomen würd und sich derselb   4

---

3   In der Vorlage ist der Text in kleine Abschnitte unterteilt, selbst in sachlich zusammenhängenden Partien. Sachlich zusammengehörende Abschnitte aus der Vorlage wurden zu einer Nummer zusammengezogen. Die Abschnittsmarkierungen der Vorlage sind innerhalb einer Nummer durch Zeilenschaltungen kenntlich gemacht.

4   Jahrbrief; ursprünglich jährlich erneuerte Aufzeichnung der Rechte und Pflichten von Herrschaft und Untertanen.

uff zimlich trostung erbüt zu recht fürstand und gnůg ze tünd, der solt uff sölich tro-
stung unverzogenlich ledig gelåssen werden.

Wa aber in ander weg von den gotshuslüten geschichten und misshandel gescheen,
anders dannen der jarbriefe zů erkennen geben wirdet, das dannen unser gnådiger
5 herre von Salem und alle sin nachkommen die oberkeyt gegen den gotshuslüten ha-
ben möge und sölle, das sin gnad und sin nachkommen zů dem oder denselben, so
die missgeschichten und handeln begiengen, zů in ze griffen und in gefenckknüß
bringen. Wa dann des oder derselben gefangen fründ oder gůt gönner kommen und
den oder dieselben gefangen usser gefengknüss bürgen wöllen zů recht, das dann in
10 acht tagen den nechsten darumb burgschaft von in ufgenommen werd uff ein zim-
lich somm gelts, ye nach gestalt der sach, und das der oder die gefangen ein gepür-
lich urfähe oder verschriben tüen und das dasselb recht sodannen in einem monat
dem nechsten sin soll. Wa aber der oder die usgepürgten[5] zů recht nit erschinen und
dem nit gehorsamm weren, sodannen weren der oder dieselben, so vertröst[6] hetten,
15 dieselben somm gelts och in einem monat sodannen dem nechsten zů richten und
bezalen schuldig und die tůn söllen. Es sol och unser gnädiger herre von Salem und
sin nachkommen die erberkait mit zimlicher gefencknüß und die darinne zimlich
halten.

Wa aber der oder die usgepürgten dem rechten gehorsam weren, was dann da mit
20 recht erkennt wirdet und sy mit recht vervallen, darumb söllen dannen der oder die-
selben unserm gnädigen heren von Salem abtrag tůn, es sige mit gelt, trostung oder
anderm, oder sin gnad mag den oder dieselben darumb wyder in gefencknüß anne-
men.

Ob aber ainer oder mer, so in gefencknüß komen, nit trostung hetten, wie obstet, das
25 dannen unser gnädiger herre von Salem sich darinne bewise, als sinen gnaden wol
zů getrüwen ist.

[3.] Von der hôf und hůben wegen, das die gotshuslüte das nachgeben, das die jär-
lich ledig syen, doch also, wa das ist, das einr söliche gůt in erbern zitbüwen[7] und in
eren helt, och dem gotshuß rent, zins und gült järlich davon git, das dannen unser
30 herre von Salem söliche gůt in und irn kinden wyder lyhe, wa och er die gůt bezim-
mern[8] würde, das dannen unser herre von Salem in ein zymerstür[9] und brennholtz,
als von alter herkommen ist, gebe.

[4.] Von der zinslehen und soldlehen, so dannen weder erkofft noch ererbt sind, das
die järlich ledig syen und och, wie obstet, einr die in zitbüwen und eren hielt, zins
35 und gült järlichs gebe, sodannen im und sinen kinden wyder zů lyhen.

Aber von der zinslehen, so sich erfindet, ererbt oder erkofft oder erzimert[10] sind, das
dannen unser herre von Salem sy daby beliben lasse, doch allweg gerechtigkeit, zins
und gült dem gotshuß ervolgen. Und sol ein apt von Salem davon nemen buw, wie
von alter herkommen ist, und das ein apt inen öch zimerholtz[11] und brennholtz gebe,
40 wie von alter herkommen ist, und das ein yeder söliche lehen einem gotshusmann

---

5   die gegen Bürgschaft freigelassen wurden
6   die Bürgschaft geleistet haben
7   Zeitbau; der Jahreszeit entsprechende Bebauung des Bodens (Fischer, Wörterbuch 6, Sp. 1108)
8   mit einem Gebäude bebauen
9   Beisteuer des Herrn an einen Bau
10 erzimmern, vermutlich im Sinne von einen Bau errichten
11 Bauholz

wol ze koffen geben mög, der dem gotshuß bekomenlich ist. Wa sich aber erfunde, das sölich gůt nit ererbt, erkofft oder gezimmert weren, so were der oder die, die sölichs fürgeben, ererbt, erkofft oder gezimert sin, dem gotshuß ein strauf verfallen.

[5.] Als dannen zů vergangen ziten an den spennen und misshellung enzwüschen abt Ludwigen und convent des gotshus Salmenswil und den alten sydelrichtere sy zů beyden syten rechts uff unsern gnädigen herren von Costentz verfangen und handlung in recht getän und doch under anderm die gedachten abte und convent in ir clag in recht die sidelrichtere angezogen und sy geschuldiget haben, das sy sich irm gotshuß und gerichten entpfremdt und nit gehalten, das sy gesworn haben, mit wyter beger der trostung und burgschaft nåch ablegung ze tünd mit bekerung costens und schadens, als dannen das der gerichtshandel daran zů erkennen git. Und doch aber in demselben rechten nach clag antwurt, der gezügnüß und allem dem, so in recht fürgewendt ist mit urtail und recht, die sydelrichtere des abts und convents angezogen ansprach ledig, müssig und unengolten erkennt und gesprochen, wie dannen das alles in dem gerichtshandel clarlich erschint. Und umb sölich anzüg, von abt und convent obgedachten den sydelrichtere gescheen, habend sy an unsern herren, yetzigen abte und convent, in darumb bekerung, wandel und abtrag nach iren eren notturft ze tünd begert. Dawyder aber unser herre, apte und convent, vermainten, den sydelrichtern darumb gantz nichtz schuldig noch pflichtig ze sind angesehen die obgemelten ergangen urtail. Haben wir als getrüw tädingslüte uns des artickels underzogen und nach vil und meniger maynung uns von den obgedachten parthyen erzellt, an sy bayder syt mit hohem ernstlichem fliß angesynnet, sölichen artickel gentzlich zů unserer früntlichen entschydung zů setzen, des wir och von beyden parthyen verwilgung erfunden haben. Daruff wir nach unserm besten versten beyd parthyen entscheiden und gesprochen haben. Nachdem und abt Ludwig sälig und convent die sydelrichtere ir eren geschuldiget haben und doch die sydelrichtere lut der obgedachten urtail des gedachten abts und convents angezogen ansprachen ledig, müssig und unengolten sin erkennt, das dannen die sydelrichtere daran benüigig syen und unsern herren von Salem und convent umb das stuck fürohin unersůcht lassen.

[6.] So dann die sydelrichtere fürter etlichs costen und schaden erwachsen, gelitten haben, emals uff ir beger des rechten inzegen von abt Ludwigen säligen und convent in antwurt werden möcht, och von etlichem enpfangen costen und schaden an der sydelrichtere gefencknüß zů Egk gescheen, haben wir nach allem herkommen und gelegenhait der sache uns des stucks öch underzogen und daran enzwüschen den sydelrichtern und den gemeinden gotshuslüten einen früntlichen hindergang, so sy beyder syt uff uns zů gütlichem entschyd und unser erkantnüß getän haben, erfunden, und sy darumb entscheiden, damit och unser herre, abt und convent, von sölichs obgemelten costens und schadens fürohin von den sydelrichtern und gemeinden unersůcht beliben. Darunder öch unser herre von Salem uns gütlich verwilget hät, dem, so wir von sölichs obgedachten costen und schadens wegen enzwüschen den sydelrichtern und gemeinden erkennen und sy entscheyden werden, zů verhengen und vergünsten.

[7.] Von der vâll wegen. Wenn ein gotshusmann mit tode abgät, das dannen ein keller[12] denselben gotshusmann vallen sol sin bests hopt und sin bests cleyd, das er zů

---

[12] Klosteramt des Kell(n)ers (cellerarius)

hochziten, zů haimgarten[13] und zů kirchen tragen hǎt und nit mer. Und das der harnasch den nechsten erben belib, die des gotshuß aigen sind und nit verkouft oder gemindert werd.

Item wenn aber ein frow stirbt, die des gotshus gewesen ist, die sol das kellerampt zů Salmenswil och vallen, also der frowen bests gewand nemmen, wie sy dannen zů kirchen und haimgarten gangen ist, damit sol dannen die frow gnůgsamlich gevallet sin.

Item das es by dem val des manns und der frowen, wie obstet, belibe und das übrig gůt, ligend und varend, den nechsten fründen der syplingen[14], wie die joch an in selbs sind, verlangen.

[8.] Item wǎr sach, das ein vatter, der ein gotshusmann ist, einen tail siner kind mit varendem gůt berauten und usgestürt hett und die andern sine kind mit sovil varendem gůt nit berǎten möcht, hǎt er dann eigen und ligend gůt, damit sol und mag er dieselben kind berǎten, das sy ǒch versehen und versorgt, das yegclichem mit der somm ein glicher tayl verlangen werden ungevarlich. Und soverr die fründ sich sölicher taylung nit zů einigkeit betragen möchten, das sy dann darum zů erkantnüß der fünfzehen sydelrichtere kommen und derselben erkantnüß des tails halb nachkommen. Doch ob einr mer dannen ein wyb gehept und by inen kind hett, da sige yeden kindern zů ir mǔter gůt ir recht behalten, wie dannen das bisher under den gotshuslüten gehalten, recht und gewonheit ist. Und wa ein yedes kind, knab oder tochter, sich selbs ǒn gunst, wissen und willen irs vatters oder mǔter elich verhirette, das dannen vatter und mǔter demselben kind inhalt dis artickels gantz nichts ze tünd schuldig syen, bis das es zů endtlichem val komet.

[9.] Item wa ein gotshusmann ein wib nem, die nit gotshüsig were, das er dannen söll und mög in jars frist sin wib nach im bringen an das gotshuß. Und bringt er sy nǎch im, das dannen das gotshus in umb die ungenossämy nit straufe. Ob er aber sy nit nach im bringen wölt oder möcht, das dann der umb die ungenossämy gestrauft werd, oder das unser herre von Salem söliche strauf mög lassen ansten, bis derselb gotshusmann mit tod abgǎt. Sodann sol unser herre von Salem vorus nemen den hoptval, wie obstet, und darzů den drittail der varenden hab für den lauß. Und welher also umb die ungenossämy gestrauft würd, der sol dannen mit dem drittail der varenden hab nit gelausset werden. Doch ob die frow im jar stürb, emals sy nach im gepracht wäre, so sol er dannocht straufbär sin umb die ungenossämy. Und ob er stürb, emals er sy nach im brächty, das dannen unser herre von Salem voruß den hoptval, wie obstet, nem und darzů den drittail der varenden hab für den laǔß. Und ob er kind verließ, so söllend doch die kind und frow dehain gerechtigkeit zů den lehen haben, sonder söllend söliche lehen vallen an des abgestorben manns nechsten erben, die gotshüsig syen, und die och gehalten werden, wie dannen der artickel von der lehen wegen uswysen ist.

[10.] Item das niemands gotshüsig lüte oder söldner ab keinem gůt, strou, schob[15] noch mist nicht sol verkoffen, wie dannen das von alter her gehalten ist. Es sol och dehainer sinen fründen noch nachgepuren den andern weder mit strow oder mist eren noch zů gelt geben, es kome dann uff des gotshuß buwlehen. Und wirdet die bǔs

---

[13] Zusammenkünfte, Besuche in andern Häusern
[14] Verwandtschaft
[15] Strohbund

vom karvol[16] dry schilling pfenning und vom fůder fünf schilling pfenning nach altem herkommen, als dick er es tůt.

[11.] Item es sol ŏch niemands dehain fremden mann enthalten, husen noch hofen. Wer aber sach, daß einr yemands husen oder hofen tät und daruß schaden erwachsen und einr des wårlich bezügt würde, derselb enthalter sol des engelten, sovil und recht nach gestalt der sach ist.

[12.] Item es sol och hinfüro dehain gotshusmann noch frow das ander uff dehain gericht fürnemmen weder uff geistlich noch weltlich dann für das sydelgericht. Wer aber das überfüre, der were dem gotshus vervallen, ze geben fünf pfund pfenning. Doch was die ee berůren ist, sol komen an das gericht, da das hingehört.

[13.] Item wer och, das zwen oder mer unaynig oder zerwürfig würden, dero sol doch dehainr in dehain statt gen noch wychen ŏne des kellers urlob und yetweder oder alsvil ir ist das recht von einandern vor dem sydelgericht nemen. Wölher das nit tät, der ist dem keller und koufmann[17] zehen pfund pfenning ŏn gnad vervallen. Es wẻr dann sach, das einr unsicherhait halb zů dem keller nit komen mŏcht.

[14.] Item wölcher och den andern wundet in dem closter oder frävenlich nachgåt, der ist zehen pfund pfenning vervallen dem keller und koufmann ŏn gnåd. Wölher aber den andern usserhalb dem closter in des gotshus gerichten, zwingen und bennen wundet, der ist drü pfund pfenning vervallen dem keller. Und welher den anfang uff den andern bringt, das er mit im ungefůget[18] hab, der sol für den andern bessern. Und wenn sich aber der anfang im closter erhept, so sol er fünf pfund pfenning vervallen sin. Und wa ein frow in sölicher gestalt frävel begieng, die sol die obgemelten bůß und strauf halb vervallen sin.

[15.] Item würde sich fügen, das Gott nit verheng, das ein gotshusmann ein andern gotshusmann zů tod schlüge in dem closter oder davor, der sol zehen pfund pfenning dem closter vervallen und schuldig sin ŏn gnad ze geben und sol von dem closter und von den höfen des closters ŏwiglich sin, doch uff gnåd der herren und unserm gnädigen herren zů dem Heilgenberg in alleweg ir oberkeyt unvergriffen.

[16.] Item es söllen och järlich gotshuslüte und hindersässen vasnachthünr schuldig sin ze geben, an welhen enden die gesessen sind, wie dann das von alter herkommen ist.

[17.] Item ob yemands enpfolhen würde von dem keller oder koufmann, gotshuslüte oder hindersäsen oder fremd mann oder frowen zů vahen, daran sol sy gevarlich niemand irren, es were mit worten oder mit der hand. Wer das tät, sol zehen pfund pfenning vervallen sin. Würden sy och yemand umb hilf anrüffen, so in den gerichten gesessen wären, die söllend inen hilf tůn. Wölhe aber in dem stuck verschuldent und mit recht uff sy geprẻcht würde, darumb ist einer dem gotshus vervallen drü pfund pfenning.

[18.] Item welcher och in des gotshus gerichten, zwingen und bennen frävelt ŏne fliessend wunden, der ist dem gotshus ze strauf vervallen ein pfund fünf schilling pfenning und ein frow halb bůß.

[19.] Item wer och an dem sydelgericht recht nimpt, das der och daby belibe. Und wäre, ob einr ander gericht sůchte von des gůts wegen, darumb die fünfzehen urtail

---

[16] Karrenladung
[17] Klosteramt des Kaufmanns (mercator)
[18] Unfug getrieben, gefrevelt

gesprochen hand, oder das gůt wyter vorderte, der sol drü pfund pfenning ŏn gnåd vervallen sin.

[20.] Item wer nachtes in den dörfern oder uff dem land einen, zwen, dry oder mer gevarlich sicht ryten oder gan oder gevarlichen wandern, das dann ein yeder inwoner sölichs dem amptmann in dem dorf eroffne ŏnverziechen by sinem eyde.

[21.] Item wer der ist, der einen in sinem hůß oder in sinem zins by nacht und by nebel frävenlich überlofft, der ist ŏn gnad zehen pfund pfenning zů bůß vervallen. Und mag der, so also überloffen wirdt, sölichs mit sinem eyde erstatten und bezügen.

Item wölher aber den andern tags in sinem hůß oder zins überloft, der ist zů bůß fünf pfund pfenning vervallen.

[22.] Item welher der ist, der in des gotshus gerichten, zwingen und bennen einen stain frävenlich erzucht[!] und nit wirft, der ist zů bůs vervallen ein pfund fünf schilling pfenning.

Item wa aber einer ein stain frävenlich erzuckt und wirft und nit trifft, der ist och ein pfund fünf schilling pfenning vervallen. Wa er aber wirft und trifft und in nit zů tod wirft, der ist drü pfund pfenning vervallen, doch dem lantgraven sin oberkeit herinne usgeslossen.

[23.] Item welher im closter oder uff den münchhöfen by nacht und by nebel frävelt und fliessend wunden machet, der ist zů bůß vervallen zehen pfund pfenning. Ob es aber tags beschicht an denselben stetten, wer das tůt, sol fünf pfund pfenning vervallen sin.

[24.] Wär aber, das dehainer den andern wundette by nacht und by nebel in des gotshus zwingen und bennen, der sol fünf pfund pfenning vervallen sin.

Item welher den andern nachts in des gotshus zwingen und bennen schlüge, ist vervallen drü pfund pfenning one fliessend wunden.

[25.] Item welher sich umb lydlon[19] vor dem sydelgericht verclagen lat und dem cläger vor gericht nit verpfendt, der ist dem richter dry schilling pfenning und den urtailsprechern och dry schilling pfenning ze bůs vervallen.

[26.] Item wer der ist, des vich dem andern schaden tůt, es sy tags oder nachts, und daran ergriffen wirdet, der sol im sinen schaden abtůn, er sige dannen dozemål oder vormåls gescheen als hienåch geschriben ståt. Wer der ist, der eins vich ze schaden vindet, die söllend zů beyden syten darzů schidlich lüt bitten, den schaden zů besehen und darnach, nach der schydlüt erkantnüß, sol einer dem andern sinen schaden ablegen. Ob aber einer dem andern schaden getån hette und darzů nit lüt bitten wölt, den schaden zů besehen und darumb zů entscheiden, der sol einem keller oder koufmann ŏn gnåd ein pfund pfenning vervallen sin. Und sol man im darnach gepietten als dick und vil an ein pfund pfenning oder mer bis disem sin schad wyderkert wirdet.

[27.] Item welher vermaint, das einr im umb lydlŏn ze tünd were und den lydlŏn in jars frist, so sy beyd in land syen, nit erforderte, das dannen das nach verschynung des jars ein schuld sin sol und ist in maß als ander schulden.

[28.] Item wölhe gotshuslüte und hindersässen begertend, in disem früntlichen übertrag und bericht begriffen sin, das dann unser herre von Salem das vergünste und henge.

---

[19]   Lohn für Dienstleute

[29.] Item wa ein gotshusfrow einen mann nem, der nit gotshüsig wǎr, und dieselb frow vor demselben irem mann mit tode ȍn liberben abget, so sol voruß dem gotshus der val von der frowen werden und darzů der dryttail der varenden hab och dem gotshus werden. Wa aber da lehen wären, die vom gotshus herlangten, das dannen dieselben lehen an der abgestorbnen frowen nechsten fründ vallen söllend, die och gotshüsig syen.

[30.] Item welher mann oder frow ir eins vor dem andern mit tode abgǎt und aigen ald ligend gůt verlaust, das dannen dasselb gůt iren elichen kinden belibe. Und das dannen dasselb beliben egemǎchyt sölich gůt weder versetzen noch verkoffen möge ȍne der kind gunst und willen, es erschine dann sinr lipsnoturft und derselben notturft nach, was im dann von den sydelrichtern darinn erkennt wirdet, dem nachzekommen, doch die varend hab herinne usgeslossen.

[31.] Item wa zwen oder mer miteinander stössig würden und den dann fryd gepotten würde, es wär frowen oder mann, und welhes den nit hielt, das wäre dannen die bůs des gepotten frydes vervallen und die frow alwegend halb bůs.

[32.] Welcher ȍch dem andern eyn vindtschaft seyt unerfordert recht an den keller und in ein sloß oder statt wycht, das dann derselb zehen pfund pfenning vervallen sige.

[33.] Item wa sich in recht begäb, das zügen gehört sölten werden, das dannen ein yeder züg in abwesen der andern zügen gehört werd.

[34.] Item ob das geschee, das ein gotshusmann ein junckfrowen, die och des gotshus wär, versatzte und sy swanger machte und sy dann nit zů der ee nemen wölte, das der dann dem koufmann fünf pfund pfenning vervallen sy ȍn gnad, und doch der tochter an irm plůmen[20] des rechten ȍnschädlich und unvergriffenlich.

[35.] Item das dehain des gotshus aigenmann noch hindersäse, es syen uff des gotshus höfen oder söldlehen, dehain wiß, äcker noch samen yemand lihen, versetzen noch verkoffen, weder in stett noch uff dehain ander gůt in andern dörfern, da die gůtter dem gotshus nit zůgehörig weren. Wer das übersäh, der sol von yedem mansmad[21] und yeglich juchart ackers oder samen, als vil der wǎr, dem koufmann ȍn gnad zehen schilling pfenning vervallen sin. Wa es aber kein uff des gotshus aigen, so ist keinr bůß vervallen.

[36.] Item wa ein wytwe wǎr und nit eliche kind hett, das dann die die aigen und ligend gůt weder verschaff noch hingeb in dehainen weg. Doch so mag sy wyten weg haben mit der varenden hab.

Und wann nun an sölichen allen und yeden obgeschriben spennen und misshellung wir egedachten tǎdingslüte von und an unsern gnädigen und lieben herren, apte und convent von Salem, und an den berürten alten sydelrichtere und anwälten, unser gůten fründen, diser früntlicher bericht, veraynung und gůtlich übertrag gnädigen und früntlichen und guten willen erfunden und erfolgt haben, so erkennen und sprechen wir mit unserm früntlichen entschyd, das enzwüschen unsern gnädigen und lieben herren, apte und convent von Salem, und den alten sydelrichtere und den gemainden gotshuslüten obgedachten, und allen den, die an und in diser sache und dartzů vergriffen, gewandt, hafft und bedacht sind, alle und yegclich ungnǎd, unwille und unfrüntschaft bis uff disen hüttigen tag gentzlich und gar verloffen und bege-

---

20 Jungfräulichkeit
21 Flächenmaß; ursprünglich jene Fläche, die ein Mann an einem Tag mähen konnte

ben, tod und ab haissen und sin söllen. Und dehain tail gegen dem andern zů ungnä-
den, unwillen und unfrüntschaft nicht mer noch hinfür ze anden noch in dehainen
weg engelten lassen. Und alle und yegclich geschriften, gerichtshandel und was sich
darinne und darunder begeben hab, dehain parthye gegen der ander zů öwigen ziten
nit mer ze gepruchen noch des ze geniessen noch engelten in deheinen weg unge-
varlich. Und zů krefftiger, bestentlicher sicherhait diser früntlichen bericht, veray-
nung und übertrag unser obgedachter gnädiger herre und apte und dis nachbenemp-
ten conventherren her Conrat Rot, pryor, her Jos Kollros, pfister[22], her Conrat Nöp-
perlin, pursierer, her Peter Stoltz, reventaler, her Johanns Munninger, tädinger, her
Heinrich Suck, groskeller, her Caspar Renner, caplān, als recht anwältere des gant-
zen gemeinen convents des gotshus Salmenswil by irn würden und eren versprechen
und zůsagen. Und dis nachgenannte alten sydelrichtere Hanns Růff und Michel
Burst von Nussdorff, Pelay Felder genannt Soggar von Wennhusen, Conratt Schäff-
lin von Ahusen, Endres Wern von Nüffren, Hanns Burckhart von Vorst, Ülin Her-
mann von Rickempach, Endres Lüb von Buffnang, Hanns Müller von Pfaffenhofen,
Martin Burst von Owingen, und von den gemainden gotshuslüten recht anwälte
namlich Hanns Schmidmeyster von Mümenhusen, Heintz Fünflin von Nydersten-
wyler, Claus Schorp von Nüwkirch, Lienhart Schnider von Nussdorff, Hanns Wyser
von Mümenhusen, Conrat Dietrich von Nüffren, ammann daselbs, Jäck Mayrs von
Buggensegel, Hanns Läll von Wyldorff, Jacob Koch von Tyfingen, Hanns Bugglin
von Tifingen, Mayer Heintz von Oberůldingen, Jäck Soggar von Grasbüren, Hanns
Clencker von Pfaffenhofen und Hanns Kolb von Owingen, Peter Sayer von Mül-
hofen, alle und yeder insonder, anstatt, in namen und von wegen der gemainden gots-
huslüten von der wegen sy hie syen mit ir handtgeben trüwen an rechter eydes statt
in min des obgemelten Josen Wangers, burgermeysters, hannde loben, verhaissen
und versprechen alle und yegclich stuck, puncten und artickel, wie dann die von ei-
nem an das ander in diser früntlichen bericht und übertrag begriffen, gestimpt und
clarlich uswysen sind, wår, stät, vestenclich und unverbrochenlich halten, vollefüren
und tůn alles getrülich und ungevarlich.
Und wir, Johanns von Gottes genaden apte und gemeiner convent des gotshus zu
Salmenswyl, bekennen offenlich mit disem briefe diser obgeschriben früntlichen
bericht und übertrag für uns, unser gotshus und für alle unser nachkommen. Und
wir, die alten sydelrichter und anwälte und gantz gemeinden gotshuslüte vorgemel-
ten, bekennen offenlich mit disem briefe und diser früntlichen bericht für uns alle,
unser erben und nachkommen, das sölich vorgeschriben alle und yegclich stuck,
puncten und artickel nach uswysung und inhalt diser früntlichen bericht, veraynung
und übertrag mit unserm gunst, rechtem wissen und gůten willen gescheen und
zůgangen ist. Und das alles, wie dann das von eynem yeden stucken, puncten und
artickeln diser früntlichen bericht begriffen ist, darumb wir obgedachten abte und
des convents anwältere versprochen und zůgesagt haben, und wir, die alten sydel-
richtere und der gemainden gotshuslüte recht anwältere, gelopt, versprochen und
verhaissen haben, das alles wår, stät und unverprochenlich zů halten und vollefüren,
wie vor begriffen ist, getrülich und ungevarlich. Und des alles zů warem offnem ur-
künd und bestentlich gezügnüß haben wir, vorgedachter apte, unser aptye und wir,

---

22 Für das Klosteramt des Pfisters sowie die nachfolgend verzeichneten Ämter vgl. Schneider, Ge-
schichte Salems, S. 71ff.

der gemainer convent, unser convent insigel offenlich lassen hencken an disen brie-
fe. Und dartzů wir, yetzgemelten abte und des convents anwälte, und wir, die alten
sydelrichtere und der gemaind gotshuslüte anwälte, mit sonderm flis ernstlich ge-
betten die ersammen, wysen burgermeyster und raute der statt Überlingen, das sy ir
gemain statt secret insigel, und die vorgemelten tädingslüte, das sy ir eygne insigel
der gemelten statt Überlingen und inen, iren erben und nachkommen unschädlich,
offenlich gehenkt haben an disen briefe, das wir, obgedachten burgermeyster und
råte, und wir, die tådingslüte, bekennen, umb ir flissiger gebette willen, getån ha-
ben, wie vorstat, uns, unser gemainen statt und unsern nachkommen und erben un-
schädlich. Geben an donrstag, sant Agnesen der heiligen junckfrowen tag, im jare   1
von der gepurt Cristi, unsers lieben Herren, viertzehenhundert sybentzig und drü ja-
ren.

12

1502 September 14

Johann, Abt von Kempten, Jörg von Freiberg, Egolff von Riethaim sowie Jakob Ehinger, Konrad Vöhlin und Matthäus Lupin als Vertreter der Städte Ulm und Memmingen schlichten einen Streit zwischen dem Kloster Ochsenhausen und dessen Untertanen. Geregelt werden das Erbrecht an der liegenden und fahrenden Habe sowie Heiraten außerhalb der Genossenschaft, ferner die Allmendnutzung, Holzversorgung und Frondienste. Dem Vertrag sind die Formulare für die Erblehenbriefe und Lehensreverse beigegeben.

Hauptstaatsarchiv Stuttgart, B 481 Urkunde 233
Originallibell

Druck: Franz, Quellen Bauernkrieg, S. 28-36. - Gehring, Württembergische Rechtsquellen, S. 307-315.
Literatur: Blickle, Landschaften, S. 112-115. - Grees, Siedlung, S. 160ff. - Gruber, Ochsenhausen, S. 154-161. - Tietzen, „Landschaften", S. 182-186.

Wir Johanns, von Gotts gnaden abte des wirdigen gotzhaws Kempten sant Benedicten ordens Costenntzer bistumbs und diß nachbenempten, Jörig von Frÿberg von Stewßlingen zu Krumpach, hauptman der prelaten, graven und vom adel des ponds im land zů Swaben, Egolff von Riethaim zu Anngelberg, baid ritter, Jacob Ehinger,
5   alter burgermaister zů Ulm, Conratt Föhlin, der zÿtt burgermaister zů Memingen und Matheus Lupin des rats zů Ulm, all drÿ nechstbestimpt als bottschaften von baider stett Ulm und Memingen wegen zu nachgemeltem handel verordnet, bekennen offenlich mit disem brief vor allermengclich, als sich dann zwuschen den erwirdigen und gaistlichen herren Heronimůßen abte und dem convent des wirdigen sant
0   Geörigen gotzhaws zů Ochsenhawsen ainer und den nachbestimpten des gemelten gotzhaws underthanen, hindersäßen und aigen gerichtszlütten als denen, so merertails mit abt und convent in nachgemelter irrung gewesen sind, so haben auch ußerhalb derselben etlich disen nachgemelten vertrag mit sampt den andern frÿgůtwilligclich angenomen, sind darein komen und gangen und die all ungesöndert zůsamen
5   verfast und bestimpt wie hernach volgt, mit namen von [*es folgen die Namen der Leute aus den Orten Ochsenhausen, Tannheim, Reinstetten, Ringschnait, Erlenmoos, Füramoos, Mittelbuch, Hattenburg, Oberstetten, Goppertshofen, Schönebürg, Rottum, Ehrensberg, Eichen, Eichbühl, Eichenberg, Auttagershofen, Laubach, Huggenlaubach, Bellamont, Steinhausen, Englisweiler, Tiefenbach, Bechtenrot, Edenba-*
0   *chen, Zell an der Rot, Berkheim, Kronwinkel, Egelsee, Arlach, Oyhof, Bonlanden, Hochdorf, Offingen, Zillishausen, Simmisweiler, Pleß, Winterrieden*] der andern parthÿ etwas mercklich spenn, geprechen und irrung gehalten haben der geprüch, herkomen und gewonhaiten halb, so des gotzhaws Ochsenhawsen von alter her ob und by den gedachten armenlütten und iren [fol. 5'] vordern erblicher anfal und gerech-
5   tigkait halb an ligender und varender hab gehöpt und sich der gegen, ob und by in geprucht und die genomen hat, deßhalb sie von baiden parthÿen von der wegen in

unverstand gegenainander komen, auch die armenlütt der mainung gewesen sind, das solh brüch und alt herkomen, wiewol die lang ob in gehalten, inen beswärlich, unerträglich und unlitenlich wern, auch wider gemainen landsbruch und die recht. Zům andern so haben sich die armenlüt etlicher andrer fürnemen, bott und verbott zů diensten und anderm beswärt. Und wiewol abt und convent, das sie solhs nit 5
anders, dann wie es von iren eltern herpracht und sie fonden, auch nach irs gotzhaws recht, herkomen und gewonhait halten syen, angezaigt, und derohalb mit in ander glycher zimlicher mittel und weg zů verainen mermal erbotten haben, sind doch vil der vorgedachten gotzhaws lütt, eemalen solhs beschehen ist, zů mercklicher wider-säßigkait, unainigkait, widerwillen und irrung, auch der mitainander zů rechtlicher 10
außfürung komen und der gewÿst uff die gemainen richter des bonds im land zů Swaben, durch dieselben angezaigt parthyen um neherung und fürderlichs außtrags willen auf sechs man, dero yeder tail dry gegeben und gesetzt hat, veranlast, vor denselben sechsen baid parthyen in rechtlicher verhör und clag erschinen sind, nam-lich die armenlüt nachgemelter artickel und geprechen halb in irer clag, abt und con- 15
vent in irer antwurt und ferrerem fürtrag, aber emalen sich die zů austrag erlouffen oder sich solh geprechen [fol. 6] erörtert, hand sich etlich der vorgemelten gotzhus-lütt uß vermainter beswerd in widerwillen und widerwertigkait gestelt und dem gotzhaws etliche schuldigkait vor sein wöllen. So aber solhs damal durch uns ge-stillt ist und um die geprechen, so die armlütt inen beswerlich obligen sein vermaint 20
haund, wider zu recht gewÿst sin worden, haben doch die selben armlüt uns under-tenigclich und vlyßig angesucht und gebetten, solher irer obligenden geprechen halb ainen güttlichen unverbonden tag anzusetzen und zwuschen iro müe, arbait und vlyß anzůkern und zů haben, sie der güttlich zu vertragen, auch ir herrn abt und convent des zu vervoligen zu vermögen, damit ferrer rechtfertigung on not sin wurd, auch zu 25
bayder sydt in friden, růw und beßer ainigkait kämen. So wir dann uff ankerten vlyß by gemeltem abt und convent zů Ochsenhawsen solhs verfolg fonden, haben wir baid vorgemelt parthyen uff ain bestimpten tag für uns vertagt geen Ochsenhawsen in das gotzhaws, die auch zů bayder sydt vor uns erschinen sein, namlich gemelter abt Iheronimus mit etlichen seins convents und von des gotzhus armenlüt wegen et- 30
lich außer inen zum handel verordnet, und anfangs die gedachten armlüt in irer clag, beswerden und obligen, dagegen abt und convent in irer antwurt und gerechtigkait notdürftigclich gehört, und darauf, als die zů hinlegung solher irrung, milterung der armen beswerden, die in ander gestalt und form zu bringen, genaigt und gefließen ge-wesen sind, vil vlyß, müe und arbait ankert, und mit baider parthyen guttem gunst, 35
wißen, willen und vergonnsten zwüschen [fol. 6'] inen abgeredt, betädingt und be-sloßen haben, abreden, betedingen und besließen hiemit in kraft ditz briefs in der besten form, wÿs und gestalt, wie das yetzo und hinfüro vor allen lüten und gerich-ten, gaistlichen und weltlichen ganz gut kraft, macht und bestand haben soll und mag, das auch yetz und hinfüro zů ewigen zyten von baiden parthÿen allen iren 40
nachkomen, erben und mitverwandten also vestigclich, trüwlich on all außzüg, ein-und widerred gehalten, voltzogen und dem aufrecht und redlich gelebt und nachge-folgt werden soll, wie hernach stat.

[1.] Namlich zům ersten, nachdem das gotzhaws Ochsenhawsen uff allen deßselben gotzhus güttern und von allen gotzhuslütten in vilvaltiger gestalt sein erblichen an- 45
fal gehapt hat, ist durch uns in vorgemelter maß und form beredt und gemacht, das fürter alle gotzhusgütter, so die vorgemelten gotzhuslüt besitzen und inhalt des gotz-

husrodel inhaben, den gedachten gotzhuslütten allen und yedem besonder nachvol-
gender form und gestalt zů rechtem erblehen gelihen und zůgestelt werden und der
bestimpten gotzhuslütt recht erblehengüter haißen und sin sollen, also das gedacht
gotzhus Ochsenhusen fürohin zů ewigen zyten dehain erblichen anfal uff und by al-
5 len und yeden der vorangezaigten des gotzhus gelegen güttern nymmermer haben
noch uberkomen sollen, es wer dann durch den lehenfal, der dem gotzhus in seinem
val, wie recht ist, beschehen mag, der soll hierin unvergriffen sein.
[2.] Zům andern, nachdem das gotzhus Ochsenhawsen by allen seins gotzhus lütten
aller varender hab den erblichen anfal gehöpt hat und ouch in iren todfällen ir clai-
10 dung und hauptrecht, darzů insonder von den frowen bettgewät, tůch, garn, werck,
lein und ander etc. in seinem val vähig gewesen, ist durch uns beredt [fol. 7] und bete-
dinget, das fürter alle des gotzhaws Ochsenhawsen aigen lütt, so in disem vertrag
begriffen sind, alle ir varend hab von ainander erben und anfällig sin söllen, wie
recht ist, und fürterhin dem gotzhaws Ochsenhawsen in iren todfällen kain bettge-
15 wätt, tůch, garn, werck, leÿn, clayder noch gar nicht anders mer ze geben schuldig
sein, dann hernach begriffen ist, sonder soll das gotzhaws Ochsenhawsen fürter zů
ewigen zyten des erblichen anfalls aller varender hab, auch aller todfäll, wie oblutt,
verzigen, entschalten und nÿmmermer vähig sein noch nichtz anders davon, dann
inmaßen hernach volgt, sonder soll und mag ain yeder gotzhawsman mit aller seiner
20 varenden hab, vor und ee es in nachbegriffner form nit zu fal komen ist, handeln,
schaffen, thůn und laßen, wie und was er will, des gotzhaws halb daran unverhindert
in allweg. Und die sachen gelegner und varender gütter halb gehalten werden wie
nachvolgt, dem ist also.
[3.] Item der gelegen gütter halben soll es also gehalten werden, das von abt und
25 convent des gotzhaws Ochsenhawsen vorgemelt den voranzaigten gotzhawslütten
alle und yede des gotzhaws gütter, wie ain yeder das lut des gotzhaws rodel, als
obstatt, yetzo besitzt und inhat, darin die landlaus[1], acker und wisen außgenomen
und hindangesetzt sein, on ainich eerschätz yetzo zu rechten erblehen lyhen und
verlyhen sollen ainem yeden uff zwen lÿb, namlich ainem yeden man und seinem
30 eelichen wÿb, so er yetzo hat, wa die vorhanden ist. Wo aber ainer in wittwer oder
ledigem stand wer, jung oder alt, demselben und seinem nesten eelichen wÿb, ob er
aine vom [fol. 7'] gotzhaws neme, deßglychen wo ain wittib oder junckfrow, jung
oder alt, vorhanden wer, derselben und irem nechsten eelichen man, so sie vom
gotzhaws nemen wurd, und sunst kainer andern person, weder brüder, swester, sön
35 oder töchtern zůsamen, dann allain eelütten, so wie obstat, yetzo sind oder künftig
werden, denselben soll das gůtt uff ir baider lyb steen und gelihen werden. Welher
oder welhes aber in witwen oder ledigem stat unverhyratt blybt und stirbt, eemalen
und sich derselben ains, wie vor anzaigt ist, verhyratt het, uff desselben lyb soll das
verlyhen yetz und künftigclich stan und nit ferrer in kainen weg.
40 [4.] Und so die zway eegemächt, den yetz oder künftigclich gelihen wirt, baide oder
ain ainige person, sie sy frow oder man, vor und eemalen es sich verhyratt hat, von
der gütter aim käm oder schied, es wer durch kouf, wechsel oder tod, so soll dessel-
bigen gůtt ainem prelaten und gotzhaws Ochsenhawsen erblehenfällig und, so es

---

[1]   Landanteil

durch absterben der zwayer oder ainzechtigen[2] personen beschicht, derselben ge-
laßen nechst naturlich erben das gutt erblich angefallen sein und denselben erblich
als ander verlaßen gutt zůgehören, inhalt gemains rechten, doch das die erben solh
verlaßen ligend gůtt in dryen monaten den nesten nach des letsten abgestorben zyt
von ainem prelatten obgemelts gotzhus zu lehen bestan und von des abgestorben   5
wegen zu weglösin des gůtts gedachtem prelaten und gotzhaws geben sollen den
zwaintzigsten pfennig der werschaft des gelegen gůtts, und derglych soll auch der,
so das gůtt zu lehen empfacht, zů erschatz und handtlon geben den zehenden pfen-
nig der werschaft vermelts guts, und [fol. 8][3] söllen sollich weglößin und handtlon
damit bezalt, auch zů yeder zyt das bestan des lehengůtts, wie ob und nach begriffen 10
ist, beschehen und gethan werden in dryen monatten den nechsten, nachdem der fal,
das verkaufen oder verwechseln beschehen ist oder das lehen gefallen sein.
[5.] Item auf welhem gůtt yetzo oder hinfüro nit mer dann ain lyb in witwen oder le-
digem stat ist, nach des absterben soll das gůtt oberürter maßen, wie vor auch ange-
zaigt ist, gefallen und sein erben das vorgemelter maß zů lehen zů empfahen und be- 15
stan schuldig sin mit angezaigter ab und uffart. Doch ob ainer oder aine das in zyt
seins lebens verkaufte, so soll das gůtt demselben kaufer auf sein und seins eegeme-
chits lyb, ob das vorhanden, oder, wa es nit ist, auf seins nechsten eegemechits lyb,
ob es das von gotzhawslütten nemen wurd, gelihen werden.
[6.] Dann all vorbestimpt gotzhawslütt söllen fürter ewigclich, wann und zů welher 20
zyt sie wöllen, macht und gewalt haben, des gotzhaws halb gantz unverhindert, ainer
dem andern sein erblehengůtt und gerechtigkait zu verkaufen oder zů verwechseln,
doch unzertrennlich nach lehensrecht ze halten, und so oft solh verkaufen oder ver-
wechseln ains oder mer gütter beschicht, so soll in dryen monaten den nesten
darnach, wie vorstat, der verkaufer dem kaufer das vor ainem prelaten obgemelts   25
gotzhaws Ochsenhawsen aufgeben und den undertenigclich bitten, dem kaufer das
zů lyhen mit handtraichung der weglösin und [fol. 8'] handtlons daby, namlich von
dem, so von dem gůt sich schaidt, den zwaintzigsten pfennig der werschaft deßsel-
ben gůtts, und von dem, so das gutt empfacht und der darauf zuicht, den zehenden
pfennig der werschaft des guts, inmaßen vor auch gemeldet ist.   30
[7.] Es soll auch zů yeder zyt, so oft ain gutt gelihen wirdet, dem, so das empfacht,
von ainem prelaten zů Ochsenhawsen ain erblehenbrief geraicht, deßglychen herwi-
derum von den empfahern dem gotzhaws ain revers gegeben werden in der form, so
derohalb von uns gestellt und zůletst nach disem vertrag begriffen ist.
[8.] Damit aber künftigclich der werschaft der gütter, nach dem die etwen hoch, et- 35
wen nyder geacht werden, nit irrung entstand, so hat zů yederzyt ain prelat zů Och-
senhawsen, so oft ain gůtt zů fällen kompt oberürter maßen, es sy durch kouf, wech-
sel, töd oder in ander weg, macht und gewalt, so die werschaft des gůtts von den
gotzhawslütten beschicht, das er solh gůtt, ist es um lützel oder vil gewerdet, mag zů
sein und des gotzhaws handen nemen ains guldins näher, ist es um gold geacht, ist   40
es aber um pfund geacht, ains pfunds näher dann wie es die, von den der fal vor au-
gen wer, oder die, so den kauf ald wechsel gethan hetten, angeschlagen ist, on all
einred und verhinderung ir und menigclichs von iren wegen. Doch so ain prelat ain
gutt also anniempt, soll er den, von dem er das gůt anniempt, des gelts nach seiner

---

[2]   einzeln
[3]   Die Paginierung des Schreibers bricht ab.

werschaft und darum er es an sich genomen hett, doch mit der minderung wie
obstatt, in acht tagen den nechsten güttlich bezalen und [fol. 9] damit als mit faren-
dem gůtt iren nutz und gefallen handeln laßen.

[9.] Item in welher oberürten gestalt dem gotzhaws Ochsenhawsen ain gůtt in sein
5 gewalt fallt, kompt oder angenomen wirt, soll dasselbig gůtt allain durch gotzhaws-
lütt besetzt werden, so ferrer tougenlich lütt darum marckten oder kaufen und dar-
auß geen lassen wöllen, was zimlich oder billich ist. Wurd aber ain abt zů Ochsen-
hawsen achten, das im von gotzhawslütten nit gnugsamer handtlon widerfaren
wöllt, mag er ungnoßen darum faylsen oder marckten laßen, doch soll er in dem er-
10 sten monat des fals kaim ungnoßen das gut geben oder lyhen, damit die gotzhaws-
lütt dester mer zyt haben, darnach ze trachten, und nach verscheinung sollichs mo-
nats mag er alsdann das gut besetzen mit wiem er will. Doch wurden gotzhawslütt
und ungnoßen inner oder nach der zyt des ersten monats um das gutt mitainander
marckten, soll allwegen dem gotzhawsman, so das gutt touget ze bawen, das gutt
15 den aylften guldin oder pfund ringer oder näher geben werden, dann der ungenoß
darauf legt.

[10.] Item und ob ain gutt zu fällen käm, des erben so jung und kundesch[4] und kains
zů sin tagen komen wär, soll inen von der oberhand oder dem gericht zů Ochsen-
hawsen trager verordnet und aim kind under in gelehnet, dem soll auf raichung der
20 abfart und des handtlons in vorgeschribner maß auf sein lyb und deßelben ersten
man oder wyb, ob es den hyratt erlebte, in vorgeschribner gestalt gelihen werden
und soferr das gůtt also komenlich durch die pflegschaft büwlich und wesenlich ge-
halten und der oberhand davon ir schuldigkait gethan wirdet, soll ain prelat zů Och-
senhawsen gedulden, sollich gůtt also durch die pflegschaft zu versehen durch per-
25 sonen im geliebt so lang, bis das kind, dem bestanden ist, manber wirt. Wurden aber
[fol. 9'] der kinder pfleger oder fründ rätig, das gůtt zu verkaufen und das nit ob-
berürter maßen truwten zů versehen, so soll von wegen des vals vatter und můter
auch des nüw beschehen kaufs dannocht nicht mer dann die abfart und das handtlon
genomen werden, die abfart von den kinden und das handtlon von dem kaufer.

30 [11.] Und damit die armen durch die rychen nit vertriben werden, soll kainem gotz-
hawsman mer dann ain gutt zu kaufen und zů besitzen gestatt werden, er wöll dann
das mit ainem andern gotzhawsman besetzen oder sollichs oberzeltermaßen emp-
fahen.

[12.] Item nachdem zů diser zyt uff des gotzhaws güttern vil ungenoßen sitzen, ist
35 betedingt und beredt, welher gotzhawsman von aim ungnoßen ain gůtt kauft, dem
soll es zů kaufen und zů verkaufen gestatt und glycherwys gelihen werden, als hett
er von aim gotzhawsman kauft, mit bezalung der abfart und des handtlons wie vor-
statt.

[13.] Fürter der varenden hab halben soll es also gehalten werden, das all und yed
40 des gotzhaws lütt hievorgemelt uff des gotzhaws güttern geseßen zu widerlegung
des erbfals, so das gotzhaws bisher uff irer varenden hab gehöpt hat, demselbigen
gotzhaws geben söllen, so oft ain val durch tod beschicht, namlich von den zwayen
eegemächit, so mitainander gelihen ist oder durch die ainzechtigen personen, den
gelihen ist, eemalen sie sich verhyratten, derselbigen erben sovil pfund haller Ulmer
45 werunge, als vil denselben erben guldin zů abfart von wegen der gestorben gelaßen

---

4   kindlich, nicht erwachsen

erblehengůtts gepürt, und das in dryen monaten den nechsten, nachdem der fal be-
schicht, dem gotzhus auch bezalt werden on widerred und schaden. Es sollen auch
fürter alle gotzhawslütt, so aigen hab und gůtt erseßen haben, fürter dem gotzhaws
zů todfal nit mer ze geben schuldig [fol. 10] sein, dann yedes mensch für sein clayder
ain pfund haller und ain man das best haupt vich ze hauptrecht und ain frow die be-
sten ků, doch welher oder welhe vor irer kranckhait kain vich gehapt oder in irer
kranckhait mangelhalben andrer hab das vich alles verzern müst oder verzert hetten,
der oder die söllen das hauptrecht ze geben nit schuldig sein, sonder allain das pfund
haller. Welhe sich aber mit andern gewerben dann mit baw oder fich ernören und
hab und gůt hinder in verlaßen irs gewerbs, davon soll dann pillich das hauprecht[!]
bezalt werden.

[14.] Item welher außerhalb des gotzhaws grund und bodem[!] sitzt, der zu der ee
komen ist, so ferer ain prelat zů Ochsenhawsen denselbigen zů der erbschaft zu-
laust, das hat sein gestalt und statt in ains prelaten willen, doch wa er sich hinder das
gotzhaws setzen und ziehen wöllt, soll er mit andern in der erbschaft zugelaßen wer-
den. Wan aber die undersäßigen gotzhawslütt zu den außwendigen gotzhawslütten
verlaßen gůtt sich erblich ziehen wolten, soll inen vom gotzhaws unverhindert bly-
ben, obglych wol dieselbig hab dem gotzhaws gefallen wär, doch den hauptrechten
und fällen unvergriffen.

[15.] Item nachdem bisher kain ungenoß des gotzhaws hab und gůtt ligends und va-
rends vähig gewest ist, soll fürter ewiglich also besteen und ditz gemächt, abred und
betedigung allain die gotzhuslütt hievor bestimpt betreffen.

[16.] Es soll auch die andern gotzhawslütt, die in disem vertrag nit begriffen sein, nit
angeen noch inen ze hilf komen in kainen weg, dann mit abt und convent zů Och-
senhawsen willen und vergönsten.

[17.] Weyter als dann die armenlütt der allmayden halb irrung und beswerung ge-
hapt und an[fol. 10']zogen hand, das auß den almayden etlich um zins verlihen, damit
in ir tratt gemindert sy, dagegen aber abt und convent anzaigt haben, das sollichs auf
der armenlütt ansůchen denselben zů gůtt beschehen, inen auch on schaden sy. Uff
disen artickel ist durch uns güttlich beredt und betedinget, was von den prelatten des
gotzhaws Ochsenhawsen bisher von den almayden und uchtwayden[5] um zins verli-
hen sye und genomen haben, by solher lyhung soll es auch hinfüro belyben on der
armenlüt, irer erben und nachkomen irrtung, inträg und widerred, doch das solhs on
vergünstigung und willen der armlüt, irer erben und nachkomen von dem gotzhaws,
seinem yetzigen und künftigen prelaten und regierer nun fürohin allwegen nit mer
geschehe.

[18.] Item als dann die armlütt sich gesperrt hand, dem gotzhaws die zehenden ein-
zeführen, auch vermaint hand, das in andre dinstberkait wider alt herkomen aufgelegt
werd, haben wir des stucks halb nach vlyßiger erkonung in der gütt auch beredt und
betedingt, das nun hinfüro zů künftigen zytten allwegen des gotzhaws Ochsenhusen
armlütt schuldig und geponden sollen sin, den zehenden einzůfüren, auch ander
dinst ze thun, wie von alter herkomen und geschehen ist.

[19.] Ferrer als dann des gotzhaws Ochsenhusen lütt sich beclagt, das in des gotz-
haws brachen, darauf sie bisher iren zutrib gehapt haben, durch ain prelatten verban-

---

5   Nachtweide

nen und gehöwt[6] werden und aber der prelat inen solhs zůtribs unbestendig, ist
deßhalb durch uns güttlich beredt worden, das nun hinfür zů könftigen zytten von
baiden parthyen die brachen offen belyben und nit mer verbannen werden, sonder
yeder tail tryben soll und mög ongeirrt des andern [fol. 11] tails, wie von alter her-
5 komen ist.

[20.] Als sich dann die armlütt beclagt haben, das inen abbruch beschehe an brenn,
zÿmmer und zownholtz, in dem inen abt und convent kain schuldigkait bekennt ha-
ben, sonder gesagt, was bisher gethan, sy frys willens beschehen, deßhalb ist durch
uns beredt und betedingt, so ye ain gotzhawsman holtz bedörffig, welherlay von
10 aÿchen, bůchen oder tanholtz das ist, der soll zů ainem abt des gotzhaws Ochsen-
hawsen komen, den darum ersůchen, biten und sein nottdurft anzaigen, alsdann soll
ain abt obgemelt demselben zimlich holtz durch sin holtzwarten ze geben verordnen
und verschaffen, was oder wa auch aim das angezaigt wirt, daselbs soll er das holtz
hawen und doch desselben nichtz verkaufen und sich des benügen laßen und der
15 dryerlay holtz wytter on vergönnsten ains abts nit howen in kainen weg. Aber ander
holtz mögen sie diß vetrags halb ungefarlich und zimlich höwen und nießen in maß
von alter herkomen ist, doch davon auch nichtz verkaufen noch hingeben.

[21.] Ferrer der gebott halb, so zů fürkomung der hyratt den gotzhawslütten ye zů
zÿten von aim prelatten als irm herrn gethan worden, des sich die armenlütt auch
20 beswert und vermaint haben, das dieselben bott ze mindern sein. Diewÿl aber die
personen und sachen, darin solhe bott gethan werden, unglÿch sind, will uns nit be-
doncken, das ainem prelatten des gotzhaws Ochsenhusen sein oberkait darin nit zů
nemen sÿ.

[22.] Zum letsten sö söllen und mögen die gotzhawslütt sich des kös und äckers hin-
25 füro in ewig zÿt gepruchen und das nießen, wie von alter her beschehen ist, ungefar-
lich.

Und damit so söllen baid vorgemelt parthyen und vorgemelt [fol. 11'] irrung,
zwiträcht, unainigkait und alles das, so sich zwischen in und iren mitverwandten in-
ner oder auserhalb rechts in widerwillen, ungůtt oder anderm verlouffen, begeben
30 und ergangen hat, auch alle ungnad, unwill, unfrundtschaft und alles anders, so sich
zwuschen iro hett begeben, und allen den, so darunder verdacht und verwandt sein,
gantz, nichtz noch nyemand außgenomen, alles tod, ab, des gericht, geschlicht und
versönt haysen und sein und sie zů baider sydt noch nyemandt ander von iren wegen
solhs gegen dem andern tail noch nyemands demselben verwandt in argem noch un-
35 gůtt nymermer annden, äfern, rechen oder dehain tail den andern darum wÿtter an-
ziehen. Es soll auch der anlaß und das recht, zwüschen iro anhengig gewest,
zwüschen baiden vorgemelten tailen gantz gefallen, tod, ab und nicht mer hayßen
und sein und kain tail nichtz mer binden, auch wider ainander das nit wÿtter uben,
sůchen oder gepruchen, sonder so sollen sie zů baiden tailen und alle ir nachkomen,
40 erben und zůverwandten disem vertrag, pact und teding in allen und yeden seinen
clauseln, stucken, poncten und artickeln getruwlich leben, den gegenainander volt-
ziehen, volstrecken, halten und volfüren yetzo und hinfüro in ewig zÿt und dawider
kain außflucht ein, noch widerred nit sůchen, fürnemen noch geprůchen mit dehain
außzugen, fünden oder listen, wie man die ymmer erdencken, fürziehen oder erlan-
45 gen möcht in kain wÿs noch weg, alles by dem zůsagen, so abt und convent für sie,

---

6   heuen

ir gotzhaws und nachkomen by iren eren, wirden und trüwen uns abt Johannsen zů Kempten [fol. 12] von unser aller wegen darum bÿ höchstem glouben zůgesagt und versprochen und die gotzhawslütt hie vorgemelt für sie, ir erben und zůgewandten by dem ayd, so sie hierum lyblich zu Gott und den hailigen mit ufferhaben vingern gesworn und gethan haben, auch zu bayden parthyen uns vlyßig und undertenigc- 5 lich ersůcht und gebetten, inen diß vertrags, pacts und teding under unsern insigeln gloublich urkund zů geben und die für sie zů versigeln mit der versprechung by ob- gethaner verpflicht, wider solh unser besiglung und ir bitt nit ze reden noch ze thůn, das wir baiden tailen zů gůtt zůgesagt. Und darum zů warem offem urkund yedem tail diser brief ainen uff yetz gemelt sein vlyßig bitt und beger in glycher, ungefarli- 10 cher lutt in registerswyse gemacht mit unser abt Johannsen zů Kempten abtÿ und unser der andern mittedingslütt aller aigen anhangenden insigeln, doch uns, unsern nachkomen und erben one schaden besigelt, geben uff des hailigen crützes tag exaltacionis, von Cristus, unsers lieben heren, gepurt fünftzehenhundert und im an- dern jaren. 15

[fol. 12'] Forma wie ain prelat zu Ochsenhawsen den vorgemelten gotzhawslütten erblehenbrief geben soll.

Wir N von Gotts verhencknus abt des wirdigen sant Georigen gotzhaws zu Ochsen- hawsen sant Benedicten ordens Costentzer bistumb bekennen offenlich für uns, un- 20 ser convent, gotzhaws und nachkomen, das wir uß kraft des vertrags, zwuschen un- serm gotzhaws und sein armenlüten getroffen und gemacht, dem beschaiden n zů N und n seiner eelichen hawsfrowen und allen iren erben zu rechtem erblehen gelihen und verlihen haben desselben unsers gotzhaws hof oder gůtt mit haws, hofraitin, al- len ackern, mödern und seiner zůgehörd, wie das in unserm rodel begriffen ist, also, 25 das sie unsers gotzhaws getrüw, gehorsam hindersäßen sin, unsern fromen fürdern, schaden warnen, auch das berürt gutt zu dorf und veld in gutten eren und wirden un- zertrennt nach erblehensrecht inhaben, besitzen, nutzen, nießen, auch ire recht daran wol verkaufen und verwechseln mögen inhalt des vertrags, doch uns und unserm gotzhaws auch vorbehalten, das solh gůtt, so sie baide mit tod verschinen sind, oder 30 ob dz durch kauf oder wechsel auß iren handen käm, von uns zů lehen empfangen, uns abfart, handtlon und für den val geraicht werden, auch der kauf an uns zů nemen vorbehalten sin soll, alles wie das der obgemelt vertrag inhalt. Darzů söllen sie uns alle jar järlich von solhem gůt zů rechter hůbgült nach hůbgült recht richten, geben und zů unsers gotzhaws castners handen uff die kästen, so sie von uns beschaiden 35 worden, zwüschen sant Martins tag und wÿhennechten richten, geben und antwür- ten n malter rogken, n malter haber, alles gůts wolberaits korns kaufmansgůtt, n meß, n pfund haller zu höwgelt, n ayer, n höner, dasselbig yedes zu seiner rechten [fol. 13] zÿt nach erblehens recht on verzug und des gotzhaws schaden. Sie, ir erben ald nachkomen sollen uns, unserm gotzhaws und nachkomen gerichtber, botmößig, 40 dinstber und verpflicht sein und alles anders thůn, so from, gehorsam hindersäßen und aigen lütt irem herren von pillichait schuldig sein und thun söllen, auch uns und die unsern um all sprüch und sachen, ob sie die zů uns zů haben vermainten, bÿ recht und in den gerichten, darein yeder gehört, blyben laßen und dehain andern schirm noch herren dann uns oder unser nachkomen nit annemen noch süchen. Ob 45 aber solhs von in überfaren, das gůtt in gůtten, redlichen eren und büwen nit hielten oder die zins und gült in der zyt und maß wie obstat nit richten und bezalten oder

70

anderm wie obstat nit volg täten, so sollen wir sie des erinnern, desselben fürderlich
abzůsteen und dem, so er gethan haben sollt, on verzug volg zethůn. Wurd das von
in nit gethan, alsdann so haben wir und unser nachkomen macht und gewalt, inen
oder iren nachkomen von und ab dem gůtt zů betten, das sie auch, wo das daran, wie
5 vorstat, by in mangel kuntlich erfonden und darmid in abgeboten wär, nit fürderlich
gewenndt wurd, es wer mit bezalung der gült oder anderm, uns zů den nechsten vier
tagen angender[7] vasten, darnach ledig haimgan laßen sollen bewlich wesenlich nach
erblehensrecht, das wir auch alsdann andern wol nach unsers gotzhaws notdurft ver-
lyhen mögen irnthalb daran gantz unverhindert. Wo aber solhem wie obstat von inen
10 oder iren nachkomen volg beschicht, so mögen wir und unser nachkomen sie von
dem bestimpten gůtt nit tryben noch trengen oder an der gult höher staigen, doch
uns und unserm gotzhaws hinfüro zu yeder zyt vorbehalten die abfart, handtlon, den
fal und alles anders lutt ange[fol. 13']zaigts vertrags, so uns, unserm gotzhaws und
nachkomen zů gepürender zyt geraicht und gethan soll werden, alles ungefarlich mit
15 urkund ditz briefs, der mit unser abtÿ aigen anhangendem insigel besigelt und geben
ist uff etc.

Revers so die gotshawsleut hinwider der erblehengütter halb geben söllen

Ich N zů N und ich N, sein eeliche hawsfrow, bekennen offenlich für uns und all un-
20 ser erben mit dem brief vor allermenigclich, als der erwirdig und gaistlich herr, herr
N, abte des wirdigen sant Georigen gotzhaws zů Ochsenhusen, unser gnediger her
auß kraft des vertrags, zwuschen seiner gnaden irs gotzhaws, uns und andern gotz-
hawslütten getroffen und gemacht, uns zů rechtem erblehen gelihen und verlihen
hat, desselben sins gotzhaws hof oder gůtt mit haws, hofraitin, allen ackern, mödern
25 und seiner zůgehörd, wie das in des gotzhaws rodel begriffen ist, haben wir sein
gnaden by unsern gůtten truwen zůgesagt und versprochen und thün das mit disem
brief, also das wir sein und seins gotzhaws getrüw, gehorsam hindersäßen sein, iren
fromen fürdern, schaden warnen, auch das berürt gůtt zů dorf und veld in gůtten er-
en und wirden, unzertrennt nach erblehensrecht inhaben, besitzen, nutzen, nießen
30 sollen, auch unsere recht daran wol verkaufen und verwechseln mögen inhalt des
vertrags, doch sein gnaden und dem [fol. 14] gotzhaws auch vorbehalten, das solh
gutt, so wir baide mit tod verschinen sind, oder ob das durch kauf oder wechsel uß
unsern handen käm, von sein gnaden zu lehen empfangen, inen abfart, handtlon und
für den val geraicht werden, auch der kauf an sie zů nemen, vorbehalten sin soll,
35 alles wie das der obgemelt vertrag inhalt. Darzů sollen wir in alle jar järlich von
solhem gutt zů rechter hůbgult nach hůbgultrecht richten, geben und zů irs gotzhaws
castners handen uff die kästen, so wir von ine beschaiden werden, zwuschen sant
Martinstag[8] und wÿhennechten richten, geben und antwurten N malter rogken, n
malter haber, alles gutts wolberaits korns kaufmansgůt, n meß, n pfund haller zů
40 höwgelt, n ayer, n höner, dasselbig yedes zů seiner rechten zyt nach erblehensrecht,
on verzug und des gotzhus schaden. Wir, unser erben ald nachkomen sollen inen,
irem gotzhaws und nachkomen gerichtber, botmeßig, dienstber und verpflicht sein
und alles anders thun, so from, gehorsam hindersäßen und aigen lütt iren herren von
pillichait schuldig sin und thůn söllen, auch sie und die iren um all spruch und sa-

---

7   zu Beginn der
8   11. November

chen, ob wir die zů inen zů haben vermainten by recht und in den gerichten, darein
yeder gehört belyben laßen und dehain andern schirm noch herren dann in oder sein
nachkomen nit annemen noch sůchen. Ob aber solhs von uns überfaren, das gůtt in
gůten, redlichen eren und büwen nit hielten oder die zins und gult in der zyt und
maß, wie obstat, nit richten und bezalten oder anderm, wie obstat, nit volg tätten, so   5
söllen sie uns des erinnern, desselben fürderlich abzusteen und dem, so wir gethan
haben sollten, on verzug volg ze thůn. Wurd das von uns nit gethan, alsdann so ha-
ben der gemelt unser gnediger herr oder sein nachkomen macht und gewalt, uns
oder unsern nachkomen von und ab dem gutt zu bietten, das wir auch, wo das daran,
wie vorstat, by uns mangel kuntlich erfonden und darum uns abge[fol. 14']boten   10
wär, nit furderlich gewendt wurd, es wär mit bezalung der gült oder anderm, inen zů
den nesten vier tagen angender vasten darnach ledig haimgan laßen sollen bewlich,
wesenlich nach erblehensrecht, das sie auch alsdann andern wol nach irs gotzhaws
notdurft verlyhen mögen unsernhalb daran gantz unverhindert. Wo aber solhem, wie
obstat, von uns, unsern erben ald nachkomen volg beschicht, so mögen er und sein   15
nachkomen uns von dem bestimpten gůtt nit tryben noch trengen oder an der gült
höher staigen, doch in und irem gotzhaws hinfüro zů yeder zÿt vorbehalten die ab-
fart, handtlon, den val und alles anders lutt angezaigts vertrags, so inen, irem gotz-
haws und nachkomen zu gepürender zyt geraicht und gethan soll werden, alles un-
gefarlich mit urkund ditz briefs, der um unser vlyßiger bitt willen mit der etc. aigen   20
anhangenden insigeln, doch in und iren erben one schaden, besigelt und geben ist
etc.

13

1498

Beschwerdeartikel der Ochsenhausener Bauern gegen ihren Abt. Die Klagen beziehen sich auf eine Verschlechterung des Besitz- und Erbrechtes an den Liegenschaften und der Fahrhabe, auf die Einführung von Satzungen in der Rechtsprechung und verschiedene weitere Übergriffe des Abtes betreffend Bußen, Zehnten, Schweinemast, den Todfall auswärtiger Leibeigener, Dienste und Ungenossen.

Hauptstaatsarchiv Stuttgart, B 481 Büschel 10, fol. 66-67
Protokoll des Konvents[1]

Regest: Egelhaaf, Vorspiel, S. 217-221.
Literatur (auch für Nummern 14-17): Blickle, Arbeit, S. 127-138. - Gruber, Ochsenhausen, S. 134-144.

[fol. 66] Die artickel darin die armenlütt[2] meinß gnädigen heren von Ochsenhußen[3] vermainen beschwert zů sin.

Item[4] anfängklich sagen die armenlütt, sydmäln und dem flecken Ochsenhusen ain
5 kayserlich fryhait gegeben sy und sy die syen[5], die zů richten haben mit dem malefitz über dz plůtt und die kayserlichen recht haben, so sölle ainer den andern erben ligends und farends für und für und sind in hoffnung nåch lutt der fryhait, so meinem gnädigen heren und demselben flecken Ochsenhusen gegeben darin der fleck bestympt ist, sin gnåd werde im nichtz darin reden[6]. Wa aber sölliches nit sin mög,
10 wölle sy als die, die irn lipplichen heren öngern verlieren, der stuck halben giettlichen oder rechtlichen für siner[7] gnåden obern komen und was sy da giettlich oder rechtlich gewysen werden, dem wöllend sy stracks nåchkomen. Wå des nit gnůg sy, so erbiettend sy sich darumb giettlich oder rechtlich für ain künftigen oder jetz ge-

---

[1] Die Vorakten zum Vertrag (Nummern 13-17) sind von derselben Hand geschrieben und stammen aus den Beständen des Klosters. Lediglich ein wohl zwischen Sommer und Herbst 1502 ausgearbeitete Vergleichsentwurf zwischen Kloster und Untertanenvertretern (Nummer 18) ist Ulmer Provenienz.
[2] Überschriebenes e kommt nur in Form von zwei zuweilen etwas schräg liegenden Punkten vor und wird durchgehend dem modernen Gebrauch entsprechend mit doppeltem Punkt wiedergegeben.
[3] Hieronymus Buchelberger
[4] Randnotiz: „Nota ibi: Hac de causa hunc [? *unsicher*] articlen der erbschaft halb het nun Ochsenhusen et non alij".[? *unsicher*]. Alle Glossen des Dokumentes sind von derselben Hand wie der Haupttext.
[5] Ein häufig verwendetes, überschriebenes Kürzungszeichen, wie es üblicherweise zur Konsonantenverdoppelung verwendet wird, scheint in den meisten Fällen nur dekorative Funktion zu haben. Es wird konsequent übergangen, auch wenn es ausnahmsweise sinnvoll umgesetzt werden könnte.
[6] Randnotiz: „Nota bene".
[7] Oft wird ein er/re/ri-Kürzungszeichen verwendet, das in der Regel keine Funktion hat, da das betreffende Wort meist ausgeschrieben ist. Es wird jeweils übergangen, ausser bei „ver"-Kürzungen und den lateinischen Texten.

setzten burgermaister und groussen raut[8] der statt Ulm fürzekomen[9] und was allda erkent und gesprochen werde, dem wollen sye on alle inred nachkomen und daby blyben, sy syen och in gůtter hoffnung, mein gnädiger her von Ochsenhusen und siner gnåden convent laussend sy irem völligen erbietten nauch gnädigklich daby bliben. Und damit sy, die armenlütt, nit uff irm rack[10] bestanden, so wöllen sy etlich articckel minem gnädigen heren von Rŏtt in der giettlichait fürbringen und in denselbigen articckln sin gnauden zů eren und gevallen mer dan jemant andern verwilligen.

[1.] Item zum ersten sagen die armenlütt, sy sytzen vff iren erblechen und haben die enpfangen von irn alten heren als lang zytt her und lenger dan jemant verdencken mög, sy habend och die gietter empfangen mit ires gnädigen heren hand in ir hand und kain prelåt darumb weder brieff noch sigel nie begert. Itzundt hab abt Symon säliger[11] das erdåcht, er lyche ainem ain gůtt und sagte zů im: Ich lych dir das gůtt nåch gotzhußrecht, doch du wirst mir brieff und sigel, zinß und gült uff Martini achttag vor oder nåch ongevärlich geben, wa du söllichs nit tůst, so ist din gůtt mir haimgefallen uff die nächsten fier tag. Darzů sŏllte er im och pottmässig, wertig, dienstlich und gehorsam sin etc. Wa er der ain oder mer articckel übergieng, sŏllte er aber das lechen verwirckt haben, deßhalb er, abt Symon säliger, uß iren erblechen schupflechen gemacht hab, alß sy es achtend mit den brieffen[12]. Deß haben sine fordern an sy und ir vordern nie begert, es sy och vormaulß nie gehört worden, deshalben sy mynen gnädigen heren von Ochsenhusen und siner gnåden convent undertånigklich bittend, sy wellen sie, die gotzhuslütt, onkymert laussen mit den brieffen und inen füro lychen nåch gotzhusrecht und die gegebnen inen widerumb überantwurten und herußgeben, dan es sy nåch irm beduncken onbillich und vormåls nit gewesen.

[2.] Item zum andern sagen sy, diewyl sy die syen, die uff irn erblechen sytzend und ir erkouft recht daruff haben, hoffen sy, sie mögen die geben iren kinden und mit irn gůtter ire kynd verwysen by gesundem lyb on all erschätz, dan sy haben das von alter her gethŏn.

[3.] Item zum dritten so sy dz by irn alten heren gewesen, wenn ainer käm in sin alter, er were frowen oder man, so möchte er sinem kind[13] sin gůtt geben, dz er inn davon fůrote[14] und züge und dz gůtt sŏllte dann den alten fůren, ob der sun davon sturb, darin sŏllte kain her reden. [fol. 66']

[4.] Item zum vierden so sy ir bruch und herkomen und lang gewest und syen sy och in besitzung und lenger gewesen dan jemant fürdencken mög, wa vatter und můtter sterben, so erben die onverwysen kynd, das jüngst besytze das gelegen gůt, wen dzselb absterb, so erb darnåch aber für und für dz jüngst und wan nymen onverwysen kynder da sygend, so laussend sy denselbigen erbfal stån zů sinem fal.

5

10

15

20

25

30

35

---

8   Überschriebenes u wird weggelassen, wenn auf den betreffenden Vokal im Wort selbst ein u folgt.
9   Randnotiz: „Nota ibi a quo concilium istud fluxerit, quod ipsi Ulmenses nostri advocati essent".
10   geradliniges, unverrücktes Vorwärtsgehen
11   Simon Lengenberger
12   Randnotiz: „Nota ibi si es[set?] contractus [? *Flecken*] emphiteoticus, so sol er nach ordnung des rechten in geschrift geschechen, ut[!] nit on willen des heren und des hindersessen. C[apitulum](?) dicitur emphiteotico iure 51. Wa aber söllichs nit geschicht in geschrift, dannocht soll gehalten werden was gedingt worden ist, wan die lange herkomen gewonhait bricht diß recht in den weg".
13   Nachträglich ist vor „kind" „sun" eingeschoben.
14   unterhielte, ernährte

[5.] Item zum fünften wann ainer frowen stirbt ain mån und nympt dieselbig wittib ain andern man, haut sy kynd, so håt sye ir gelegen gůtt vermannet und fellt an die kynd, die sy von dem vorigen man håt, ob aber sach were, das die kain kynd hette, so möge sy ain ander man niemen, so ist das gůtt ir, irs manß und ir nachgänden kin-
der, ob aber sach were, das dz erst kynd hette den anfal erlept von sinem vatter deß gelegen gůtz halb, sturb dan dzselbig kind und hette geschwistergitt, so fiel es an die geschwystergitt, wå es aber nit geschwystergitt het, so fiel es billich widerumb on erschetz an die můtter.

[6.] Item zum sechsten wå ain wittib were, sy näm ain man, sy sturbe, so arbte sy ir man, ir man näm ain ander wyb, sturb derselb man, so arbte man und frow für und für ains dz ander on erschätz und empfauchen als lang sy dz inhettend, wenn sy das verkouffen wölltend, so söllt ain her von Ochsenhusen den 10. pfening davon ne-men und söllt lychen nåch deß gotzhuß recht und altem herkomen. Bytten sin gnåd, sy wölle in dz laussen verdychen, dann es sy lenger gesin dan man mög fürdencken.

[7.] Item zum sybenden clagt der richter, er mieß schweren uff etlich brieff, die man inleg in das gericht, und halt in daby für, was verlesen werd, daruff werden sy schweren, dzselbig by irn kreften zů blybenlaussen und dzselbig zů recht sprechen. Nun wyssend die erber richter nit, ob es gründt im rechten sy oder nit, damit sy ir selen und eren gnůng tätten, wan sy wöllten gern thön als from knecht. Sydmåln sy nun es nit wyssen, bitten sy abermaulß sin gnaud, dz er so wol thye und sy lauß be-lyben by irer gewyssne oder inen fürbring, dz sy wissen dz es grundt sy im rechten, wenn sy haben geschworen by sin alten herkomen bliben laussen. Och sy ain gericht nit bericht, wå es die urtail sölle holen dan es haische es ir notturft.

[8.] Item zum achtenden der fräfel halb, er were groß oder klain, so kam er [der Fre-vler] mit meinem heren uß uff ain maynung er wol erlyden möcht, nach dem selbi-gen so was alle sach ab, erlöscht und abthon deßselbigen fräfelß halb. Jetzund so hab min gnädiger her nit ain beniegen an demselbigen end und håt ain restantz und den übrigen tail hinhynder geschriben wen im der kopf ersuret[15]. So ainer wonde[16], er were ußkomen, so můst er im erst den andern tail hinuß geben, bitten sin gnåd, sie wölle davon stån. [fol. 67]

[9.] Item zum nünden clagt die gemaind wie man sye, frowen und man, falle. Wa man davon sagte, so gedüchte es yederman ain onbillich ding, wan ainem man ain wyb sterbe und er habe kain tochter die verwysen sye, so nem er im alles, dz im huß sy, dz ainer frowen zůgehöret und dz ain frow handelt, dz sy vor och nit gewesen.

[10.] Item zum zechenden vermaint die gemainschaft, wen sy minem gnädigen her-ren den zechenden geben, so sygen sy dan im den inzůfierend nit schuldig, wan das mög man wol verdencken, dz es nit gewesen sy.

[11.] Item zum ailften des äckers halben klagen sy, man lauß in nit gaun, das in von alter herkomen sye, ir alten heren haben ain gemecht deßhalb gemacht, dem werd nit gelept. Demnåch was schwin ainer selbß zieche, die hab man im laussen gån on äcker gelt und wen ain pur kaine hette, so mochte er 4 koffen, ain seldner, der kaine hette, zwo kouffen. Dieselben schwin söllte man im on äckergelt gaun laussen uff gemainer tratt, das sy ir alt herkomen.

---

[15] es wird dem Abt sauer aufstoßen
[16] wähnte

[12.] Item zum zwelften wan ain gotzhusman sytzt in frembder herschaft und im sin frow stirbt, so nympt man ain grossen fal und nympt ain ků zů ainem hoptrecht, dz sy doch der bruch underm gotzhuß nit, bitten davon ze ständ.

[13.] Item zum dryzechenden der dienst halb, so lausse min gnädiger her sy och nit blyben wie von alter herkomen ist, bittend sin gnåd och wie von alter her sy bliben laussen.

[14.] Item zum vierzechenden der ongenossen halb clagt sich die gemaind, min gnädiger her lauß sye och nit by irm alten herkomen beliben, bitten sin gnåd, sy wolle wie von alter her belybenzůlaussen.

Item sy clagen gar nichtz ab jetz meinem gnädigen heren, sonder ab abt Symon säliger.

14

1498

Antwort von Abt und Konvent des Klosters Ochsenhausen für den Abt von Rot an
der Rot auf die Beschwerden der Ochsenhausener Bauern. Es wird auf alle Klage-
punkte Bezug genommen und jeder einzelne als ungerechtfertigt abgelehnt.

Hauptstaatsarchiv Stuttgart, B 481 Büschel 10, fol. 64 - 65
Abschrift zeitgenössisch

Regest: Egelhaaf, Vorspiel, S. 222f.

[fol. 64] Hienach volgt die antwurt unser abt Jheronimus[17] und convents zů Ochsen-
husen uff die artickel, so unser armlewt unserm herren von Rött als güttlichen un-
dertädingen nåchmals gschriftlich überantwurt haben.
Nämlich als sy anfengklich anziechen und sagen, dem flecken Ochsenhusen seye
ain kayserliche fryhait gegeben, das sy zů richten habent mit dem malefitz über dz
plůt etc. Darzů ist unser antwurt, das wir nit gestond, das söllich anzogen fryhait
uffs dorf Ochsenhusen stand noch lute, sonder auf ain herren und prelaten zů Och-
senhusen, als wir uns des uff die fryhait, so ir her von Rött nächstmals gesechen ha-
ben, ziechen, darin ir ermessen mögen, was die uns und unserm gotzhus zůgeben
tüg und dz sy den armenlëutten dhainderlay gerechtigkait der erbschaft halben als
sy sich vermessen zůgebe.
[1.] Item uff den ersten artickel, als die armenlewtt anziechen und sagen, sy sitzent
uff iren erblechen und habent die empfangen von irn alten heren mit mund und hand
etc., geben wir die antwurt, dz wir nit gestond, dz sy abt Symon såliger sölliche re-
verß allain gegeben, sonder haben sy etlichen andern unsern vorfarn zů zytten re-
verß ouch gegeben, die wir hütt zum tag by unsern handen haben. Wol möcht sin,
das etlich derselben unser vorfarn mit reversen zů nemen nit so geflissen gewesen
seyen als abt Symon såliger, so es nun also herkomen ist, so vermainen wir die über-
nomen reverß hinußzůgeben nit schuldig zů sind, sonder die fürter zů nemen wie dz
an uns komen ist.
[2.] Item uff den andern artickel, der also anfåcht: zum andern, diewyl sy die syen
und uff iren erblechen sitzen etc., geben wir die antwurt, dz wir nit gstond, dz von
alter herkomen sey, wenn sy mit söllichen iren lechengüttern ire künd haben verwy-
sen wöllen, das sy dz on allen erschatz gethan haben, sonder so syen sy allwegen
mit unsern vorfarn darumb güttlich ußkomen und inen willen gemacht.
[3.] Item uff den drytten artickel als sy anziechen, dz von alter her gewesen sy, wenn
ainer käm in sin alter etc., geben wir die antwurt, das wir zůlaussen, das ain vatter
oder můtter irer kind ainem sin gůtt uff geb und sich darmit versehe, doch dz es uns
darumb willen mach und darfür tüg, das uns benüg als denn von alter her bescheen
ist, dann sunst seyen wir nit schuldig yemant zůzůgeben sin gůtt ainem andern zů
übergeben und sich damit zů versechen.

---

[17] „Jheronimus" nachträglich hinzugefügt

[4.] Item uff den vierdten artickel, der also anfächt: zum vierden, so sey ir brauch und herkomen, wa vatter und mütter sterben etc., geben wir die antwurt, das von unserm vorfarn abt Symon säliger also praucht worden ist: Wa vatter und mütter abgestorben sind und unverwysne kinder[18] hinder in gelaussen haben, so hät das jungst unverwysen kind dz gütt besessen und wenn denn dasselb auch [fol. 64'] abgestorben ist, so hat er die andern unverwysen geschwistergit zü söllichem gütt nit komen laussen, sonder hät er sich des underzogen und daran von niemant kain irrung gehept. So es nun also bis uff uns komen ist hoffen wir by söllichem brauch zü belyben, dann uns zwyfelt nit, wo sich yemant des gwydert, er het den mit erbern zymlichen ursachen abgewisen, die im rechten grunds gnüg hetten gehapt, das sy irer irrung wärn güttlich abtretten.

[5.] Item uff den fünften artickel, der anfächt: zum fünften, wenn ainer frowen stirbt ain man etc., geben wir die antwurt, das wir nit gstond, wenn ain frow ain andern man neme und by dem vorigen man nit kinder gehept habe, das söllich gütt an irn nachgenden man valle. Och so gstond wier nit, wenn ain frow kinder by irm vorigen man gehept habe und dieselben unverwysen kinder mit tod vergiengen, das dann söllich gütt wyderumb an die mütter vallen söll, sonder sol es dem alten herkomen näch an unser gotzhus vallen als wir ouch des im bruch sind.

[6.] Item uff den sechsten artickel, der anfacht: zum sechsten, wä ain wittib etc., geben wir die antwurt, das wir nit gstond, wa ain wittib ain andern man neme, das derselbig ir man söllich gütt von ir erbe, noch desselbigen mans kinder, so sy by im hette, dem alten brauch und herkomen näch, sonder, wo sy nach absterben derselben frowen zü söllichem gütt hond wöllen komen und das man inen das lyhe, so haben sy unsern vorfarn darumb willen gemacht und sind güttlich mit in ußkomen.

[7.] Item uff den sibenden artickel, der anfächt: zum sibenden clegt der richter, er mieß schweren etc., darzü geben wier die antwurt, das die richter sich unbillich des besweren, das sy sagen sy müssent schweren uff etlich brieff, die man in gericht inlege und wissen nit, ob es im rechten gründt sey oder nit etc. Dann wann ain richter urtailt nach gemainem rechten oder uff ain satzung, so an aim ort gemacht ist, oder uff ain alt leidenlich gewonhait und herkomen, wiewol die baide, nämlich die satzung und gewonhait dem gemainen rechten widerwertig wärn, als er denn schuldig ist, so thüt er im selbs und yederman gnüg und mag dz mit gott und eren verantwurten. Deßhalben sy sich dermässen als sy anziechen nit dürfen beswären. Und als sy sagen, ain gericht sy nit bericht, wa sy ir urtail hollen söllen etc., darzü ist unser antwurt, dz sy söllich urtailen niendert billicher holen denn by frumen, wysen, verstendigen lüten, wa sy nit bericht sind, auf clag und antwurt zü urtailn, so mugen sy darauf raut haben.

[8.] Item uff den achtenden artickel, der anfächt: zum achtenden der frävel halben, er wär groß oder klain etc., geben wir die antwurt, dz sich die armenlewtt des unbillich beswären, dann wir begeren von kainem mer dann er mit recht vervallen ist. Nemem[!] wir nun etwyvil an söllichen fräfeln und schribent dz überig in die restantz können sy nit sagen, dz wir in unrecht [fol. 65] tügen, aber damit wir des stucks nit vil stritzß haben, so wöllen wir kain in söllich restantz mer schriben, er bitt uns dann darumb.

---

[18] Kinder, denen das Gut nicht überwiesen, überschrieben ist

[9.] Item auf den neünden artickel, der anfächt: zum nünden clagt die gemain etc., darzů ist unser antwurt, dz wir unsers gotzhus armlewt nit anders vallen noch vallen wöllen denn wie von alter herkomen ist und wolten ungern aynicherlay nüwerung in den dingen fürnemen.

[10.] Item uff den zechenden artickel, so anfacht: zum zechenden vermaint die gemainschaft etc., geben wir die antwurt, das die gemainschaft der pfarr Ochsenhusen, deßglich Rainstetten, Aichen, Lobach und Gopportzhofen zechenden von alter her in das gotzhus Ochsenhusen gefürt haben. Begern wir, das sy uns nit minder achten denn unsern vorfarn und uns söllichen zehenden ouch füren wie von alter herkomen ist.

[11.] Item uff den ailften artickel, so anfacht: zum ailften des äckers halben etc., ist unser antwurt, das wir nit anders wissen, denn es werd also gehalten wie sy das anzaigen lut des artickels.

[12.] Item uff den zwelften artickel, der anfächt: wa ain gotzhusman etc., geben wir die antwurt, das wir unser armlewt usserhalb gesessen nit anders vallent denn wie von alter herkomen ist, deßhalben in clagens gantz unnöt thůt.

[13.+14.] Item uff den 13. und 14. artickel etc. geben wir die antwurt, dieweyl sy sagen, wir laussent sy der dienst halb, deßglich der ungenossen halb nit bliben wie von alter herkomen sey, das sy uns zů erkennen geben in wolher gstallt und wie wir sy nit beliben laussent, so wöllen wir gepürlich antwurt darzů geben, denn wir sind der maynung nit der ding halb ainicherlay nëuwerung fürzůnemen.

Item zů letst als sy sagen, sy clagent gar nütz ab uns etc., ist unser antwurt, das laussent wir im namen gotz sin etc.

15

1498 Dezember 17

Erneute Beschwerden der Bauern gegen den Abt von Ochsenhausen, der Stadt Ulm als Vermittlerin vorgelegt[19]. Die Klagen bezüglich der Verschlechterung des Besitz- und Erbrechtes an den Lehengütern und an der Fahrhabe sind erweitert worden. Die übrigen Artikel betreffen die Bußen, die Satzungskompetenz des Abtes und Allmendrechte.

Hauptstaatsarchiv Stuttgart, B 481 Büschel 10, fol. 62-63
Unvollständiges Protokoll des Konvents [beim siebten Artikel bricht der Text ab. Die Ergänzung erfolgte durch]
Stadtarchiv Ulm, Reichstadt Ulm Faszikel 1970, fol. 13'

Regest: Egelhaaf, Vorspiel, S. 225ff.

[fol. 62] Diß nachgeschriben beschwarden haben die armenlewt des gotzhus Ochsenhusen angezaigt uff montag vor Thome des zwelfbotten zů Ulm anno 1498 in Wilhalm Bessres huß in der hindern stuben dem gestrengen Wilhalm Beßrer, hoptman, burgermaister etc., Matheus Luppin und iren bisitzer, dem prior zů den prediger, doctor, im closter zů Ulm[20].

[1.] Zum ersten der gůtter halb darauf sy sytzen sagen sy, sy sitzen uff iren erbgůtter[n][21] darauf sy kaufrecht haben. Damit sey es von alter also herkomen, wann sy die koufft und verkoufft haben, hab in ain her von Ochsenhusen die schlechts von der hand geliche[n] nach gotzhaus recht und nach altem herkomen on all brieff und verschribung. Yetz mie[ß] sich ain yeder verschriben, zinß und gülten uff bestümpte zytt zů geben, auch allen pot[ten] und verpotten gehorsam und dinstpar zů sein mit dem geding, wo ainer der artickel ain oder mer nit hielt, soll dz gůtt von stund ledig sein und er davon on rechtlichen ußtra[g][22] mit gwalt getryben werden verm̊gen etc. Wie dann solhs die verschreybungen zů erken[nen] geben, damit seyen sy mercklich beschwert und bitten inen die gůtt zů leychen von de[r] hand on brieff und verschrybung wie alls obstět von alter herkomen sey, auch in die verschreybungen, so deßhalben gegeben seyen, widerumb heruß zů geben.

[2.] Zum andern der erbschaft halben seyen sy beschwert mit dem, so ainer mit tod abgang, so lasse man seine kind, die verheyratt seyen, nichtzit von im erben, sonder allain die kynd, die noch unverheyrat seyen, und wan kain unverheyrats vorhan[den] sey, neme des gotzhus alles des, so vorhanden sey, zů seinen handen und lasse de[n]

---

[19]   Die Verhandlungen wurden nach einem Schreiben der Stadt Ulm an die beiden Parteien (Stadtarchiv Ulm, Reichsstadt Ulm Faszikel 1970, fol. 16) auf den 13. Dezember 1498 nach Ochsenhausen ausgeschrieben, dann aber (ebd., fol. 15) auf den 17. Dezember nach Ulm verlegt.

[20]   Darunter hinzugefügt: „Uns Jheronimo abbate, Ůlrico Rych priore, Johanni Sattelin, Raymundo Kantifusori, Jacobo Vennd, magistro Jeorio Sattler, Friderico de Danckerswyler nostro prefecto, Johanni Stengeli nostro notario, et Erasmo scriba nostro, omnibus presentibus [? *Rand eingelegt*]".

[21]   Der Rand ist beschädigt. Die Ergänzungen sind in eckige Klammern [ ] gesetzt.

[22]   „S" vor „ß" wird weggelassen.

verheyrathen kinden gar nichtzit davon volgen, das wider aller recht und billich sey,
sonderlich dz die verheyratten kynd ir vatterlich und mütterlich erb durch d[as]
sacrament der hayligen ee verwürckt haben söllten. Zůdem hab abt Symon säliger,
so unerzogne kynd vorhanden gewest und das jüngst mit tod vergan[gen] sey, sich
5   des ligenden gůts undertzogen und den andern jungen kynden, die das von alter her
uffainander erben söllten, nit vol]gen lässen, das unerhört und gantz nit billich sey.
[fol. 62']
[3.] Zum drytten, wann ain eegemecht vergang mit tod und sich widerumb eelich
verheyrate, wöll mein her von Ochsenhusen demselben newen eegemecht des alten
0   eegemechts gůt nit lenger lassen dann deßselben alten egemechets leben lang, das
wider des herkomen irer gütter sey, dann sy seyen erbgütter und söll ain yedes ege-
mechet das von dem andern erben.
Deßglichen begögne inen auch beschwernuß so ains schuldig sey und von siner
schuld wegen sin gůtt übergeben wöll, wöll mein her von Ochsenhußen nit anders
5   leychen dan uff ain leyb oder das man im den halben tail des gůts geben söll.
So auch ainer von alter oder bledigkait wegen seinem sun sein gůtt lassen wöll, umb
das er bey im sein leben lang gehalten werd, wöll mein her von Ochsenhußen dem
nit leychen dann umb den zechenden pfening des erdschatz, als ob das verkauft
worden were, und erst darnach mit seinem leyb ußzůkůmen, dz inen auch schwer
'0   sey.
[4.] Zum vierden sey es von alter bey inen herkomen, wann ainer ains frävels halb
umb bargelt ußkomen, das er hinfüro dabey beliben sey, aber abt Symon säliger hab
sich understanden, wann ainer umb ainen frävel umb bargelt mit im überkomen sey,
hab er im das übrig gelt dannocht hinhinder geschriben und so sich der arm man
'5   seins überkomens gehalten hab, sey er nachmals nach abt Symons gefallen umb das
übrig auch angezogen worden, das wyder alle recht und pillichait sey.
[5.] Zum fünften hab abt Symon ain bůch der frävel, pott, verpott und ander stuck
halben gemacht und die richter darzů gehalten, das sy haben müssen schwern, allain
nach sölhem bůch zů sprechen. Das inen schwer und unleydenlich sey und bitten sy
'0   bleyben zů lassen wie von alter herkömen sey, nemlich das sy umb yeden frävel
půss oder verschulden sprechen mügen was sy nach irer gwissen und gůtt be-
duncken achten das ainer verwürckt oder verschuldt hab.
[6.] Zum sechsten, wiewol sy von alter her ir urtailn hie zů Ulme geholet haben, hab
sey abt Symon davon trungen, also dz sy kain urtail weder hie noch an andern orten
'5   holen söllen, das inen irem herkomen und prauch, auch irer notturft nach mercklich
beschwerd sey. [fol. 63]
[7.] Zum sybenden, wan ainem ain hußfrow mit tod vergang und kain unverheyrate
tochte[r] verlasse, neme dz gotzhus alle ir klaider, leynwat, garn, peth, truchen, kes-
sel und anders, damit sy mercklich beschwert seyen, alls mengklich versteen müg,
'0   und bitten sy in²³ solchem stuck beliben ze lassen nach dem gemainen landtspruch
oder wie billich und recht sei.
[8.] Zum achtenden hab in mein herr von Ochsenhusen entzogen etwievil vichtwai-
den, allmainden und tratten, auf etliche heuser gebauen, wege gemacht und zins dar-
auf geschlagen, das inen merklichen nachtail und abbruch gebiert. Bitten auch nach
'5   ziml[ich]kait darein inzesehen, das sy wider billichait nit beschwert werden.

---

²³   Ab hier folgt Text der Ulmer Vorlage.

16

1500 Oktober 17 / 1502 März 30

Die Ochsenhausener Bauern klagen vor dem Schwäbischen Bund[24] erneut gegen Abt und Konvent wegen der Verletzung des Herkommens, des Besitz- und Erbrechts an den Liegenschaften und an der Fahrhabe sowie weiterer Übergriffe des Abtes betreffend Allmende, Zehnten, Brachweide und ungenossame Ehe. 1502 kommen Artikel über die Einführung von Satzungen in der Rechtssprechung und über Holznutzung hinzu.

Hauptstaatsarchiv Stuttgart, B 481 Büschel 10, fol. 55-56' bzw. 44-49
Abschriften des Konvents

Regest: Egelhaaf, Vorspiel, S. 228ff., 233f.

[fol. 55] Erwirdiger hochgelerter her doctor, der prelaten und ritterschaft dem Bundt Schwaben verwant geordneter richter etc. Vor üwer würd erschinen Hans Schüchlin, Cůnratt Rapp und Ůlrich Haller von wegen unser selbs und aller unser mitgewannten in dem ingelegten gewaltzbrieff bestympt und mit erbiettung unsere willigen dienst bringent wir clagend im rechten für üwer würd unser anspruch und clagen, die wir vermaint ze habent gegen und wider die erwirdigen gaistlichen herren apt Jheronimus und convent deß gotzhuß Ochsenhußen, unser gnädig und günstig herren, von wegen etlicher beswerden, nüwerung und abbruch, damit wir von innen als wir vermaint onbillich beladen und beswerd werden. Und sydmals ain yeder sin anspruch und clag nach inhalt deß erst gemelten Bundts in geschrift stellen und die dem richter überantwurten soll, so wöllen wir in kraft diser geschrift unser clagen, ansprauch und vorderung wie hernach volgt gethon haben[25].
Anfängklich ist unser clag ingemaind also: wiewol wir als undertänig gehorsam armlütt in allen dem, das wir dem gotzhuß von Ochsenhußen von recht altem loblichem herkomen oder von krefftiger gewonhait ze thond schuldig und pflichtig sind, allweg willig und gehorsam gewesen und das nöch ze thond ürbittig sind, noch dann werdent wir von unserm herren von Ochsenhusen mit diensten und ander nüwerung und abbrüchen beswerdt wider recht, alt herkomen, bruch und gewonhait. Darumb ist unser beger, üwer würd wöll unsern herren den apt von Ochsenhußen giettlich wisen, von söllichen onbillichen beswerden und nüwerungen abzestond, wa aber im das nit vermaint wer ze thond, das ir mit üwerm rechtlichen spruch und urtail erkennen [? *Rand*] wöllen, das er deß nit recht noch fůg hab und von disen nüwerungen

---

[24] Dieselben Klagen (um die Artikel 11 und 12 vermehrt) wurden 1502 (März 30) einem sechsköpfigen Schiedsgericht vorgelegt. Inhaltliche Abweichungen zur Fassung von 1500 (Oktober 17) sind angemerkt.

[25] 1502, fol. 44, hat an Stelle dieser Einleitung: „Meinß gnädigen hern von Ochsenhusen armenlütt clagenden stuck wyder sin gnåd und sin convent, für die sechß veranlaußten güttlichen schidlütt nachvolgend in schrift inbracht uff mittwochen in osterfirtagen anno etc. secundo. (Millesimo quingentesimo secundo)".

abston und uns by gemaine rechten, alten herkomen, bruch und innhaben belyben
laussen söll etc.

[1.] Zů dem ersten, wiewol ain yeder seyne erbgietter, lehen oder besserung, inson-
der wǎ sy zů ewigen erbgietter von ainem gotzhuß gelichen sind, uff sine künd fry
5 wenden mag, als es ouch mit uns von alter her gehalten ist worden und och von
recht ain yedes kind by leben sins vatters an lehen und aigen gerechtikait haut, noch
dann, wann ain vatter sinem kind die administration sölicher gütter übergeben will,
wirt er gedrengt von unserm herren von Ochsenhußen, ainen handtlon und zů zitten
zwyfeltigen ze gebent, das er von recht nit schuldig ist, angesechen das die kind
10 kain gerechtigkait von nüwem überkoment, sonder die überkomnen annemen nach
innhalt der recht. Darumb ist unser beger, üwer würd wöll mit recht erkennen, das
unser her der apt des nit recht noch füg hab und davon ston und uns by gemaine
rechten und alten herkomen belyben laussen söll. [fol. 55']

[2.] Zum andern, wiewol ain yedes eelichs kind, es sy in ledigem oder eelichem
15 stand, nach göttlichem, natürlichem, gaistlichem und kayserlichem rechten, ouch
von gamaine[!] landsbruch sin vatter und mǔtter erben mögen, noch dann so under-
staut sich unser her von Ochsenhusen, die kind, die in eelichem stand verhyrant
sind, nit erben zůlaussent, sonder vermaint er, denselben tail sinem gotzhus ze en-
phahent, das nit allain dem rechten, sonder och der billichait und aller vernunft wi-
20 derwärtig ist, angesechen das die ee ain hailig sacrament und nit ain verwürckung
vätterlichs und mütterlichs erbß ist. Hierumb staut unser beger, das söll erkennt wer-
den, das unser her der apt des kain recht hab noch fůg, sonder von disem onbillichen
fürnemen abstǒn und uns by dem gemainen recht und landsbruch belyben laussen
söll etc.

25 [3.] Zů dem drytten, wiewoll ain eegemecht nach deß andern tod on lyberben alle
sin hab nach gemaine landbruch erben soll, noch dann so understaut sich unser her
von Ochsenhusen, wiewol er weder uß fründtschaft oder anderweg recht darzů haut,
den man an allem dem, das im zůgehört an claidern, gwǒr und anderm ze erbent und
die frowen ußzeschliessen und herwiderumb die frowen, wann sy stürb, an claidern,
30 gespünst, vederwaut, linwaut, werck, lin, truchen, pfannen, kessel und anderm zu
erbent und den man ußzeschliesset, das doch wider den gemainen landsbruch und
all billichait ist. Darumb ist unser beger, üwer würd wöll erkennen rechtlich, das un-
ser her der apt des nit recht hab und von sölichem sinem fürnemen abston und uns
by dem gemainen landsbruch belyben laussen söll etc.

35 [4.] Zum vierden, wiewol nach innhǎlt der recht ainer, der ain erbgůt inhaut, sines
lehens und besserung von dem herren nit boroubt[!] soll werden on merklich ursach
im rechten bestympt, noch dann so understaut sich unser her der apt, wann ain arm
man mit diensten, botten oder verbotten nit gehorsam ist oder uß armǔt oder hyn-
leßige rent und güllt uff ain bestimpt zytt von im gesetzt nit bezelt, [ihn] von sinem
40 erbgůt ze stossent, so er nach innhalt der recht das nit verwürckt haut, das doch dem
rechten, das ander zimlich mittel und nit beroubung der gietter darzů gyt, nit gemeß
ist. Darumb ist unser beger, das von üwer würd erkent werd, das unser her der apt
des nit recht hab, sonder von disem fürnemen ston und uns durch mittel der recht
und des landsbruch zů der bezalung und gehorsame nötten soll etc.

45 [5.] Zů dem fünften, wiewol unser gietter erbgietter und von alter hǒr allweg darfür
gelüchen sind und also von recht gelichen söllent werden, noch dann understaut sich
unser her, die allain uff ain lyb ze lichent, das doch wider das recht und alt herko-

83

men, bruch und inhaben ist. Hierumb ist unser beger, das rechtlich erkennt söll werden, das unser [fol. 56] her der apt von sinem fürnemen abston und uns by bruch und herkomen belyben laussen söll etc.

[6.] Zum sechsten, wiewol von recht ain jeder sine erbgietter und besserung verkoufen mag und der her den köffer schuldig ist anzeniement und im wie von alter zů lyhent, wann er die beswerd des gůtz uff sich nemen will, und ouch nit me dann den funftzigosten tail des kouffgeltz nemen mag, noch dann nympt unser her von Ochsenhußen für, in dem fall den köffer nit anzenement anders dann uff ainen lyb und also mit enndrung des erbgůtz, der verkouffer wöll dann im den halbtail des kouffgeltz geben, das doch wider das recht wie obstaut und alt herkomen und bruch ist, wann von alte[r] her der zehent pfening allain dem herren in dem fall zůgehört haut. Darumb ist unser beger, üwer würd wöll mit recht erkennen, das söllich fürnemen widers recht und onbillich sy und unser her der apt sich deß miessigen und uns by gemaine rechte und alten herkomen und bruch belyben laussen söll etc.

[7.] Zum sybenden, wiewol die allmaiden und waiden von recht und dem landsbruch nach zů nutz de[r] gemaind und armenlüten an den orten, da sy ligend, gehörent, als wir ouch deß von alter her in posseß, bruch und iebung gewesen sigent, das onangesechen haut unser her von Ochsenhusen von söllichen gemainden etlich umb zinß und güllt hingelichen und etlich den armenlüten geben, den er iere gietter zů Erlemoß, Aichipüchel und Oberstetten²⁶ genomen het, das doch von recht nit sin soll. Darumb ist unser beger, unseren heren den apt giettlich daran ze wysent, die hingenomen gemainden den communen wider ze gebent und fürohin von sölichem fürnemen abzestond, wa es aber nit sin will, das dann üwer würd wöll rechtlich erkennen, das er des nit recht noch fůg hab und das hingenommen wider geben und füro sich deß miessigen und uns by unserm inhaben und niessung der gemainden wie von alter her belyben laussen söll etc.

[8.] Zů dem achten, wiewol die armenlütt deß gotzhus zechenden nit schuldig sind inzůfürent uß verpflicht, noch dann understaut sich unser her der apt uns darzůzehaltent, das wir im den infieren söllen²⁷, das doch wider das recht und alt herkomen ist. Darumb ist unser beger, üwer würd wöll mit recht erkennen, das söllich fürnemen onbillich sy und unser her der apt kain recht darzů hab und das fürnemen abstöllen söll etc.

[9.] Zum nünden, wiewol ain jede brauch²⁸ ain vichtratt und waid [ist] nach gemaine landsbruch und wir des gotzhus brauch also von alter brucht und für aine vichtratt genossen habent, noch dann understaut sich unser her von Ochsenhusen, des gotzhuß brauch ze bannent und ze höwent und beroubt uns dardurch unsers zůtribs und tratt, das da ist wider [fol.56'] gemainen landsbruch und unser alt herkommen, bruch und niessung. Hierumb ist unser beger, üwer würd wöll rechtlich erkennen, das unser her der apt des nit fůg noch recht hab und das abstellen und uns by gemaine landsbruch und alt herkomen belyben laussen söll etc.

[10.] Zum zechenden, wiewol man nach ordnung der recht fry zum hailigen sacrament de[r] ee griffen und kain pen durch gebott oder satzung daruff gesetzt und insonder die eltern, on deren schuld und wissen das geschicht, nit gestrafft söllent

---

²⁶ 1502, fol. 47', ergänzt: „und andern flecken".
²⁷ 1502, fol. 48, ergänzt: „und andere dienstlich beswerd uffzelegen".
²⁸ Brache

werden, noch dann so understaut sich unser her von Ochsenhusen, wann ainer ain gewachsen kind haut, den vatter darzůzehaltent ain bürgschaft ze thond umb viertzig gulden mynder oder mer nach gestalt der sach, wa sölichs kind sich verhyrate ainem, der nit des gotzhus aigen wēr und wann das geschücht on der elter wissen oder schuld, so werdent sy genött, sölich summ gelt ze gebent und bezalen, das doch wider das recht und billichait ist, insonder wann derselb hinder das gotzhus ziehen und noch mēr, wann er sich an das gotzhuß ergeben will, das doch von ainem apt also gehalten wirt. Darumb ist unser beger, üwer würd wöll mit rechtlichem spruch erkennen, das sölich fürnemen onbillich und wider das recht sy und das unser her das söll abstellen und fürohin nit mer fürnemen söll etc.[29]

Dise stuck alle und jedes insonder begerent wir obgemelten anwelt von unser und aller deren wegen, die in dem bestympten gewaltzbrieff begriffen sind sament und sonder, und rüffend an üwer würd und begerend, das ier durch üwer miltes ampt uns darumb gerechtigkait mittailen wöllent nit allain in der obbestympten wyß, sonder in der besten form und gestalt, wie es von recht oder ordnung Bunds aller bast kraft und macht haut, haben kan oder mag mit ablegen costens und schadens und behalten uns bevor, diß unser clagen und anspruch ze myndern, ze mörn und alles das uns von recht oder ordnung Bunds fürderlich oder hilflich sin mag oder kůn, des alles wir uns hiemit offenlich bezügent etc.

---

[29] 1502, fol. 48'f, ergänzt:

„[11.] Zum ailften*, wiewol in rechten gegründt und die warhait sy, das ain yeder richter, der rechtlich erkennen oder rechtlich sprechen wöll, sölle sprechen nach dem und sin vernunft und gwißne ußwyst und so er des handels nit verstendig si, das er möge darinnen raut haben etc. Das aber unangesechen thuye genannter ir gnädiger her von Ochsenhusen etlich gepott, nämlich so ir vich zů schaden gang, och etliche andere gepott, die dann zymlich oder unzimblich syen, habe sin gestalt und lausse inen gepietten by irn ayden, so si söllen und wöllen urtail sprechen, dieselben gepott wie die syen ze halten und nit abzůsprechen. Nun begebe sich, das etwen bi ir vernunft und gwißne wyse, das si sölhe gepott nit schuldig syen zů handthaben, sprechend si dan nach ludt desselben gepots oder verbots, thuyen sy wider ire gwißninen und vernünften, thuyen si aber das nit, sy in der uffgelegt ayd darwider und werden also an strick gelegt irer seelen. Ist ir underthenig pitt und begēr, ir gnädiger her von Ochsenhusen wölle sy laussen belyben by dem, das sy mögen sprechen, was ir gewißne und vernunft ußwyse und wa sy sich des handels nit verstanden, das sy dann ŏch mögen rautz pflegen und das sin gnäd das ander wölle gnädigklich gegen inen abstellen.
[12.] Zum zwölften so sye wār, das von altēr hēr ain yeder prelaut des gotzhaws Ochsenhußen ainem yeden hindersässen deßelben gotzhuß habe gericht und [fol.49] geben brenn, zymber und zymholtz[!] nach siner notdurft und nach gelegenhait und gestalt sins bruwchs und sye das also gehalten worden so lang zyt, das anfangs nit sye in menschen gedächtnuß, das aber unangesechen understand sich unser gnädiger her von Ochsenhawsen und siner gnäden convent, uns söllichs abtzůbrechen, habe ouch etlichen das abgebrochen und noch, so dieselben inen nit wöllen bewysen dienst, die si vermainen nit schuldig sin zethund, das nit also herbraucht noch herkomen sye. Ist abermůlen ir underthenig pitt, si, die schidlütt, wöllent abt und convent ir gnädig hern darān wysen, das si die armlute wollen laussen belyben by irem yetz angetzaigten alten hērkomen und das si inen sollich holtz wöllen volgen laussen wie sin, des apts, eltfordern gethůn haben oder das mit fraintlichs spruchs erkennen.
Deßglychen so wölle sin gnäd si ouch laussen belyben mit dem kēß oder äcker wie von alter hēr".
(Ende der Fassung von 1502)

---

* Randnotiz (andere, aber zeitgenössische Hand): „...geschriben arth[icke]l seind vor zu recht och furgewent und darauf durch mich doctor Johann Lupfich [....?] im rechtn wolgegrunt verfast die sullend furgewent werden dann si sin dicht zu verbessern. - Non est [? ...]".

Und sydmauls nach ordnung des Bunds die clagen in geschrift versigelt überantwurt söllen werden und wir aber aigens insigel nit haben, so habent wir mit vleyß ernstlich gebetten und erbetten den ersamen hochgelerten doctor Cůnratt Plücklin von Ebingen, das er sin aigen insigel, doch im selbs in allweg on schaden, zu vestigung und gezugnuß diser clagen ze end der geschrift gedruckt haut, die überantwurt ist uff sampstag nach Sant Gallen des hailigen aptz tag anno fünftzechenhundert jaur.

17

nach 1502 März 30

Die Anwälte der Ochsenhausener Bauern nehmen gegenüber den sechs Schiedsleuten in allen zwölf Punkten Stellung zu den Rechtfertigungen des Abts bezüglich der bäuerlichen Klagen von 1502 März 30.

Hauptstaatsarchiv Stuttgart, B 481 Büschel 10, fol. 32-38'
Abschrift des Konvents

Regest: Egelhaaf, Vorspiel, S. 241-247.

[fol. 32] Replic der anwält der armenlut Ochsenhusen im anlauß etc.

Wirdigen, wolgelerten, ersam, weyß, günstig heren und fründ, im handel sich haltende zwischen der gemain landtschaft im anlauß begriffen des erwirdigen gotzhuß
5 Sant Jörgen zů Ochsenhusen als cleger an ainem und den erwirdigen und gaistlichen heren abt unsern gnedigen heren und convent daselbß als anclagt am andertaile habt ir als früntlich spruchlütt gehert die inngelegt clagartickel, darauf auch uff yetz zinstag nechst verschinnen[30] unsers gnedigen heren und siner gnåden convent vermaint antwurt, auch inn schrift verfast inngelegt. Uff söllichs inhalt des nehern abschids
0 sich gebürt uns, den clegern, unser gegenred zů thůn, demnach sagend wir, die anwalt, von wegen unser und genannter armlüt also:
Zum ersten wollen wir repetiert haben unser protestation anfangs ditz handels beschehen, die ist, von dem anlauß nit zů wichen, sunder dem anhangen wie sich zů thůn gebürt.
5 Zum andern bezügen wir uns das alles, so in vermainten antwürt inbraucht ist, so das für uns thůtt oder verstanden mag werden, dasselbig nit anzůfechten, sonder das anzůnemen, nämen das auch yetzo an, das aber, so wider uns verstanden möcht werden, dasselbig anzůfechten. Sagen wir also alles das, so wir ußtruckenlich nit bekennen, wollen wir vernaint haben.
.0 Verer sagen wir, das sich die gantz landtschaft im anlauß begriffen biß hieher dem erwirdigen gotzhuß Ochsenhusen und desselbigen prelåten unsern gnedigen heren inn dem, so wir dem gotzhuß uß gůtter gewonhait, loblichem herkomen und von recht schuldig sind, mit diensten, gultrichten und anders undertenigkait gehorsam und gůttwillig erzaigt und gehalten haben nach unserm vermügen, erbietten uns
.5 auch, das uff disen tag zů thun. So aber wir weytter beladen worden mit taglichen nüwerungen, mißbruch und gewonhaitten, [die] die gelerten nemen[31] zerstörung gutter sytten, wa die sollend bestet und gehalten werden, wurden wir nit allain geursacht zů verlassen unser hab und gůtt, kinder und anders, sonder auch sorgten verliesung[32] unser sell säligkait. Sollichs zůfürkomen und das wir uns [und] unsere

---

[30] März 28
[31] nennen
[32] Verlust

kind by dem unsern, auch unsern rechten und gerechtigkaiten handthaben sind wir bewegt zů sůchen den weg der gerechtigkait und nit den strengen, sonder früntlichen uns undertenig darin zů beweysen. So nun das wǎr und ain yeder schuldig ist uß ordenlicher natürlicher lieb, sich und sein gerechtigkait zů beschirmen, würdt uns unbillicherweyß zůgemessen das, so inn der verantwürtung des gemainen clagsartickel innbracht ist.

Wǎ wir aber etwas unbillichs fürwenden tatten, darin wöllen wir uns zimlich und gebürlich halten und wysen laussen, dann ye wir dem wirdigen gotzhuß in seiner gerechtigkait ungern abbruch thun, sonder das vil lieber fürdern wie wir das auch bißher uffbrǎcht haben wollten, sollichs wollten wir auch zů end diser unser gegenred repetiert haben. [fol. 32']

[1.] Und als zum ersten in dem ersten sondern clagstuck ist innbrǎcht: wiewoll ain yeder sein erbgütter, lehen oder besserung, innsonder wǎ sie zů ewigen erbgüttern von ainem gotzhuß gelyhen sind, uff sein kind frey wenden mag etc.

[A][33] Daruff ist unsers gnedigen heren und siner gnǎden convent von wegen irs gotzhuß antwurt:

Zum ersten, das dise spennige gütter und die cleger, dero besitzer, des gotzhuß aygen seye[n][34].

Zum andern so gestanden sie nicht, das söllich gütter seyen erbgietter und uns den clegern erblich als erblehen und erbgütter gelyhen, aber woll seyen sy bestandgietter etc.

Und das es bestand und nit erbgütter seyen, füren sy das inn uß dreyen vermainten ursachen:

Die erst, das gotzhußlüt die gütter inn bestandsweiß und bedingtlich hab[en] nach gotzhuß recht, das ist, so ain gůtt ledig und dem gotzhuß haymgefallen ist, so leych[t] ain prelǎt dem gotzhußman uff sein lyb, seins weibs leyb, uff das jüngsten sons lib, de[r] dann in ledigem stand unverhyratt vatter und mǔtter tod erlebt und wa dhain sůn, sonde[r] allain dochtern wären, uff der aller lyb, ir vatter und mǔtter tod in ledigem unverhyrote[m] stand erlebten, doch das die jüngst tochter das gůtt vor andern zů iren handen bringe[n] mag etc. Uß dem volgt, das es bestandgütter syend.

Die ander vermaint ursach, wǎ es erbgütter weren, so wurden alle kynd erbe[n] und dhains ußgeschlossen, dieweyll nun etlich ußgeschlossen sind volgt aber, das es bestand und nit erbgietter sind.

Die dritt vermaint ursach ist, wǎ es erbgütter wären, mochtend die, wa nachst abstigend nit vorhanden, andern fründen zůkůmen, das aber nit ist. Uß dem volgt aber, da[s] es bestandgütter seyen.

Uff sölliches alles unser gnediger her und convent setzen ir grund, daruß dann vermaintlich würdt ingefürt, das die kynd kain erblich gerechtigkait bey leben ir vatter und mǔtter[35] zů söllichem gůtt haben, sonder allain ain hoffnun[g]. Uß dem dann volgt, das der vatter und mǔtter nit macht haben, das gůtt uff ire kynd ze wenden on verwilligung des grundtheren, der dan des verwilligung nit schuldig ist, im werde dann der will gemacht wie vor auch geschehen sey, etwan mit ainfachen, etwan mit

---

[33] Die Stellungnahmen des Abts und die Repliken der Bauern sind mit [A] bzw. [B] kenntlich gemacht.

[34] Der Rand ist beschädigt; die Ergänzungen sind in eckige Klammern [ ] gesetzt.

[35] Es folgt durchgestrichen: „nit macht haben".

zwyfachen erschätzen. So nun dem sön nit gelichen uff die zeit, so es dem vatter ge-
lichen ist, volgt das kind bey leben seiner vatter und mütter an dem gütt nicht, hät
dann ain hoffnung billich inn der übergab, der grundtherre für die investitur etwas
nemen mag, demnach söllen sie geapsolviert werden etc. [fol. 33]

5 [B] Zů dem ist unser gegenred von wegen unser selbß und dero, die inn dem anlauß
berürt seyen also: wir sind dhains wegs bekantlich, hoffen auch sich werde mit
grund nymer erfünden, das die güter seyen bestand und nit erblehengüter.
Irrt auch nit, sollen auch euch, die sprüchlütt, nit bewegen die ingefürten unsers ge-
gentails vermainten ungründten ursachen, dann sie im rechten dhain bestand noch
0 grund uff in tragen.
Zum ersten sind wir dhains wegs bekantlich, das gotzhuß Ochsenhusen recht sein
dermaussen wie es inn der vermainten ersten ursach dargethön ist.
Zum andern, so es aber ain zeit lang gebraucht wäre, das mit gewalt also und nie
rüwig gebraucht worden, dartzů so gebürt kain bruch dhain recht, wol ain gewonhait
5 macht ain recht.
Zům dritten so were das ain ungebürlicher unzimblicher bruch, das durch müschung
und verhyrung der hayligen ee ain sön solle verwürckt haben seins vatterlich erb
und gerechtigkait, were auch wider gütt sytten, als ain yeder vernünftiger leichtlich
versteen mag. Dann ye der sön, der zů der kebß³⁶ sässe und also handelte wider ord-
,0 nung der hailligen kirchen, wäre ainer bessere condition dann der sön, so sich hielte
inn dem willen Gottes und satzungen der kirchen so es[!] sich verhyrett inn der hai-
ligen ee, und aber nimmer der böser solle ainer bessere condition sin dan der gütt
etc., also möchte auch ingefürt werden mit den tochtern etc. Ob aber das nit statt
hette, des wir doch nit zůgeben. So ist doch
5 zum vierten des waur, das sollich vermaint ursachen gantz unbeschlüßlich sind,
dann wan schön deß gotzhus recht were wie anzogen ist ön nachtail der warhait,
volgt dhains wegs daruß, das es bestandgüter seyen, dann man güter findt, die inn
50, 100, 200 jaurn nit an das gotzhus gefallen sind, das dan ist wider die natur der
bestandgüter, wie hie unden ingefürt wirdt.
,0 Uß dem grund auch nit statt haut die ander vermaint ursach, sie erben nit all, ergo³⁷
es sind bestandgüter, denn wir nit gestonn das recht sein. Zum andern findt man
fürsten, edel und ander lechen, da nit alle kind erben, darumb sind dieselbigen güter
nit bestandgüter, volgt auch nit daruß, das es nit erblehen sind.
Also wöllen wir auch abgestrickt haben die dritt vermaint ursachen, dann man findt
5 hoff und ander lehen, die man licht inn das erst geschlecht, inn das dritt, viert etc.
und erstrecken sich nicht uff ander erben, sind darumb nit bestandgüter wie ver-
maintlich ungründt inngefürdt würdt. [fol. 33']
Das aber nit bestandgüter seyen, auch nit die aygenschaft und die natur der be-
standgüter haben, geben wir zů erkennen also:
0 Zum ersten ist waur und im rechten grundt, auch güter vernunft gemäß, wann ain
oberkait als die kayserlichen küngclichen maiestät oder ander beschwärden ufle-
gen, es seyen schatzungen, hilfgelt, rayßstür etc., so dann die werden umbgeschla-

---

³⁶ Beischläferin
³⁷ Die Vorlage setzt Anführungszeichen, ähnliche Doppelstriche kommen auch sonst vereinzelt vor,
    jedoch ohne erkennbare Funktion, hingegen sind andere lateinische Ausdrücke nicht hervorgeho-
    ben.

gen uff die gütter, seyend dann söllich gütter bestandgütter, ist der locator, das ist der her, der sollich gůtt zů bestand lycht, schuldig, die beschwärd zů bezallen, sind es aber lehengütter, so ist der lehenman und nit der lehenher das schuldig zů bezallen. Nun ist waur, wann sollich beschwärdt uffgesetzt und umbgeschlagen seyen, haben wir unsere tail ain yeder nach gebür und anzall geben und nit ain prelåt fur uns, ab dem gůtt zů versteen ist, das es nit bestandgütter seyen.

Zum andern ist waur, wann uß glückfal inn kriegslouffen, erdbidem[38] etc. sollicher gütter ains oder mer zůnicht wurden, sind es dann bestandgütter, ist der, so sollich gůtt zů bestand leycht, schuldig, das verbrent huß wider zů buwen uff sein costen, item den zinß zů miltern etc., ist es aber ain lehengůtt, so wurdt der lehenman schuldig, das zů buwen, im, dem lehenman, würdt auch an seiner güllt nichts nachgelässen, des wir uns ziehen uff die rechtverstendigen. Nun ist waur, das wir im[!] disem fall die hüser buwen, uns würdt auch an der güllt nichtz nachgelaussen, uß dem aber volgt, das es nitt bestandtgütter seyen.

Zum dritten ist waur, so ain mißgewéß kumpt, ist der her, der sollich gůtt zů bestand licht, schuldig, den zinß auch zů miltern, aber ain lehenher nicht. Nun komen mißgewéß wie die wöllen, wurd uns an der güllt nicht nachgelaussen, ab dem aber zů nemen ist, das es nit bestandgütter seyend.

Zum vierdten so ist waur, das wir die gütter mogen verkouffen, versetzen, verpfännden, das aber der bestandman nit macht haut zů thun.

Zum fünften erfindt sich, das unsers gnedigen heren aigen bekanntnuß, so inn verantwurtung des andern und sechsten clagstuck gesagt würdt, das seyen emphiteosis contract und die nutzlich herlichait dem besitzer, das ist den armlütten zůstand, und aber groß mercklich underschid seyen zwyschen dem, der ain gůtt beståt, und emphiteota, das ist dem lehenman, wie gehört ist, und vil andere mer. [fol. 34]

Zum sechsten, ob es schön bestandgütter wären ôn nachtail der warhait, diewill sie dann so lang zeitt weren, etwan 50, 100, 200 jår etc., so nempt uß lenge der zeitt sollicher contract die natur und aigenschaft inn aller måß an des contracts emphiteosis oder libellary und verlürt die natur des contracts bestands.

Das aber söllich gütter seyen erblehengütter ist zů nemen ab dem, so die gütter gelichen werden, auch wie unser gnediger her davon sagt, das ist uff vatter, můtter und deß jüngsten sons lyb oder, so der nit vorhanden, den tochtern. So den vatter und můtter sterben, underzücht sich der jung sôn in erbßweiß alles seins vatters verlässen gůtt, es sey inn aigen oder lehen, und ist nit nott, das er die empfauch von ainem prelatten, gibt auch dhain erschatz, sonder ståt das auch wider uff sein lib, sins wibs lyb, so er sich verhyran wirdt, auch seins jüngsten sonns lyb und also uß und uß on end, also wirdt es auch gehalten undern tochtern, das es nach vatter und můtter tod stått uff irem lyb, irs mans lyb, des jüngsten sons lib und also aber uß und uß on end. Wer vernünftiger kan sagen, das sie nit erblich seyen.

Zum andern dragen söllichs uff inn die wort und form des contracts also luttend: ich lich dirs und dinen erben etc.

Zum dritten so ist des by uns umb und umb und allenthalben ain gemain geschray, lumbd und růff, sind auch nie anders genent worden dann erblechengütter.

Ab dem allem ain yeder vernünftiger clår und lutter versteen mag, das es nit bestand, sonder erblehengütter, auch für erblehen gelychen sind.

---

[38] Erdbeben

Uß dem allem volgt, das ungrund wirdt fürgewendt, das der sŏn dhain erblich ge-
rechtigkait hab, dann so sich der fall begibt, on zwyfel des widerspill waur ist, auch
ungründt fürgewendt ist, das künd dhain gerechtigkait zů vatter und mŭtter gŭtt hab.
So nun der grund unsers gnedigen heren und siner gnǎden convent kain nützs [und]
sandig ist, volgt, was daruff gebuwen auch kain nütz und baẘfellig seyen, darab ain
yeder verstendiger nemen mag, das alles das, so uß dem inngefiert, kain bestand
noch grund hǎt.
Dieweill nun dem also und es dartzů die gestalt hǎt, so ain vatter sein nützlich her-
lichhait über besserung und ander sein gŭtt dem kind übergibt, dem kind nichtz gibt
dann ain frey verwaltigung, volgt, das wir inn dem fall unbillich gedrengt werden zů
geben zwyfachen oder ainfachen erschatz. Dartzů ist es nit allain inn übergab der li-
genden gütter, sonder auch der farenden hab, inn den es eben die gestalt haut wie
wir werden infüren inn dem andern articckel, es ist auch von alter nit dermaussen ge-
halten worden. [fol.34']
Dem allem nǎch ist unser beger wie oben mit ablegung costens und schadens.
[2.] Zum andern clagstuck also luttende: wiewol ain yedes eekind nach gottlichen,
natürlichen, gaistlichem[!] und kayserlichen rechten, auch von gemainem lands-
bruch sin vatter und mŭtter erben mügen, noch dann understandt sich ain her von
Ochsenhusen, die kind, so in eelichem stand seyen, nit laussen erben etc.
[A] Bringt unser gnediger her und siner gnaden convent inn vermainter antwurt vill
und mangerlay inn zum handell undienstlich, wöllen wir so kürtz wir mogen able-
gen alls
Zum ersten würdt gemelt, das nach des wirdigen gotzhus gewonhait die ligende güt-
ter nymer uff ußgestürte und verhyrote künd fallend inn des bestands und bedings
etc.
[B] Zů dem ist unser gegenred, das wir nit gestanden sie bestand, sonder sagen die
erbgietter seyen wie oben inngefiert, uff das wir uns hie thun ziehen.
[A] Und als weiter gesagt würdt der farenden hab halb hab es die gstalt, wann sich
ain gotzhusmensch eelich verhyrett by vatter und mŭtter leben, so werde es un-
fächig der farende hab, also sie es ye und ye gehalten, doch so ain unverhyrat kynd
vorhanden, gehöre dem gotzhus nichtz zů dan der lybfall, sunst stande es dem gotz-
huß zů etc.
[B] Dartzů sagen wir, das wir söllicher angezogner gewonhait nit bekanntlich seyen,
ob aber söllichs zů zeitten were gebrucht, so were das geschechen mit gewalt und
dhainem rechten, es ist ouch von der gemain zů Ochsenhusen oder merertail der sel-
bigen nie gewilligt oder vergünstigt, das ist auch zů mermall undergriffen[39], dann
am tag ligt und ist waur, wǎ ainer von den unsern zů ußlenndischem gericht hǎt mö-
gen kŭmen, ist das widerspill der vermainten gewonhait allweg behalten worden, al-
so das die, so ir vatter und mütterlich erb anclagt haben, zů dem mit recht gelaussen
sind. Wann nun ain gewonhait soll ingefiert werden mit vergünstigen des volcks
oder der merertail desselbigen under wiem die gewonhait sein soll, auch lang zytt
also gehalten und nit das widerspill, das aber in unserm fall nit geschehen ist, volgt
clǎrlich daruß, das dhain gewonhait mög genennt werden, dieweyll die weseniche
stuck der gewonhait nit da sind. So bringt auch ain bruch dhain recht, woll uß dem

---

[39] verhindert

bruch[40] entstät ain gewonhait die gebürt ain recht, so nun dhain gewonhait da ist, ist auch das dhain recht für ains, ob es aber schönn ain vermainte gewonhait wäre, solle sie doch abgethän und nit gehalten werden. [fol. 35]

Wolgenennt corruptela etc., dann dieselben der natürlichen gute vernunft wider ist, dann ye uns die recht zů erkennen geben, das nach natürlicher vernunft das kynd kum an die statt und sie ain erb seins vatters und dhain gewonhait mag ingefürt werden wyder naturlich gute vernunft, das aber söllich vermaint gewonhait unnutz und der vernunft wider sye erschaint sich ab dem, dann an fil orten, stetten und dorffern ist gewest, das die rechten künd haben ußgeschlossen künds künd und hät das gewert etwan 100, etwan 200 jär, das aber durch die kon[igliche] M[ajestä]t ist abgethön. Dieweill das waur ist, vil mynder soll ain frembder uß mogen schliessen das recht kind, auch nit das gotzhuß. Sprucht ye der hailige Augustinus: der will entherben seinen künd und die kierchen innsetzen sůch ain andern dan Augustinum.

Fürs ander, sie fürdert auch das übell und hindert das gůtt wie oben anzaigt ist, dann ye wan ain kynd haut sechßzehen banckhart oder künd usserhalb der ee, so ist es fähig vätterlich und mütterlich erb, so es sich verhyrett eelich, hät es das verwirckt.

Fürs dritt, uß dem erschaint unsers gnedigen hern fürnemen dhain grund haben, das aber sollichs uß gewalt sye gehandelt worden und mit dhainem rechten, so haut etwan ain prelät ain frowen gedürnt und lang zeitt gefangclich gehalten über und wider vilfältig recht erbietten darumb, das sie von irer můtter söllte empfangen haben ain sum geltz. Nach dem haut Hans Wüst von Rainstetten seiner künd aim ligends und varends übergeben und zů erschatz geben aim prelaten 30 guldin und wollt er, das sein künd nach seinem tod auch nit dermaussen gepinigit wurde wie oben, haut er müssen mit ainem prelaten überkomen und im geben 70 guldin, dermaussen ist es gehalten worden mit andern auch. Ab dem gůtt zů nemen ist, wie der bruch inbracht sey, dan wiewol wir nützlich herren seyen und die nutzung der gietter unser aigen ist, auch alles das, so wir erobern und uberkomen, also das wir damit uß gemainem rechten frey mögen handlen, schalten und walten als ain yeder her mit seinem aigen gůtt, vergeben, verschecken[!], in das mer werfen, so werden doch wir gedrengt, das wir sollichs unsern künden nit thüren geben auch umb unser lybsnarung, das doch zů erbarmen ist.

[A] So weiter würdt inngefierdt zů beschönung des gantzen handels, wie durch satzung mag innbrächt werden, das die nit erben, so von gemainem rechten söllen erben etc., so moge auch das durch ain gewonhait inngefiert werden also, das künd vatter und můtter nit erben etc.

[B] Sagen wir zum ersten, das dhain gewonhait sey.

Zum andern sey das waur wann die gewonhait nit ist wider natürlich gutte vernunft, alsdann, so es wider die vernunft, mage es weder satzung noch gewonhait thun, woll haist das ain mißbruch.

[A] So dann[41] verer ingebrächt würdt, dieweil durch ain satzung mag inngefiert [fol. 35'] werden, das ain künd an der haimstür benügen haben soll, so mag auch durch gewonhait etc.,

[B] sagen wir, das söllich satzung nit stat hab, wä das nit geschworn ist.

---

[40] Bruch wird hier möglicherweise als Wortspiel, einmal im Sinne von Brauch, dann im Sinne von (Rechts-) Bruch, verwendet.

[41] Im Text: „Ho dann".

Zum andern sey das in ainem andern fall, das geschehe etwan under geschwistergiten, damit namen und stamen zů enthalten.

Zum dritten so seyend die ußgestürt, aber in unserm fall als sich oft begibt, das unsere künnder zů der ee griffen uß werden gar nichts ußgestürt, sind die nichtsdester-
5 minder gar ußgeschlossen von vatterlich und mütterlich erb und erbt ain prelåt was da ist und dhain fründ, darumb das ain red ist on grundt.

[A] Zum vierdten wirdt fürgewendt, das sollichs sey bestetiget durch den stůl zů Ròm etc.

[B] Gestannden wir gar nicht.

10 [A] Zum fünften würdt fürgeschlagen, das ain her von Ochsenhusen sich erbotten hab, diss erbschaft nachzůgeben und das wir unsere gütter stòn laussen wie ir nachpuren vom adel und stetten ir gütter verlychen etc.

[B] Sagen wir, uns sòllichs nit gemaint sein angesehen, das unsere gütter erbgütter seyen und aber der andern allain uff ain lyb gelichen werden.

15 [A] Zum letsten würdt fürgewendt, wie sollicher bruch und gewonnhait in widersprechlichem rechten herobert sey etc.

[B] Gestannden wir auch nicht.

Dieweyll dem also ist, begeren wir, uns inn dem fall bey gemainem rechten bleyben zů laussen wie oben etc. mit ablegung costens und schadens.

20 [3.] Uff das dritt clagstuck also luttende: wann ain gotzhußman stirbt, so understaut sich ain herr von Ochsenhussen, den zů erben wider recht, deßgleichen die fröwen an claydern, garn etc.,

[A] ist unsers gnedigen heren antwurt, also sye es ye und ye gehalten etc.

[B] Ist unser gegenred, das wir sollichs nit gesteen.

25 Zum andern sey das wider alle billichhait, wie oben inngefiert ist, es werden auch von sòllichen unsere schulden nit bezallt, darumb schier niemands mer mit uns handlen, kouffen oder verkouffen will, dann stirbt ain gotzhusman, so nympt der prelåt alles, das verlaussen ist, und vermaint nit schuldig sein, ainich schuld davon zů bezallen, das wyder alle recht ist, wann das ye allain sein verlaussen gůtt hayst
30 und ist, so man die schulden darvon zucht, was alßdann uberig bleibt, haist und ist sein verlaussen gůtt. [fol. 36]

Ist nochmåls unser bitt, das man uns lasse bleiben bey dem libfall wie lendlich[42] hinder uns und vor uns ist.

[4.] Uff das viert clagstuck anfachend: wie sich ain prelåt ains gotzhus understand,
35 wann ain gotzhusman mit diensten, botten und verbotten ungehorsam sey oder in raychung der güllt uff bestympt zitt nit bezale, inne von sinem erbgůtt zů stossen,

[A] würdt von unserm gnedigen heren und convent gesagt, das sòllichs nie gegen dhainem der clegern fürgenomen sey etc.

[B] Dartzů sagen wir also: waur sey, das unser dhainer uß kraft sollichs von kaym
40 gůtt gestossen sey, aber nichtsdesterminder haben etlich der unser sich dermåssen müssen verschriben als sich wirdt erfinden ab denn ihen[!], so sollich gütter empfangen haben, und wa also ainer in ungnaden oder ungunst komen etwan unverschult, müssen wir inn sorgen steen, von sollichem gůtt gestossen werden. Aber sollichs werde früntlich und gnedigklich abgestellt und by altem herkomen beleyben,
45 wöllen wir mit undertenigkait verdienen.

---

[42] landesüblich

[5.] Verer uff das fünft clag also luttend: wiewol ir gietter erbgütter und von alter für erbgütter gelichen sind, noch dann understand sich ain prelåt, die uff ain lyb zů lychen etc.,

[A] würdt geantwürt, das unser gnediger her und convent nit gestanden, das die gütter erbgütter und von alter her also gelichen sind oder also gelichen werden söllen, sonder möge der prelåt die lychen oder im behalten nach seinem gefallen.

[B] Sagen wir also, uß oben gehorten und andern im rechten gründt ursachen erfindt sich lutter und claur, das sie erbgütter seyen. So sey auch ain alt gotzhusrecht, das man die für erbgütter leych und nit uff ain lyb wie sie selb oben inbracht haben. Ist unser begůr, ir werden früntlich erkennen, das es nochmåls also soll gehalten werden und in dem weder uns noch unsere nåchkomen mit söllicher nüwerung beschweren.

[6.] Weytter als zum sechsten geantwurt würdt uff das sechst clagstuck, diß maynung inn sich haltende: wiewol ain yeder sin erbgütter verkouffen mag, auch der her den kouffer schuldig sie anzenemen nach gemainem rechten umb den fünfzigisten pfening, so wölle doch ain prelåt nit leyhen dann uff ain lyb, der kouffer gebe im dann das halbtail des kouffgeltz etc., [fol. 36']

[A] das an wenig orten an dem hayligen reych und vorauß an der art, da diß spennige gütter lygend, mit den lehengüttern gehalten werd nåch ußweysung der recht, sonder werden angesehen gewonhait und alt herkomen etc.

[B] Daruff sagen wir, die anwellt, möchte sein, das sëllten in sollichen güttern gehalten wurde das geschriben recht, sonder wurden angesehen alt herkomen, aber an uns in sollichem fall noch das geschriben recht, noch alt herkomen gehalten wurdt, dann wir mit sollichen grossen, unleydlichen, ungewonlichen erschätzen beschwerdt werden dann von alter hůr ye gehalten ist worden. Aber wir achten allain, das erfunden sein, uns damit von unsern erbgiettern zů trengen und daruß schupfgütter zů machen wider alt herkomen und bruch, und obschonn das dient zů merung oder besserung des gotzhuß, sölle doch das geschehen uns an unsern gerechtigkaiten one schaden.

[A] Und als wurdt anzogen, das auch inn der verantwurtung des andern clagstucks angerürt ist, auf maynung, wå durch söllich mittel die nutzlich herlichait nit viel an grundherren, so wäre das der kirchen verderbnus und unnutz, dan sunst nymermer mochte es zůsamenfallen,

[B] sagen wir, das ungründt sein, dann ồn söllich unzymlich mittel, das ist, das uff ain lyb gelyhen werd oder das man den halben tail des kouffgeltz darvon geben, leren und geben uns die hailigen recht gůtt zymlich mittel, namlich das der grundher die nutzlich herlichait kouff oder so die güllt inn zwaye jauren nit geraicht würdt etc.

Demnåch unser beger, uns bleyben zů laussen bey gemainem rechten oder den zehenden pfening wie von alter mit ablegung costen und schadens.

[7.] Als uff das sibend clagstuck, die gemain almaind berürend,

[A] geantwurt wurdt, das yetz unser gnediger her sollichs nit gethån hab, wol weyland apt Symon sälig uff bitt und ansunen des gotzhus lutt inn zů gůtt und niemandt zů schaden etlich allmainden inen uff ir bittlich ansůchen gelichen etc.,

[B] ist unser gegenred also, das wir nit gestanden, ye gewilliget oder vergünstiget haben inn schmelerung gemelter gemaind, ob aber ainzechtig personen, den auch das gelichen ist, vergünstiget haben oder nit, gebürt der gemain kain nachtail, we-

re auch nit frembd, dann es diente inn zů nutz, und das diser handel verstanden
werd, so hůt ain prelåt vil der unsern uß iren lehengiettern acker und mad enzogen
und genomen, villicht on iren willen, und damit des gotzhuß buw gebraitert und ge-
weitert, damit dann söllichs den armenlütten widerlegt [fol. 37] wurde haben darån

5 genomen was man inen geben haut, dann wiewol inen enzogen wård wie gehört ist,
haben sie nichtdesterminder die alt gült miessen raychen, darumb ware nit seltzsam,
ob sollich ainzechtig[43] personn gewilliget, jå darumb gebetten hetten. Das gebürt
der gemaind dhain nachtail, dann sie nit macht haben, der gemaind ichtzit zů
nachtail zů gewilligen, es ist auch geschehen ön der gemaind gedulden, dann sie da-

10 wider allweg geschryen und clagt haben wie yetzt, raicht auch das der gemaindt zů
mercklichem nachtail, dann zů Erlimoß ist die gemaind geschmelert dermåssen
dafür sie geben 300 gulden, item so ist die almaind zů Rindschnait geschmelert also,
das ain prelåt daruß håt gemacht acker inn die vier esch, item uff die gemaind ge-
setzt 16 hüßer, item hinderm dorf ain wyher, item zů Vilimos ain wald genant Sim-

15 ris, darin vor ain gemaind hat ain tratt gehept darvon sie yetz miessen zins geben, al-
so sind alle gemaind geschmelert. Ab dem gůtt zů nemen ist, das wir dhain überfluß
der wayd haben, demnåch ist unser beger wie vor mit ablegung costens und scha-
dens.
[8.] Fürter als uff das achtend clagstuck, den zehend und ander diensten betreffend,

20 [A] geantwurt würt, wann das gotzhus Ochsenhussen den zehenden inn sein dörfern
selbß behalt, seyen dieselben dörfer den zehenden in das gotzhus zů fürn schuldig,
sey auch also ersessen etc.,
[B] dartzů sagen wir, das wir dhainer prescripcion gestanden, würdt sich auch dhai-
ne erfünden, dann zů ainer prescripcion söllicher dienstbarkait ist nauch innhalt der

25 recht nott ain gůtter gloub, wissen und gedulden des, der sölich dienstbarkait schul-
dig sein soll fridlich quasi possession nit pittlich etc. So nun wir etwan das allain
pittlich und nit uß schuldiger pflicht gethån, haben wir mögen davon stön unsers ge-
fallens, uß dem volgt, das unbillich begert wurdt 100 gulden für den stüllstand, dann
wir des, wie es fürgehalten ist, nit gestanden, hoffen und begeren davon ledig erkent

30 werden. So håt es von wegen der von Tanhain die gestalt, das sie vor zeitten Mor-
stetten sein verpfanndt gewesen und belåden mit schweren diensten, nåchdem aber
das gotzhus das wider an sich håt gelöst, sind sie söllich dienst dem gotzhus zů be-
weysen ungelegen gewesen und die überkumnus thön, das für söllich dienst mer
zeinß sein geschlagen worden uff die gütter, wölliche zinß die von Tanhain uff disen

35 tag dem gotzhus raychen, nichtdesterminder underståt sich ain prelat, sie zů dienen
zů halten.
Ist nochmåls unser beger, ir wollen erkennen sollichs unpillichen sein etc., wie oben
mit abtrag costens und schadens. [fol. 37']
[9.] Uff das nünd clagstuck, den besůch uff die bråch berürend,

40 [A] würdt gesagt, das wir all dhain besůch mit unserm vich ye gehapt haben, noch
ainich gerechtigkait oder diestbarkait[!] ersässen etc.
[B] Ist unser gegenred, das wir uff sollichen brachen an uns stossen mit unserm
vych die waid gesůcht haben ye und ye und so lang zeitt, das annfangs nit ist inn
menschen gedåchtnuß, und also ersässen, wiewol wir durch verbott ains prelaten

45 des seyen unbillich entsetzt worden, aber so ye ain prelåt das aignen und uns armen

---

[43] einzeln

nit gestatten will, ain besůch da zů haben, ist pillich, das er mit seinem vych auch dhainen besůch by uns hab, dann die gemainen so groß und vil send, das unsere gemaine tratt für so vil vich nit gnůg ist. So das geschicht, alsdann wollen wir auch gern abstőn.

[10.] Und so uff das zehend clagstuck lutend: wie ain prelåt wider recht bey ainer hohe [? *Fleck*] pẽn verbiette, das dhain gotzhusaygenmensch sich verhyre mit ainem ungenossen etc.,

[A] gesagt wirt, söllichs sey nit nulich angefängt, sonder ye und ye also gehalten etc., werde auch von andern prelaten und edellutten gehalten etc.,

[B] dartzů sagen wir also, das wir nit gestanden dermåssen allzeitt also gehalten sein wie yetzan, gestanden auch nicht, das es dhainer umbsëß also halte, aber es sie oder nicht, sagen wir, das uns beduncke sollich pott und burgschåft ungeburlich, unzymlich, unlenndlich[44], gefarlich und gebe furderung zů grossem mercklichem übel. Und das sollich verstanden werde, so håt es die gestalt, wir müssen verbürgen für fünftzig, hundert etc. guldin nach gestalt der sach, das sich unsere künd nit verhyren mit dhainem ungenőssen, obschon der sich an das gotzhuß wollte geben. Nun ist uns sollichs zů verhütten unmugklich, dan wir und unsere künd als armlütt müssen ußgeen arbaitten etc., vermogen auch nit, die zů behütten, und verhyren sich etwan mit ainem ungenossen on unser wissen, őn unser zůthun, wider unsern willen, so wir unsern höchsten vleyß anwenden, nichtsdesterminder werden wir gesträfft ze geben den peenfall und also gesträfft umb das, so uns unmüglich ist gewesen zů verhütten. So nun ain yedes bott oder verbott soll sein gerecht, zymlich und müglich, volgt, das wir unbillich gesträfft werden und als uns bedunckt so gefårlich, zůdem erwechst uß sollichem verbott groß mercklich übell, dann so es sich begibt, das ain aygen gotzhusmensch sich verhyrett mit ainem ungenossen, es sie[45] dann iren vätter und gůtt fründ und bürgen umb den penfall bringen, [daher] gand sie etwan zůsamen und machend künd beyainander vor und ee die ee nach ordnung der hailigen cristenlichen kierchen bestetiget wurdt, als [fol. 38] man uff disen tag finden möcht. Item als dhain zwyfal ist, so sind sie etwan der ee ainander abred und also, als wir besorgen, darnach sitzen zů der unee, ab dem erschaint, das sollich gebot gebürt hinderung der hailigen ee, die von gott selb ist uffgesetzt, und frey sein soll, auch anders vil übels daruß entsteen mag, die ir uß eüwer ingeborner vernunft wol betrachten und ermössen mögen und kunden. So wurdt es bey sollicher hoher peen verbotten, die von alter nie gewesen ist, darab ain yeder vernünftiger nemen mag, das in dem nicht wurdt gesůcht oder beträcht die er gottes, noch fürderung des gemainen nutz, sonder allain der aygennutz.

Dieweyl dem also, ist unser beger wie vor mit bekerung costens und schadens.

[11.] Uff das ailft clagstuck also lutende: wie die prelaten etlich satzung und statutten geben und dieselbigen inn urtaillen zůzůhalten und daruff zů sprechen bey iren ayden biettend,

[A] ist geantwurt, das die prelaten bey gelerten und andern, auch inn selbß in råt erfunden, dem gotzhus und sinen armlütten gůtt sein, das sie mit erbern billichen stattuten und ordnung versehen würden und die bey aydßpflichten gebotten ze halten etc.

---

44 nicht landesüblich
45 „es sie" ist zu verstehen als Verdoppelung des Pronomens, dieses bezieht sich auf das „gotzhusmensch" (weibliche Leibeigene).

[B] Sagen wir also, wä es dermaussen angesehen were wie yetzt gehört ist von un-
serm gnedigen heren, clagten wir unbillich, abe[r] die gestallt habe es, das under an-
derm ain ordnung ist, das ain yeder richter ain heren wöll laussen beleyben bey sei-
nen botten. Nun was ain her gegen uns fürzenemen haut, es sie mit erbfällen, es sie
5 mit burgschaft, es sey mit pfandung oder anders, und daruff uns gebotten wirdt zů
geben oder zů meyden etc., komen wir für recht, so ist das verloren und ligend wir
unden dem pott nåch, es sye zimlich oder unzimlich, damit verliesen und komen wir
umb unsere gerechtigkaiten und werden uns dardurch innbrüch und nüwerungen ge-
macht, des wir beschwerd sind als uns bedunckt unbillich, als namlich låt unser
10 gnediger herr bietten, das dhain fech zů schaden gang, ain haupt bey 2 pfund hal-
lern, und begibt sich, das ain arm man ain jaur sträfffellig wurt bey viertzig pfunden,
etwan bey den 60 pfunden. Dieweyl nun söllich bott unlendtlich und als uns be-
dunckt darin nit [fol. 38'] wurdt angesehen der gemain, sonder der aygennutz, sie es
unzymlich etc., als das ouch mag ingefiert werden mit allen andern potten und ver-
15 botten, es sie mit diensten oder anderm. Item dermaussen hat man uns auch laussen
bietten ab der brauch wie gehört ist etc. Dieweyl nun ain yeder richter soll sprechen
uff sein gewissne, underwyst und underricht mit zymlichen, gutten, gebürlichen
satzungen, ist unser beger, man lausse uns auch darbey beleyben etc., mit ablegung
costens und schadens.
20 [12.] Als uff das letst clagstuck, bren, zimer, zeunholtz und anders beruren,
[A] gesagt wurt, ob uns zů zeitten holtz geben were, das nicht uß dhainer verpflicht,
sonder freys willens beschehen etc.,
[B] sagen wir also, das ain prelåt des gotzhus Ochsenhusen håt uns geben zymer,
zün, brennholtz, ainem yedem nach seiner gebür, stand und notturft, damit er sich
25 des gantz jår wol hat mögen begån, also ist es ouch 40, 50, 60, 70, 80 jaur und len-
ger dann sich menschen gedechtnuß streckt gehalten, gebrucht und herbrächt wor-
den, aber yetz unser gnediger her haut das dem becken zů Rainstetten und andern
abbrochen und verbotten, das dann dienet zů abbruch unser gerechtigkait. Ist unser
bitt, unser gnediger her wölle das beleyben laussen wie seiner gnaden vordern ge-
30 halten haben etc.

Dem allem nåch ist unser erbietten, bitt und beger wie oben anfangs gehört ist, mit
vorbehaltung, dise unsere gegenred zů mern, zů endern, zů mindern, gantz abzůthun
wie recht und billich ist.

18

1502, vor September 14

Entwurf eines nach 30 Jahren durch die Untertanen kündbaren Vergleichs über Erb-
schaft und Todfälle zwischen Abt und Konvent des Klosters Ochsenhausen und den
Vertretern der Gerichte.

Stadtarchiv Ulm, Reichsstadt Ulm Faszikel 1970, fol. 3-7
Original [mit handschriftlichen Korrekturen während der Verhandlungen]

Literatur: Gruber, Ochsenhausen, S. 154.

[fol. 3]Vermerckt die ordnung, so durch meinen gnadigen herren von Ochsenhawsen
und seiner gnaden convent ains und durch die verordnoten von allen gerichten des
gotzhaws Ochsenhawsen anders tails der erbschafft halben auff verrer bedacht ge-
ratschlagt und furgenommen ist.
[1.]⁴⁶ Item anfangs, nachdem das gotzhaws Ochsenhawsen auff allen gotzhaws gut-   5
teren in vilfalltiger gestallt sein erblich anfal gehabt von allen gotzhawsleuten⁴⁷, ist
geratschlagt, das furter alle gotzhawsgüter, so den gotzhawsleuten nachvolgender
massen gelihen und steen werden, der gotzhawsleut erblehen haissen und sein sol-
len, und das das gotzhaws Ochsenhawsen furter zu ewigen zeiten kain erblich fal⁴⁸
auff allen und yeden des gotzhaws gelegnen güttern nymmer mer haben noch uber-   10
kommen soll, doch unvergriffen dem lehenfal, der dem gotzhaws zu seinem vall be-
schehen mag wie recht ist.
[2.] Item zum andren, nachdem das gotzhaws Ochsenhawsen aller varender hab bey
allen seins gotzhaws aigenleuten den erblich anfal gehabt und auch in iren todfällen
ir klaidung und hauptrecht, und sonder von den frawen ir bettgewät, tuch, garn,   15
werck, lein etc. in seinem val vähig gewest, ist beredt und geratschlagt, das furter al-
le des gotzhaws Ochsenhawsen aigenleut, so in der gehorsami sind, all ir varend
hab, wie recht ist, vonainander erben und anfällig sein und sollen furter dem gotz-
haws Ochsenhawsen in iren todfällen kain bettgewät, tuch, garn, werck, lein, klaider,
noch gar nicht mer ze geben schuldig sein, dann wie hernach volgt, sonder so soll   20
das gotzhaws Ochsenhawsen furter zu ewigen zeitten [fol. 3'] des erblichen anfalls
aller varender hab, auch aller todfäll, wie oblaut, vertzigen, entschallten und nymmer
mer vähig sein, anders dann inmassen hernach volgt, sonder sollen die sachen geleg-
ner und varender guter halben, wie hiernach stet, gehallten werden, dem ist allso.
[3.] Item der gelegnen güter halben soll es allso gehallten werden, das alle gotz-   25
hawsgüter den gotzhawsleuten, so yetz darauff sitzen, yetzo steen und gelihen sol-
len sein auff zwen leyb, wa die vorhanden sind, mann und weyb, elich beyainander,
wa aber ain lediger gesell ain gut het, so zu der hailigen ee noch nit kommen wär,
demselbigen auch der nechsten elichen frawen, so er überkumpt, soll das gut auff ir

---
⁴⁶ Abschnitte folgen der Vorlage.
⁴⁷ Über u, o und a setzt der Schreiber vielfach ein diakritisches Zeichen, welches von den Bearbeitern
   entweder nach heutiger Lesart als Umlaut transkribiert oder weggelassen wurde.
⁴⁸ Ursprünglich „kain erbfal"; „lich" über „erbfal" von gleicher Hand eingefügt.

baid leyb steen, dergleych soll es auch mit den tochtern gehallten werden, und sie
faren lebendig oder tod davon, sind die gütter dem gotzhaws verdingtlich ledig, all-
so und dermassen, wa die personen, darauff ain gut gelihen ist, davon sterben, sollen
ir nechst verlassen erben, so des gotzhaws aigen sind, sollich gut mitainander erben,
inhallt gemains rechten, doch nachvolgender massen, das sie in dreÿen monaten
nach solhem todfall ains under inen stellen, so das gut ze bawen taugenlich sey, das
soll die anderen erben davon lösen und das gut in sollicher zeit empfahen, darumb
[49]lehenbrief und reverß auffgericht werden sollent, uff ain form, wie si deßhalb vier
verstendig mann, die fürderlich von baiden tailen, namlich von yedem zwen darzu
verordnet, mitainander vertragen werden, wölh form auch also für und für in allen
lehen und reverßbriefen gehalten werden soll[49] und [fol. 4] söllen die erben gemain-
lich zu abfart oder weglösin geben [50]den zwaintzigisten pfening der werschaft des
gelegen gutz, macht von hundert guldin werdt gutz fünf gulden, verrer und weitter
söllent die gotzhußleut für die erplich gerechtigkait varender hab ichtz zu geben
nicht pflichtig sein[50], dergleÿch soll auch der auffzieher ain erdschatz geben, nam-
lich den zehenden pfenning und söllen sollich baid erdschätz bezallt, auch das gut
empfangen werden in berürten[51] dreyen[52] monaten[53].

[4.] Item auff wellichem gut aber ichtzt nit[54] mer dann ain leyb in wittwenstand ist,
nach des absterben soll das gut auch obgerürter massen gevallen sein, doch ob er
das bey seinem leben verkauffte, soverr im seiner erben halben gepürte, soll es auff
zwen gotzhawsleÿb gelihen werden, dann all gotzhawsleut sollen furter ewigklich
macht haben, des gotzhaws halb unverhyndert ainer dem anderen alle ire gütter zu
verkauffen, doch untzertrennlich nach lehensrecht ze hallten, und das allweg ain le-
henmensch gestellt werd, taugenlichen das gut zu pawen, doch soll allweg der ver-
köüffer ain erdschatz auch der koüffer ain erdschatz geben, und soll der oberhand
der kouff zu iren handen ze nemen vorbehallten sein, sovere sie des guts selbs be-
darf oder die partheÿen das nit vererdschatzen wöllten nach ains hern anslag, als
nach laut alles unvergriffen den widerkoüffen, wa das gotzhaws die beÿ den guttern
verdingt hett.

[5.] Item und so offt es sich begipt, das ain leÿb von dem andern stirbt, wann dann
die beliben person das gut verkauffte, soverr im seiner erben halb [fol. 4'] gepürte,
soll dem koüffer auff zwen leyb gelihen werden, ob die vorhanden sind, alles ob-
berürter massen.

[6.] Item und damit kunfftigklich der erdschätz halb nit irrung entstand, nachdem
die güter etwan hoch etwan nider geacht werden, soll es allso gehallten werden, so
offt ain gut zu fallen kumpt, obberürter massen, das die gotzhawsleut davon sterben,
soll ain herr zu Ochsenhawsen von den erben, so in obberürter zeit zu im kommen,

49-49   Marginal von anderer Hand, anstelle folgender gestrichener Passage: „geschrifft auffrichten, wie
        die form solher revers herkomen und gepflegen ist, dann das in sollichen brieven das allt her-
        kommen gotzhawsrecht ußgethan und ditz erblich gerechtigkait an des statt gestellt soll werden"
50-50   Marginal von anderer Hand, anstelle folgender gestrichener Passage: „ain erdschatz, das ist den
        zehenden pfenning der werschafft des gelegen guts"
51   „in berurten" von gleicher Hand eingesetzt
52   Die ursprüngliche Frist von drei Monaten wurde durch überschreiben mit „vier" zuerst verlän-
        gert, dann durch nachträgliche Streichung der „vier" wieder auf die ursprüngliche Frist verkürzt.
53   folgt gestrichen: „oder das lehen gevallen sein ungefarlich"
54   von gleicher Hand eingesetzt

vernemen, wie hoch sie das gut achten zu vererdschatzen, soverr im das gefellt, hat
sein gestallt, wa in aber gedeuchte, das sollich gut zu ring angeslagen wär, mag er
den anschlag höher stellen, nach solhem seinem anschlag sollen die erben das gut
vererdschatzen oder aber die hauptsum sollichs anslags für das gut nemen und des
guts abtretten, und soll die wal zu inen steen.

[7.] Item und in wellicher obberürten gestallt dem gotzhaws ain gut in sein hand
fallt, kumpt oder angenommen wirt, soll dasselbig gut allain durch gotzhawsleut be-
setzt werden, soverr taugenlich leut darum marckhtent und darauss geen lassen, was
billich ist, wurd aber ain herr zu Ochsenhawsen achten, das im von gotzhawsleuten
nit gnügsamer handtlon widerfaren wöllt, mag er ungenossen darum marckten las- 10
sen, doch soll er in dem ersten monat des fals kaim ungenossen das gut geben oder
leyhen, [fol. 5] damit die gotzhawsleut dest mer roms[55] haben darnach ze trachten,
und nach verscheinung solhs monatz mag er alsdann das gut besetzen mit wem er
will, doch allso wurden gotzhawsleut und ungenossen inner oder nach der zeyt des
ersten monatz umb das gut mitainander marckhten, soll allwegen dem gotzhaws- 15
man, so das gut taugt ze bawen, das gut den ailften guldin oder pfundt ringer und
näher gegeben werden, dann der ungenoss darauff legt.

[8.] Item und ob ain gut zu fallen käm, des erben so jung und kündisch[56] und kains
zu jren tagen komen wären, söllen inen von der oberhand oder vom gericht zu Och-
senhawsen trager verordnet und von ir aller wegen baid erschätz, [57]namlich weglö- 20
sin und handtlon[57], unvertzogenlich in berürten zwayen[58] monaten bezallt werden,
und soverr das gut allso komenlich durch die pflegschafft bawlich und wesenlich
gehallten und der oberhand darvon ir schuldigkait gethan werden mag, soll ain herr
zu Ochsenhawsen gedullden sollich gut allso durch die pflegschafft zu versehen
durch personen im geliebt, so lang bis der kinder ains auff vierzehen[59] jar kumpt, 25
alsdann soll das gut unvertzogenlich obgerürter massen bestanden werden, werden
aber der kinder pfleger oder freund das gut obberürter massen nit trüwen zu verse-
hen oder sust in berürten zwayen[60] monaten rätig zu verkauffen, so soll von wegen
des erbfals vatter und muter auch des newbeschehen kauffs dannocht nicht mer dann
zwen erdschätz, [61]wie ob stet, namlich weglösin und handtlon[61], genomen werden, 30
der ain von dem verköüffer, der ander von dem köüffer.

[fol. 5']

[9.] Item und damit die armen durch die reychen nit vertriben werden, soll kain
gotzhawsman mer dann ain gut zu kauffen und zu besitzen gestat werden, er wölls
dann mit ainem andern gotzhawsman besetzen oder sollichs oberertzellter[!] massen 35
empfahen.

[10.] Item, nachdem zu diser zeit auff des gotzhaws gütern vil ungenossen sitzen, ist
geratschlagt, wellicher gotzhawsman ain gut kaufft von aim ungenossen, soll es zu

---

[55] Raum im Sinne von Zeit
[56] kindlich, nicht erwachsen
[57-57] Marginal von anderer Hand angefügt.
[58] Ursprünglich „zwayen" wurde von anderer Hand mit „vier" überschrieben, dieses aber wieder
gestrichen.
[59] Am Rand von anderer Hand „achtzehen" angefügt, aber wieder gestrichen.
[60] Ursprünglich „zwayen" wurde von anderer Hand mit „vier" überschrieben, dieses aber wieder
gestrichen.
[61-61] Von anderer Hand am Rand eingesetzt.

verkauffen und zu kauffen gestat und eben gelihen werden, als het er von aim gotz-
hawsman erkaufft, mitt bezalung der erdschätz und zins wie oblaut.

[11.] Item und furter der varenden hab halben, soll es allso gehallten werden, das al-
le gotzhawsleut, auff des gotzhaws gütteren gesessen, zu widerlegung des erbfals,
5 so das gotzhaws bisher auff ir varenden hab gehebt, demselbigen gotzhaws geben
sollen, yeder sovil pfund als vil baid erdschätz gulden treffen auff dem gelegen gut
oder wellicher das gellt ze geben nit vermaint oder nit vermag, der soll von yedem
pfund ain schilling ewigs und jarlichs zins richten und geben, doch soll yedem die
ablosung sollichs zins vorbehallten sein, und damit sollicher zins verstentlicher be-
10 richt empfangen werd, sollen yetzo alle güter obgerürter massen gewerdet werden,
allain zu taxierung der yetz angenden zins, doch soll solliche werdnung in künffti-
gen [fol. 6] erdschätzen kaim tail vortail noch nachtaill geberen.

[12.] Item es sollen auch furter alle gotzhawsleut, so aigen hab und gut ersessen ha-
ben, furter dem gotzhaws zu todfall ze geben nicht mer schuldig sein, dann iedes für
15 sein klaider ain pfund h[a]l[le]r und ain man das best haupt vich ze hauptrecht und
ain fraw die besten ku, doch wellicher oder welliche vor seiner kranckhait kain vich
gehabt oder in seiner kranckhait mangel halben andrer hab das vich alles vertzeren
müßt oder verzert hett, der oder die sollen das haubtrecht ze geben nit schuldig sein,
sonder allain das pfund haller, welliche sich aber mit andern gewerben dann mit
20 paw oder vich nern, ain fich und hab und gut hinder in verlassen ir yetweders, davon
soll dann billich das hauptrecht bezallt werden.

[13.] Item wellicher gotzhawsman nit gelegen gutt, sonder allain varende hab hat,
will er diser erbschafft auch tailhafftig sein, der mag sich mit der oberhand sonders
darum vertragen.

25 [14.] Item wollicher ausserhalb des gotzhaws grund und bodem[!] sitzt, der zu der
ee kommen ist, soverr ain herr zu Ochsenhawsen denselbigen zu der erbschafft zu-
laßt, das hat sein gestallt und stat in ains hern willen, doch wa er sich hinder das
gotzhaws setzen und ziehen wöllt, soll er mit anderen in der erbschafft zugelassen
werden, wann aber die hiesassigen gotzhawsleut zu den außwendigen gotzhawsleu-
30 ten verlassen gutt [fol. 6'] sich erblich ziehen wöllten, soll inen vom gotzhaws un-
verhyndert beleyben, ob gleichwol dieselbig hab dem gotzhaus gevallen wär, doch
den hauptrechten und vällen unvergriffen.

[15.] Item, nachdem bisher kain ungenoss des gotzhaws hab und gut, ligends und
varends, vähig gewesen ist, soll furter ewigklich allso besteen und furter ditz
35 gemächt allain die gotzhawsleut betreffen. Es soll auch die ungehorsamen gotz-
hawsleut nicht angeen noch ze hilf komen.

[16.] Item es soll auch ditz geschafft nicht verrer binden, dann allain die erbschafft
und todfall wie oblaut und sust allen andern des gotzhaws Ochsenhawsen gerechtig-
kaiten bey allen des gotzhaws leuten und gütern unvergriffen steen.

40 [17.] Item aller gerechtigkaiten, oberkait, gewonhait und sitten, so das gotzhaws und
die armen leut mitainander herbracht und gepflegen haben in holtz, veld, wonn,
wayd etc. soll ditz geschäfft und handlung unverletzig steen und sein in all weg.

[18.] Item und damit die gotzhawsleut dester sicherer seÿen, das inen nit nachtaill aus
sollichem gemacht in ewig zeit entsteen mög, ist inen hierin versteintlich zugelas-
45 sen, ob sie oder ir nachkomen in nachvolgenden dreyssig jaren finden oder erlernen
möchten, das inen die [fol. 7] allt bisher geübt gewonnhait, geprauch und gerechtig-
kait nutzlicher und besser wär, dann dis yetzig gemächt, sollen sie oder ir nach-

komen alsdan nach verscheinung dreyssig jar nach diere daten, wie sie ẙetzo samentlich in dis geschäfft gegangen sein, macht haben, sollichs wider abzekünden und die obberurten allten gerechtigkait und herkomen widerum zu erwelen, das inen alsbald vom gotzhaws gehengt werden soll one alles widersprechen, doch wann sie sollich endrung und abkundung in jarsfrist nach verscheinung derselben dreẙssig jar   5 nit tünd, soll es furter ewigklich, wie hierinne begriffen stet, beleyben.

[19.] Item und als zu besorgen ist, das kunfftig prelaten mer naigung gewynnen mochten solh geschäfft abtzekünden, dann die arm leut, dieweyl dann solh furne- men ye zu mer tail den armen leuten zu nutz, trost und söld angesehen, so ist fur- namlich bedingt und abgeredt, das all kunfftig prelaten und convent in ewig zeit one   10 allen wandel bey disem gemächt besteen sollen, nymmermer kain aberwandel darin- nen ze haben, soverr es die arm leut obberürter massen nit abkunden.[62]

---

[62]   Text bricht ab

19

Johann, Abt von Rot, Johann von Hohenegg zu Vilsegg, Vogt von Ochsenhausen, sowie Jakob vom Stain regeln als Schiedsleute Streitpunkte zwischen dem Kloster Marchtal einerseits und den Gemeinden Alleshausen und Brasenberg andererseits um Zinsen, Gülten und Dienste, Pfändungen, Verkaufsrecht und Schankrecht, Rechnungslegung, Gebotsrecht und Versammlungsrecht der Gemeinde, sowie um die Huldigung.

Staatsarchiv Sigmaringen, Dep. 30 Abtei Marchtal Urkunden 1520 XII. 18
Abschrift Libell (16. Jahrhundert)

Literatur: Kreisbeschreibungen Biberach, S. 401. - Maurer, Territorialgewalt, S. 162.

Wir, Johanns von Gots verhengknus abte sant Verena gotzhaws zu Rot, premonstrater ordens, Costentzer bistumbs, ich Hanns von Hochnegk zu Vilsegk, vogt zu Ochsenhuwsen fur mich selbs und von dem erwirdigen in Got gaistlichen hern Anndressen, abte sant Jörgen gotzhaws daselbs zu Ochsenhuwsen, dartzu verordnet, und ich,
5   Jacob vom Stain zu Uttenweyler, bekennen und thund kundt offenbar allermengklich mit dem brief, als sich spenn und irrungen zwuschen dem erwirdigen gaistlichen herren Hainrichen, abte des gotzhaws Marchtall, von wegen desselben seins gotzhaus an ainem und den erbern richtern und gemainden baider flecken Aleshuwsen und Brachsenberg am Buchewer see gelegen, des gemelten gotzhaws Marchtall
10   underthanen und verwanten, am andern taÿlen, embört, und gehalten haben von wegen der järlichen rechnungen, zins und gulten berurend, ouch etlicher bruch, handlungen und sachen halben hernach gemelt, dero sy in misverstand gegen ainandern komen, auch damit fur die stend des bundts und an andere ort zu verher und handlung gewachsen und zuletst sollicher aller irer spenn und irrung uff uns, als von bai-
15   den taylen erpettnen undertädinger zu gutlicher verhör, ustrag und entschid komen und verainigt sein, das wir sy uff ir baider seyt darthon und nach genugsamer verhere der sachen uff vil gehapte muhe und arbait mit wissenden verwilkurten dingen eegemellter spenn, irrung und sachen halben gutlich mit ainander uff ain lauter verstentlich ende geaint, gericht, geschlicht, versönnt und betragen, darumb auch baid
20   tayl nemlich uns, Johannsen abte, unser her und son, der abte von Marchtall, von wegen sein selbs und seins gotzhaus und die von Alleshuwsen und Brachsenberg uns Hannsen von Hochnegk und Jacoben vom Stain by handtgeben trewen für sich und ir nachkomen zugesagt und versprochen haben, sollichem unserm entschaide zu leben und nachzukomen wie hernach volgt.
25   [1.] Dem ist anfengklich und zum ersten also, das aller unwill, ungnad und unfrentschaft und was sich der handlungen und sachen halben entzwuschen inen baiderseÿt mit botten und verpotten, worten und wercken, nichtzit usgenomen, darunder gemacht, begeben und verloffen hat, gantz und gar uffgehapt, tod und ab haissen und sein soll.

[2.] Zum andern von der bodenzins und weÿers wegen, davon die armenleut bisher zwen guldin zins geben, söllen sie furohin, so lang es verlihen ist ainem herren von Marchtall und seim gotzhaus, nit mer dann ain guldin zins geben. Ob aber die von Aleshuwsen und Brachsenberg sollichen weyer und boden nach usgang der verlich- nen jar zu irer gemaind nutz und handen nemen wurden, alsdann söllen die von Al- leshuwsen und Brachsenberg ainem prelaten von Marchtall obvermelten guldin nit mer zu geben schuldig sein. Wann aber sie, die gemelten von Alleshuwsen und Brachsenberg, sollichen weÿer uber kurtz oder lang verer selbs nit mer brauchen, sonder widerumb, wie vor und obstet, verleyhen wölten, alsdann söllen sie den gul- din zins widerumb geben, in massen obstet, und söllen auch die gemelten von Alles- huwsen und Brachsenberg von der gemaind des dorfs nichts verendern dann mit wissen ains amptmans. Ob aber sÿ, die von Alleshuwsen und Brachsenberg, uber kurtz oder lang mit andern iren gemainden verendrungen pflegen und zu ai- genthumb machen oder verkaufen wurden, so söllen sie ainem herren von Marchtall bodenzins davon geben wie ander dergleychen äcker und wisen daselbs gebend. Aber dieweyl es nit zu aigenthumb gemacht oder verkauft wirdet, so soll die nut- zung von gemelter gemaind inen, den von Alleshuwsen und Brachsenberg, verfol- gen und zugehören.

[3.] Zum dritten von der zins wegen zu Alishuwsen und Brachsenberg, so weylund abt Hanns seliger gedechtnuss den armenleuten uff ire gutter gelihen hat, söllen meins hern von Marchtals amptleut oder wer von aim prelaten daselbs bevelh hat die zins, so etlich armleut zu Aleshuwsen und Brachsenberg uff ire gutter als obstet entlehnet, selbs einziehen und einbringen, on der andern von Aleshuwsen und Brachsenberg, so ire gutter nit versetzt und kain zins genomen, nachtayl und scha- den, und söllen auch die gemelten von Aleshuwsen und Brachsenberg, so ire gutter nit versetzt, gemelter birgschaft erledigt, sover bÿ den rechten schuldnern und houptsächern gnugsame pfand vorhanden sein.

[4.] Zum vierten von der dienst wegen so soll hinfuro ain jeder arman zu Alleshuw- sen und Brachsenberg, der vier ross hat, des jars drey fert mit der menin, item ainer, der drew ross hat, zwu fert, item ainer der zwaÿ ross hat, auch zwu fert järlichen uff ain halbe meyl wegs faren und thon, wahin es aim herren von Marchtall geföllig ist. Item ainer, der nit mer dann ain ross hat, soll alle jar ain klafter holtz machen oder vier krutzer darfur geben. Item ainer, der kain ross hat, soll auch alle jar ain klafter holtz machen oder vier krutzer darfur geben und söllen deshalb mit brot gehalten werden wie ander nachpuren die iren halten.

[5.] Zum funften von wegen der gerichtzbesetzung, so soll furohin ain prelat des gotzhaus Marchtall zwen gerichtzman uss der gemaind dargeben und wölen, nach- volgend die gemaind von Alleshuwsen und Brachsenberg[1] auch zwen, und alsdann die vier aber zwen und darnach fur und fur nach ordnung des gerichts wölen, bis das gericht erfollet und besetzt wirdet.

[6.] Zum sechsten so soll furohain ain prelat zu Marchtall ain amptman wölen und setzen, derselbig soll alsdann das gericht besitzen, auch bey den urtailen beleyben, sover die sach den prelaten und das gotzhaus nit antrifft, und soll auch derselbig amptman, so also von aim prelaten erwelt wirdet, wie sich gepurt zu dem gericht schweren. Und ob sich begäb, das mein gnädiger her von Marchtall oder sein nach-

---

[1] von späterer Hand am Rand: „im bericht" [sic]

komen spruch und vordrung zu den von Alleshuwsen und Brachsenberg uberkäm, darin sy die von Alleshuwsen und Brachsenberg sächer[2] weren, alsdann so söllend sie umb sollich spruch und vordrung gemeltem meim gnädigen herren und sein nachkomen vor derselben seiner gnaden stab zu Marchtall, Rewtlingen oder Sulkert,
5 an welchem ort es inen gelegen sein will, zum rechten sten.

[7.] Zum sibenden von der zins und gult wegen, so sie järlichen von iren gutern schuldig sind, söllen sie dieselben herrengult gen Seekirch in das haws antwurten und furen, aber den vogthaber und lemerhäller soll ain prelat oder sein aman zu Alleshuwsen wie von alter her emphahen.

10 [8.] Zum achtenden der huldigung halb söllen die von Alleshuwsen und Brachsenberg ainem prelaten des gotzhaus Marchtall, so oft ainer erwelt wirdet, wie und wa mit andern gotzhausleuten wie von alter her loben und schweren, dann allain ain gericht, hailigenpfleger und vierer, so jedes jars erwelt, söllen allwegen nach gewonhait zu Alleshuwsen schweren und loben.

15 [9.] Zum neunten von furpiettens und pfendens wegen der uswendigen soll es in aim handel und rechten also gehalten werden, das man dem pittel vom ersten pfenden oder furpietten zwelf pfenning und nachgends von ainem jeden furpot und pfenden vier pfenning geben. Und so ainer zu Alleshuwsen ainen andern daselbs umb sein schuld oder anders pfenden wölte, so soll dasselbig mit dem aman beschechen und
20 verer mit precedierung der pfandung halb gehalten werden wie ander nachpuren geringsumb sie pflegen ze thun.

[10.] Zum zehenden so soll und mag hinfuro ain jeder zu Alleshuwsen schmaltz, schmer, mus, mel, ärbiss[3] und ander dergleÿchen zůmis[4], wie von alter her gewest, fayl haben, doch soll das unschlit[5], saltz, metzgen und bachen ainem herren von
25 Marchtall zu verleyhen zusten, und sollichs alles umb ain zimlichen pfenning wie hinder und vor in gegeben werden.

[11.] Zum aÿlften der krutländer halb söllen furohin die armenleut wie bisher von jedem krutland ain pfenning geben.

[12.] Zum zwölften von wegen der schulden und gulten, so die armenleut ainem
30 herren von Marchtall schuldig sind und werden, soll und mag ain her von Marchtall oder sein amptleut, wa sy dieselben uff gutlich erfordern von inen nit bekomen mugen, umb sollich schuld pfand von inen nemen bis zu benugung seiner schuld. Wa aber die armenleut uff sein beger und erfordern in viertzehen tagen den herren mit pfanden oder anderm nit benugig machen, so mag alsdann ain her von Marchtall
35 oder wem sein gnad sollichs bevilht die gemelten sein armenleut mit gaistlichen oder weltlichen gerichten furnemen und gegen inen gefaren, bis sein gnad oder ir nachkomen umb ir usstend schuld, sampt den schaden daruff geloffen mit pfand oder gelt bezalt und usgericht wirdet.

[13.] Zum dreÿtzehenden so söllen die von Alleshuwsen und Brachsenberg pflichtig
40 und schuldig sein, ainem prelaten zu Marchtall oder wen ain prelat dartzu verordnet uff sein erfordern unverzogenlich zu Alleshuwsen oder Seekirch ainem prelaten gefällig rechnung ze tundt, verer oder weitter söllen sie auch wider iren willen an an-

---

2   Partei im Gerichtsprozeß
3   Erbsen
4   Zukost
5   Tierischer Talg, vor allem zur Beleuchtung verwendet

dere ort und end der rechnung halb nit gemant oder erfordert werden. Ob aber etlich personen, so zu rechnen hetten, gen Seekirch alters oder kranckhait halb nit komen mochten, so söllen und mugen doch sollich personen iren gewalt ainer andern person geben fur si rechnung ze tundt. Es soll auch by sollicher rechnung in allweg on widerred dess, von welches wegen rechnung beschechen wer, ongewägert beleyben. 5

[14.] Zum viertzehenden ist beredt, gemacht und vertragen, das ain prelat oder ains prelaten amptman zu Alleshuwsen und Brachsenberg allain gewalt und macht haben soll, bot und verpot furzunemen, die herlichait, oberkait und gerechtigkait das gotzhaus betreffend wie von alter her komen ist. Aber in sachen der von Alleshuwsen und Brachsenberg gemainden berurend soll der amptman mit ainem gericht und das 10 gericht mit ainem amptman bott und verpot furnemen wie von alter her und nachmalen durch den amptman gepotten und verpotten werden, und alsdann die verpot und straff dem herren werden und zugehören. Aber so man ir, der von Alleshuwsen wald pannen wöllte und darin etwas zu straff gefallet, so sollen die zway tail derselbigen puss und straff ainem prelaten zu Marchtall und der drit tayl uss sondern gna- 15 den den von Alleshuwsen verfolgen werden und pleyben. So man aber die stewr, vogthabern, lemerheller, das dann ain gericht aim prelaten verpunden ist einzubringen, zu vordern und einzubringen hat, soll der amptman mit potten und straffen auch dartzu hilflich sein wie von alter her komen ist.

[15.] Zum funftzehenden söllen und mugen die von Alleshuwsen schencken umb das 20 ungelt wie von allter her, und welcher dann also schenckt, soll ainen rayf ussteken und unarckwenig unverdächtlich gest herbergen, und mag auch ain prelat, so im gefallt, alda zu Alleshuwsen oder Brachsenberg ains oder mer aigne wirtzheuser mit taffern und eehaftinen recht buwen, uffrichten und machen lassen, von den von Alleshuwsen und Brachsenberg daran unverhindert in alweg, doch nicht destminder 25 mogent die von Alleshuwsen schencken umb das ungelt wie obstet.

[16.] Zum sechtzehenden so söllen die von Alleshuwsen verer oder weiter dhain gmaind beruffen dann mit wissen und willen ains amptmans, der also dann, so er es selber nit erlauben wölte, den merern tayl des gerichts zu im erfordern und erwölen soll, und dann mit denselbigen richtern ermessen und erkennen, ob sollich beruf- 30 fung der gemaind nutz, dienstlich und notturftig sey. Alsdann soll die beruffung der gemaind durch den amptman gestat und nit abgeschlagen werden, und dann durch in, den amptman oder wem er sollichs bevilht, berufft werden.

[17.] Zum sibentzehenden so söllen all alt brief und verträg hievor gemelter spenn, stucken und artickel halb gemacht und uffgericht tod, ab und unkröftig haissen und 35 sein, furohin nichtz mer gelten und von kainem tayl wider den andern kains wegs nit gebrucht. Es söllen auch sonst all ander der armleut verschreybungen und urfechtbrief, so under weylund hern Johannsen abte säliger gedechtnuss gegeben sein, uns den tadingsherren zu handen gestellt und gewonlich landtleufig urfecht von inen genomen werden. 40

[18.] Zum achtzehenden und letsten so soll dise gutlich beredung und vertrag ainem prelaten zu Marchtall, seinen nachkomen und gotzhaus sunst und in ander weg an sein herlichaiten, oberkaiten, rechten und gerechtigkaiten, ouch aygen und lehen in allweg unvergrifflich und unschädlich sein, alles getrewlich und ungefarlich. Des zu warem urkund so haben wir obgenanter Johanns, abte unser abtj und wir, Hanns 45 von Hochnegk und Jacob vom Stain unser aigne insigel, doch uns, unsern gotzhaus erben und nachkomen one schaden, an dise zwen gleichlautent berichtsbriefe gehangen, den ain unserm herren und freundt dem abte zu Marchtall und den andern den von Alleshuwsen und Brachsenberg geben uff Aftermontag vor sant Thomas des hailigen zwelfbotten tag nach der gepurt Cristi unsers lieben herren funftzehenhundert und in dem zwaintzigisten jarn.

5

[*Dorsalvermerk von späterer Hand:*] Vertrag zwischen dem Gottshauß Marchtal und dessen underthonen zue Alleshaußen und Braßenberg A° 1520. Der aber ist wegen Ihres Ungehorsam und widersetzlichhait durch einen andern Vertrag in A° 1611 aller ungilttig gemacht worden.

20

1526 Januar 20

Jörg Busch von Vilzheim, Hans von Fridingen, Hans von Königsegg, Adam vom Stein zu Ronsberg sowie Heinrich Besserer von Ravensburg und Gordian Seuter aus Kempten schlichten als vom Schwäbischen Bund abgeordnete Unterhändler einen Konflikt zwischen dem Kloster Kempten einerseits und dessen Eigenleuten und Freizinsern andererseits. Der Vertrag regelt Höhe und Aufbringung der Steuern im allgemeinen und der Reissteuer im besonderen, er bestimmt Art und Höhe der Abgaben im Todesfall (Besthaupt, Gewandfall, Teil und Erbschaft), die Bedingungen für Freizügigkeit und Eheschließung. Er gibt den Untertanen die durch den Bauernkrieg verwirkten Lehen zurück und bestimmt die Entschädigung der Herrschaft für die durch den Aufstand erlittenen Verluste.

Staatsarchiv Augsburg, Fürststift Kempten Urkunde 2320/1
Original Libell[1]

Druck: P. Blickle - R. Blickle, Schwaben, S. 292-304. - Weitnauer, Bauern, S. 21-55. Literatur: Haggenmüller, Kempten 1, S. 551-556. - Baumann, Allgäu 3, S. 143-150. - Blickle, Kempten, S. 104-112. - Blickle, Landschaften, S. 321-336.

Wir nachbenannten mit namen Görig Busch zu Viltzhain, hushofmeister zu Landshut, und Hans von Fridingen, unsers gnedigen herren von Costantz hofmeister, bed als von gemeiner churfürsten und fürsten, Hans von Königsegkh, freyherr zu Alendorf, und Adam vom Stein zu Ronsperg, von der prelaten, graven, herren und vom adel, und Heinrich Besserer von Ravenspurg und Gordion Suiter von Kempten, burgermeistere, von gemeiner stett, und dann alle sechs als von den ÿetz bestimpten dreyer stend von gemeiner versamblung des loblichen bundtz zu Schwaben botschaften, haubtlewten und rethen, unsern gnedigen und günstigen herren, in nachgemelter sachen verordnet güetlich undertädinger, bekennen offenlich und thüen kunth allermenigclich mit disem brieve, als sich zwischen dem hochwirdigen fürsten und herren, herrn Sebastien von Braittenstein, abte, und der erwirdigen herrn dechant, custer und convent des erwirdigen stift und gotzhaus Kempten, unsern gnedigen, lieben und günstigen herren an ainem und irer gnaden und gotzhus aigenlewt und freyen zinser und zinserin auf die restin[2] unser lieben frawen, auch aller heiligen

---

[1] Es handelt sich um die Ausfertigung für die Untertanen. Die Urkunde wurde 1531 mit weiteren 18 Stücken von der Landschaft Kempten dem Rat der Reichsstadt Kempten zur Aufbewahrung übergeben und kam erst im 19. Jahrhundert nach Auflösung der Landschaft in das Bayerische Staatsarchiv. Im Besitz des Klosters war offensichtlich nur eine zeitgenössische, notariell beglaubigte Abschrift des Memminger Vertrags. (Für die Hilfe bei der Rekonstruktion der Überlieferung danken wir Herrn Archivdirektor Dr. Reinhard Seitz, Augsburg). Die Angabe über die Überlieferung bei Weitnauer, Bauern, XI, sind entsprechend zu korrigieren. Für weitere Fragen der Überlieferung vgl. auch Blickle - Besch, Leibeigenschaftsrodel, S. 574 - 579.

[2] Altar, auf dem der Heilige „rastet"

sant Martins und sant Niclaus altar zinser und zinserin und underthaunen[3], wie dann dieselbigen mit namen zu und in ain ÿede pfarr gehörig und desshalb in ainem sondern gewaltsbrief libelsweis geschriben, und mit zweÿer der erbern und weisen Heinrichen Seltmans und Paulin Mairs, beid alt bugermeistere zu Kempten, aigen angehengkten insigeln besigelt aufgericht, von namen zu namen aigentlich und underschidlich specificiert und begrifen sein, welicher gewaltsbrief von wort zu wort also lutet.

Wir nachbenanten [*fol. 1-12 folgen die Namen*[4] *geordnet nach den Pfarreien Günzburg, Ebersbuch, Untrasried, Haldenwang, Dietmannsried, Grönenbach, Probstried, Reicholzried, Lauben, Legau, Kimratshofen, Krugzell, Altusried, Wiggensbach, St. Lorenz, Buchenberg, Rechtis, Weitnau, Wengen, Waltenhofen, St. Veit, Frauenzell, Böhen, Adrazhofen, Unterthingau, Oberthingau, Görisried, Wildpoldsried, Betzigau, Durach, Sulzberg, Ottackers, Moosbach, Petersthal, St. Mang, Ottobeuren*] bekhennen und thûen khundt allermenigclich mit disem brieve, nachdem in irrungen und spennen, sich haltend zwischen dem hochwirdigen fürsten und herren, herrn Sebastion, apte des gotzhaus Kemptten, unserm gnedigen herren seiner gnaden convent an ainem und uns als seiner gnaden gotzhus underthaun am andern tail, von den loblichen stenden des bundts zu Swaben, unsern gnedigen herren, den comissarien, auf ain abschid, so von gedachten pundtsstenden auf dem pundtstag auf Martini nechst verruckt[5] zu Nördlingen gehalten, baiden thailn gegeben, aber ain tag auf sontag zu nacht nach der heiligen dreÿer Kûnigtag[6] zu Memingen einzukomen und montags morgens lut vermelts abschids der comissarien ainicher handlung zu gewarten, angesetzt und benent ist, desshalb haben wir unsern volnkomen macht und gewalt gegeben und geben inen den sampt und sonders in crafft ditz briefs, mit namen Conrat Maÿr zum Gotze, Ulrich Holdenried zum Wiserichs, baid in Betzegower pfarr, Hannsen Zincken zu Buchenberg, Peter Stögklin von Waldegkh in Wigkenspacher pfarr, Hans Stockman zu Autzenried, sant Lourentzen pfarr, Matheÿs Merckh zu Underthingow, Hanns Hertz zu Gintzburg aus dem flegken, also daz sÿ in unserm namen und von unsern [fol. 12'] wegen auf obgemeltem tag zu Memingen und auf all nachgêend tâgg, von wem die angesetzt werden, rechtlich, gerichtlich oder gutlich, in was gestalt daz were, zu erscheinen, allda unser beswerungen und clagsarticul fürzubringen, unsers gnedigen herren vermaint clagarticul zue hörn, die zu verantwurten und alles dazjhen[7], so not ist oder sie für gut ansicht, von unsertwegen fürzubringen, den aid für geverd zue schwörn, daz auch ain jeder ander an sein stat ordnen und den widerrüeffen muge, gûetlicher und rechtlicher handlung zue pflegen. Und was sÿ also vor unserm gnedigen herrn, den comissarien oder gemainen pundsstenden oder iren gnaden richtern fürnemen, thun und lassen, ist unser guter will, mainung und gemûet, wöllen auch daz stêet, vest und unverbrochen halten, alles beÿ trewen an geschworn aids stat, wöllen auch unser obgemelt anwalt und ir afteranwalt schadloss halten gegen allermenigclich, alles beÿ gemelten trewen

---

3   Der Satz wird unterbrochen durch die inserierte Vollmacht und das Verzeichnis der dem Vertrag beigetretenen Personen und findet seine Fortsetzung mit fol. 13.

4   Die Namen verzeichnet Weitnauer, Bauern.

5   1525 November 11

6   1526 Januar 9

7   dasjenige

und verpfendung aller und ẏegclicher unser hab und guter, ligends und varends, nichts ausgenomen, getreẘlich und ungevarlich.

Dess zu warem und offem urkhund haben wir mit vleis und allem ernst erpeten und gepetten die fůrsichtigen, ersamen und weisen Hainrichen Seltman und Paulin Maẏrn, beid des heiligen reichs statt Kempten alt burgermeistere, unser lieb herren, daz sie ir aigen insigel, doch in und irn erben one schaden, zu gezeugknus an disen brief gehengkt haben. Zeẘgen umb bitt der besiglung sind die ersamen und wolgelerten maister Jacob Groner, schulmeister, und Peter Vischer, provisor, baid zu Kempten. Geben am dritten tag januarẏ, als man gezalt von Christẏ unsers herrn gepurt tusent funfhundertzwainzig und sechs jarn.

[fol. 13]^8 am andern tail mercklich irrung und spenn erhapt und begeben haben, herrůrend umb und von wegen, daz die armenleẘt und underthanen in jårlichen steůrn, raisen, diensten, hauptrechten, fållen, tailungen und anderm hernach gemelt, so sẏ zusambt irer gewondlichen gůlt jårlich geben und raichen můessen, etwas beschwerlich, als sẏ fůr untreglich sein angezogen, gehalten wurden, das aber hochbemelter unser gnediger und gůnstig herrn abte, techant, chuster und convent von bemelten ires gotzhaws underthanen damit nit unpillich beswerdt zu sein vermainten, anzaigt, in betracht, daz sein gnad und ir convent mit inen kain newerung fůrgenomen, sonder ẏe und allweg bei dem stift und lenger dann menschen gedåchtnus raichen mug, also in ruwigem inhaben gewesst seẏen etc. Wellicher irrung der obgenant unser gnediger herr von Kempten und seiner gnaden dechant, custer und convent und die vorgemelten irer gnaden und gotzhaws aigenleẘt und freie zinser und zinserin auch aller hailigen sant Martins und sant Niclaus zinser, zinserin und underthanen sich zu guetlicher underhandlung und entscheid auf uns verwilligt haben. Darauf wir aus undertanigem, gutem, frundtlichem und gůnstigem willen und zu verhuetung langkwiriger rechtvertigung und schåden, so daraus erwachßen sein mechten, auch [fol. 13'] aus sonderm bevelh und abschid, uns von obgemelter gemeiner pundtsversamblung gegeben, baid obbestimpt tail auf heut dato fůr uns betagt, die auch, namlich der obgenant unser gnediger in aigner person und die gemelten herr Gregorius von Winckental, custer, und herr Wolffgang von Grienenstain, conventherr, fůr sẏ selbs, auch von wegen und als gewalthaber des gemelten gotzhaws Kempten, dechantz und conventz, deßgleichen die undertanen in crafft obgemelts irs gewaltsbriefs durch obbestimpte ire volmechtige anwelt und gewalthaber Conrat Maẏrn zum Gotze, Ulrich Holdenried zum Wiserichs, baid in Betzegawer pfarr, Hansen Zincken zu Buchenberg, Peter Stŏcklin von Waldegkh in Wigkenspacher pfarr, Hans Stogkman zu Autzenried, sant Lourentzen pfarr, Mathis Merckh zu Underthingow, Hans Hertz zu Gintzburg aus dem flegken, erschinen sind, die wir in iren spennen, anfordrungen, beswerungen und gerechtigkeiten mundtlich und schriftlich notturftigklich verhŏrt und sie der mit ir baider tail gnedigem und gutem vorwissen und willen gar mit kainen lusten noch geverden hinderkomen, sonder aus obgemelten und andern redlichen ursachen uns pillich dartzue bewegende, nachvolgender weise gůetlich und frůntlich entschiden und vertragen haben.

[1.] Dem ist anfengklich und zum ersten also, das die freien zinser und zinserin unser lieben frawen, allen heiligen sant Martins und sant Niclaus und die eẏgenleẘt,

---

8   Fortsetzung des bei Anm. 3 unterbrochenen Satzes

[fol. 14] alle in gemain und ir jeder insonder, vermeltem unserm gnedigen herrn von Kempten und seiner gnaden convent, nachkomen und gotzhus ẏetzo und fůrohin gehorsam, gerichtpar, raiß und steurbar, dienstbar und bottmessig heissen, sein und beleiben und auch alle pundtnus, bruderschaft und vereinigung, so sẏ und ander zuesamen getan haben, aller ding absteẻn sollen und sich hinfůro als getreẘ gotzhawslewt und underthanen halten und wider ir gnad, convent, ir nachkomen und gotzhaws nit mer abwerfen, empern, gemainden, rotten, versamlen, glůpt noch aẏd thun, noch einich bundtnus furnemen, machen noch haben, noch zu thun verursachen, zusehen noch gestaten, bei verlierung ires lebens, leibs und guts, inhalt und sag der loblichen versamblung des bundts zu Schwaben huldigung zu Durrach im bundsher und an andern enden ditz iars gethan und beschehen, sonder geverde.

[2.] Am andern sollen auch die vorgenanten underthaunen ire gnaden, convent und gotzhus umb alle ausstend und verfallen stewrn, zins, rent, gůlt, taẏl, fůl, hauptrecht, erschåtz, lehen, gelt, dienst und alles anders, was ain ẏeder bis auf dato diß vertrags nach seiner phlicht schuldig gewest ist, unverzogenlich betzalen, geben und raichen one irn schaden sonder geverd.

[3.] Zum dritten als auch vermelt gotzhus Kempten zinser, zinserin, aigenlewt und undertanen ẏe welten[9] und von alter her demselben gotzhaws Kempten gestewrt, stewrbar gewest [fol. 14'] und noch sind, auch allerjårlich durch des gotzhaws Kempten geschworn ampt und hauptlewt angelegt, eingezogen und alle jar jårlich auf sant Michels tag, acht tag vor oder nach ungefarlich, wie es dann ainem regierenden prelaten am gelegnesten gewesen, angelegt, so sei doch in demselben, wie sich die underthanen beswerdt und angezeigt, etwas ungleichait gehalten worden, desshalb wir zu furkomung kůnftiger irrung und weiter beschwerung ain einsehen darin gehapt und mit beider teil wissen, damit sich der arm und reich darumb abainander nit zue beclagen, sonder die gleicheit und pillicheit hierin gehalten wert, hinfuro ewigklich nachvolgendermaß zu steurn geaint, vertragen und gesprochen haben, namlich daz ain ẏeder zinser, zinserin, aigenman oder underthan, dem gotzhaus Kempten zuegehŏrig, all sein hab und gut, ligends und varends, nichtz ausgenomen, so lieb ime daz sei, bei seinem geschwornen aid, den er allweg im dritten jar obgemeltem unserm gnedigen herren und seiner gnaden nachkomen und derselben verordneten ampt und hauptlewten darumb leiblich zu Got und den hailigen schwern, anschlagen und werden, und dann allweg die zinser, aigenlewt und undertanen, wie sie ir hab und gut, ligends und varends, nichtz ausgenomen, gewert und geschetzt haben, davon die nechsten nachvolgenden drie jar und ẏedes insonder bis zu ausgang derselben und der gewondlichen zeit, so man wider die stewr schwern und anlegen sol und wirt, also verstewrn und allwegen auf die obbestimpt [fol. 15] zeit der jerlichen stewr ẏe und allweg von ainem ẏeden hundert pfund håller werdt gutz zehen schilling håller gemeiner landswerung zu gewondlicher stewr geben. Und so ainer under oder ob hundert pfund håller minder oder mer hat oder vermecht, von solchem aintzechtigen pfund haller sol er nach antzal und gepůrender rechnung auf die zehen schilling heller gerait geben und bezaln, sovil sich gepůrt, on alle widerred, irrung und verhindrung menigclichs. Es sol auch unser gnediger herr von Kempten dieselben stewr alwegen wie von alter her durch seiner gnaden amptlewt anschlagen

---

[9] jeher

und einpringen lassen und die underthanen etlich der iren aus irer pfarr, welliche in darzue gefellig, auf iren aÿgen costen zu anlegung solcher stewr, ob sÿ wellen, darzue verordnen und beisein lassen, macht und gewalt haben.

[4.] Zum vierdten wiewol sie, die zinser, zinserin, aigenlewt und alle underthanen vermelts gotzhus Kempten, bisher ainen prelaten daselbst geraist und raisstewr ge- 5 geben und noch zu thun schuldig sind, so hat sich doch hierin auch etwas irrung gehalten, desshalb wir auf beider tail güetlich bewilligen abermals beredt und der raisstewr halb sÿ zu beiden tailn dergestalt verraint und entschaiden haben, namlich wann und so oft hinfür ainem prelaten des gotzhaws Kempten von römischen keÿser, königkh oder des römischen reichs schwäbischen bundts oder anderer bundts- 10 verwandten wegen ain gemaine raisstewr oder hilf [fol. 15'] mit lewten oder gelt zue halten, zue schicken oder zue geben aufgelegt würt, so söllen alsdann die gemelte des gotzhaws zinßer, zinßerin, aigenlewt und underthanen auf glaubwirdig und augenscheinlich urkhund, so gemelter unser gnediger herr von Kempten deshalb jederzeit durch ir der undertan verordenten hauptlewt anzeigen und zu versteen geben 15 lassen, an sollicher raißstewr durchaus die drei tail und unser gnediger herr von Kempten auß sondern gnaden den vierten tail daran geben und betzalen, und sol solliche raisstewr allweg durch ain regierenden prelaten von Kempten ordenlich und zum gleichesten verordnet, angelegt und eÿngezogen werden one allen verzug, eÿn und widerred. Und damit sich die underthaunen hierin kainer geverlicheit zue be- 20 schwern, so söllen und mügen sie, wa sÿ wöllen, auf irn aigen costen auch macht und gewalt haben, zu anlegung und austailung sollicher raisstewr auch ÿemands aus inen und irn pfarren, wer inen geliept, dartzue auf irn costen verordnen und beisein lassen. Dagegen hat sich unser gnediger herr aus gnaden bewilligt und zuegeben, daz sein gnad, was ir zu underhaltung des regiments und camergerichtz, auch zu un- 25 derhaltung gemeiner stend des bundts zu geben aufgelegt würt, in irem aigen costen zu geben und zue bezalen. Wa aber gemelter unser gnediger herr oder seiner gnaden nachkomen regierende prelaten für ir gnaden aÿgen person, irs gotzhaws oder der underthaunen wegen ainichen raiß oder krieg fürn muesst, so sol der gemelt unser gnediger herr die liferung oder ainem jeden [fol. 16] underthaunen, der raisen wurd, 30 ÿeden monat zwen guldin dafür ze geben, und die underthanen alsdann mit iren aÿgen leiben zu raisen und zue ziehen schuldig und phlichtig sein.

[5.] Zum fünften wiewol von alter her daz vermelt gotzhus Kemptten ruwigclich und fugklich die recht und gerechtigkheit gegen des gotzhus aigen zuegehörigen lewten gehabt hat, wann ain aigenmann oder fraw söllichs gotzhus Kempten mit tod abgan- 35 gen ist, daz ain herr von Kempten dess oder der abgangen aÿgenlewt verlassen hab und güetter mitgeerbt und getäylt, ÿedoch auf unser, der undertädinger und der vermelten gotzhaws lewt, undertenig und ernstlich bitten und anrueffen, hat bemelter unser gnediger herr von Kempten und seiner gnaden convent sollich miterbschaft und taÿlung gegen nachvolgender zimblicher widerlegung zu sondern gnaden ab und 40 nachgelassen, wie hernach steet, namlich daz ain ÿede verheÿrate aÿgen person, mann, frawen, wittwer und wittib, ausserhalb dero, so von den von Rechberg, Schellenberg, Schnaÿttern und zum sloß Hohenthann erkaufft sein, die vermug vil oder wenig unter hundert pfund haller werdt guts, ÿedes besonder für sÿ und ire ÿetz und hernach geporne kinder in jarsfrist der nechsten nach dato ditz briefs komende, darfür ai- 45 nen halben reinischen goldguldin, und wöllicher oder wölliche ob hundert pfund haller werd guts haben, daz seÿ vill oder wenig, der jedes soll ain gantzen reinischen goldguldin betzalen, und wo̊llicher [fol. 16'] aigner waiß hundert pfund haller werdt guts hat, der sol auch in ẏetz bestimpter zeit ain halben reinischen goldguldin, und wellicher ob hundert pfund haller werd guts vill oder wenig hat, auch einen gantzen reinischen goldguldin betzalen und alles in des gotzhus Kempten cantzlei antwurten one verzug, costen und schaden. Dagegen sol die tailung tod und ab sein, also daz furterhin zu ewigen zeiten daz abgestorben aigen mensch und ire erben die verlassen erbschaft mit ainem herrn zu Kempten noch ẏemands von seinetwegen zu tailen nit schuldig sein, wol so̊lliche verlassen erbschaft und gůet den rechten erben volgen und gedeihen, unverhindert ains prelaten, conventz und menigclich von iren wegen.

[6.] Zum sechsten und nachdem von alter her aller hailigen, sant Martins und sant Niclaus zinßer und zinserin dem vorgedachten gotzhus Kempten hauptrecht und heßfel gegeben, so hat doch obgemelter unser gnediger herr von Kempten sollichs aus sondern gnaden und unser vleissig anhalten und gůettlich undertådingen geringert und geendert, also daz sẏ hinfůro alle samentlichen und sonderlichen freẏzinser auf die reste unser lieben frawen altar zu Kempten heissen, beleiben und sein, doch in allweg auch thun, als ander unser lieben frawen und des gotzhaws Kempten freizinser und zinserin verphlicht und schuldig sind und thun so̊llen one widerred.

[7.] Zum sibenden und dweil nun der aigenlewt mit erbschaft [fol. 17] und taẏlung ab und nachgelassen und aller heiligen, sant Martins und sant Niclaus zinser und zinserin ir hauptrecht und gewandfal geringert, aber nichtdestminder aigenlewt und freizinser auf die restin unser lieben frawen altar des gotzhaus Kempten heissen, beleiben und sein, so so̊llen doch hinfůro alle und ẏede des gotzhaws Kempten aigenmånner und freizinser, die ẏetzo geporn sind ald kůnftig geporn werden, ain gleich hauptrecht und heßfal, wie hernach volgt, geben und betzalen, namlich wann ain aigenmann oder freizinser mit tod abge̊et, alsdann so̊llen des abgegangnen erben daz bessthaupt auf vier fůessen stende, fůr hauptrecht geben, welches hauptrecht auch desselben abgangen erben seins rechten werds zu gelt anschlahen und schåtzen mů gen, und wie sẏ daz anslahen oder werden, daran soll in der vierdttail aus gnaden von unsers gnedigen hern von Kempten amptman nachgelassen und sein gnaden und gotzhus die dreẏ tail furterlich betzalt werden one einred, und dartzue fůr den gewand und heßfal, namlich weliches bis in zehen schilling håller dem gotzhaws jårlich steur gipt, den bessten gewandfall oder ain pfund haller darfůr, und wo̊llicher ob zehen schilling håller steur gipt, den bessten gewandfal oder zweẏ pfund haller darfůr geben, und darin die underthanen, den gewandfal oder daz ẏetz bestimpt gelt darfůr zue geben, die freẏe waal haben [fol. 17'] one widerred. Und wiewol auch bisher daz gotzhus Kempten gerechtigkait gehapt hat, wann ain aẏgen wåß oder ledig aẏgen person, die aigen gut gehabt haben, one eelich leibserben, von inen geborn, mit tod abgangen sind, daz ain herr von Kempten denselbigen aẏgen waẏsen oder ledige aẏgen person in allen irm verlassen guet, unangesehen ob ir ains brudern oder swestern ald andern nechst gesipt frůnd verlassen, gentzlich geerbt. Yedoch hat sich vermelter unser gnediger herr von Kempten und seiner gnaden convent ẏetzo aus gnaden und unser underreden sollicher erbschaft auch begeben und nachgelassen, dergestalt, wann ain aẏgen waiß oder ledig aigen person hinfůro mit tod abge̊et, das dann ire erben hinfuro fur sollich erb und gerechtigkait dem gotzhus Kempten vorbestimpt hauptrecht und gewandfal oder den rechten werd dafůr, wie vorsteèt, geben und betzalen so̊llen, wie ander abgangen aẏgenlewt pflegen und schuldig sind zu tun und thun so̊llen, auch one widerred.

Ob aber in sollichem anslahen und werden ainicher gefar gebrucht oder gespůrt wurd, alsdann hat unsers gnedigen herren von Kempten amptman macht, daz hauptrecht unverhindert allermenigklich zu sein handen zu nemen und den underthanen dagegen den vierdten tail gelts, wie von ime gewerdet worden ist, bar hinaus zue geben und zue bezalen one widerred. Wann aber ain aigen fraw oder zinserin mit tod abgěet, alsdann sǒllen ire erben vom leib verrer kain hauptrecht besonder [fol. 18] allain den heßfal geben, wie oben im articul underschidlich gsetzt ist.

Doch sol kain gotzhusperson, was stands die ist, sich weder verpfrǒnden noch verpflichten, daran sy zu widerlegung oder betzalung ross oder vih wenden oder geben wǒlt oder sǒlt, sy hab sich dann zuvor umb diss hauptrecht mit des gotzhaws Kempten amptman vertragen oder derhalben abkomen sonder geverd und widerred.

Wa aber ain person unvermǒgenlichait und armut halber ander gut nit dann vih hett, die sol sich des hauptrechts halb unverhindert wol verpfrǒnden mǒgen, doch hierinnen kain geverd gebrucht werden, dann wa daz beschehe, so sol meinem gnedigen herrn dagegen sein straff vorbehalten sein. Wellicher aigenman oder zinser aber unvermǒgenlicheit halben kain aigen oder halb roß oder vih hett, der soll auch ainich gantz noch halb hauptrecht besonder allein den benanten heßfal ze geben schuldig sein, es were dann sach, daz ir ainer ander gut gehabt oder verlassen hett, desselbigen halben sǒllen sich sein erben fůr daz hauptrecht mit unsers gnedigen herrn von Kempten amptmann nach gepůrender anzal verlassen guts zimblichen vertragen, wie dann im sibenden hievorgěenden articul dess fals halben underschidlich gesetzt ist, und darzue den gewand oder heßfal nichtdestminder ze geben schuldig sein, wie vorstěet, one widerred.

[8.] Zum achtenden wiewol die underthanen sǒlliche gůter vom gotzhaws inhaben, durch sǒllich ir frǎvel und mutwillig handlung dieselbigen lehen verwirckht hetten und schuldig wern abzutretten, nochdann [fol. 18'] aus sondern gnaden und unser gůetlich underhandlung hat sein gnad und ir convent sollichen lehenfal und verwirgken gnedigclichen nachgelassen, also daz die underthanen bei sollichen lehengůtern beleiben, doch sǒllen die, so nach des gotzhaws Kempten brauch, gewonhait und herkomen nach nit gelehnet haben, unverzogenlich widerumb lehnen und davon geben und thun, wie von alter her beschehen ist. Dergeleichen alle die, so vom gotzhaws bestandgůter empfangen, die gleichfǒrmigermass dieselben verwirgkt heten, zu dem daz sie verschriben wern, die zu raumen und abzutretten, yedoch wie vor aus sondern gnaden und unser gůtlich ansǒnnen hat ir gnad und convent sollichen verfal und verwirgkung guts auch nachgelassen, also daz die underthaunen bei sollichen bestandgutern beleiben. Doch sǒllen sie widerumb davon zinsen, dienen und in allweg lut und inhalt der revers und dises yetz aufgerichten vertrags und des gotzhaws geprauch, herkomen und gewonhait nach auch hinfůro der bestandbrief halben ychzit zu tun allain schuldig zu sein, zwen creůtzer sigelgelt zu geben one einred.

[9.] Zum neůndten als vermelter unser gnediger herr von Kempten vor zwǎyen jarn nechst verschinen ain gantze raisstewr angelegt, wǒlche die underthanen auch zu bezalen schuldig gewest, aber noch nit endtricht haben und nach statlicher ergangner kriegslewf halber zue bezalen nit vermǒgen sind, hat vorgenanter unser gnediger herr von Kempten und seiner gnaden convent an [fol. 19] sollicher ausstender raisstewr uns undertǎdingern zu eern und gefallen, auch angezeigten gotzhawslewten zu gnaden und gůet, ditzmals ir gepůr und antail gnedigclichen nachgelassen, sy derhalben hinfůro nit mer zu ersuchen noch anzulangen in khein weyss.

[10.] Zum zehenden als auch bisher des gotzhus Kempten unverdechtlicher, ruwiger gepruch und gerechtigkeit gewesen, wann sich ain aigenman mit ainer zinserin des gotzhaws oder ainer freÿen person ald ainer andern herrschaft aigen person eelich verhewrat, hat er solchs nach ordnung der kirchen nit besteten mügen, er hab dann zuvor sollich sein hausfrawen nach ime in die aigenschaft des gotzhus gepracht und darumb brief und sigel aufgericht und überantwurt. Dergeleichen wann ain freÿer zinser oder ain freier man des gotzhaws aigen frawen oder ain freÿ man ain freie zinserin zur ee genomen, hat sich der freizinser, auch der frei man, ir die aigen oder freischaft vor dem kirchgang solcher seiner hausfrawen nachin ergeben, auch brief und sigel überantwurten söllen, wie vor stat. Welcher aber sollichs veracht und nit getan, hat ain herr von Kempten darumb nach gestalt der sachen und sonderlichen nach vermügen des gotzhus ainung gestrafft. Daz alles unangesehen, so hat vorgemelter unser gnediger herr und seiner gnaden convent obgenanten gotzhaws aigenlewten und zinsern auß gnaden und auf unser güetlich underhandlung zuegelassen und bewilligt, also daz hinfüro ire aigenlewt und zinser gegen und mitainander eelich heirat treffen und beschliessen mügen und söllen, das nach ordnung der christanlichen kirchen bestäten derohalben [fol. 19'] ungehindert und ungestrafft von unserm gnedigen herrn und seiner gnaden convent und gotzhus nachkomen und sonst allermenigclichs. Doch sol ain ÿede person insonder in irer linien unverkört besteen und beleiben, und die kinder allweg der muter nachgeen und gehörn auch one widerred.

Ob sich aber die obgenanten des gotzhus Kempten aigenman oder zinser mit ainer person, die nit des gotzhaus Kempten, besonder frei oder ainer andern oder frembden herrschaft were, alsdann soll der aigenman und zinser, jeder besonder, schuldig heissen und sein, dieselbigen sein hußfraw in acht monaten ungevarlich der nechsten nach gehaltner hochzeit oder kirchgang durch kauff, wechßel oder in ander weg nach ime in sein linien zu pringen und dem gotzhus zuegehörig machen, auch darumb brief und sigel aufrichten und antwurten, aber der brief halben dhainen schaden leiden dann zwen kreützer sigelgelt geben und vor der hochzeit, acht tag vorhin, in der cantzlei ansägen, wie sein hausfraw genant und ob sie frei oder welliches herrn sÿ gewesst seÿ, darmit wissent, wann die obbestimpt zeit an und außgeen wurt. Wellicher aber in sollicher zeit und in vorgeschribner weiß sein hausfrawen nit nach ime precht, auch brief und sigel nit aufrichte und überantwurte oder daz angerürt anzeigen in der cantzlei nit thet, wie vor steet, denselbigen sol und mag bemelter unser gnediger herr von Kempten und seiner gnaden nachkomen darumb straffen und bussen unverhindert allermenigclichs in allweg.

[11.] Zum ailften nachdem daz gotzhus Kemptten ÿe und allweg gerechtigkhait gehapt hat und des auch [fol. 20] sonderlich gefreidt ist, welcher oder welche gotzhaußleut ir hab und güter ausser der grafschaft Kempten und gotzhus steür ziehen haben wöllen, der oder dieselbigen davon den dritten phening für abzug oder nachsteur ze geben schuldig und verpunden gewest sein, nochdann haben wir gemelten unsern gnedigen herrn betlich bewegt und vermügt, daz ir fürstlich gnad auf der obgenanten underthanen underthenig anrüeffen und bit und aus sondern gnaden zuegeben und bewiligt, welcher oder welliche freie zinser oder zinserin, in obbemeltem gewaltsbrief benant, und ire erben und nachkomen, sÿ seÿen in der grafschaft Kempten gesessen oder nit, auß der grafschaft und stewr des gotzhaus Kempten hinfüro ziehen wöllen, dieselben söllen von allen irn hab und gütern, ligenden und varenden, den zehenden phening zu abzug und nachsteůr dem gotzhus Kempten geben und zuestellen und dann iren freien zug haben und in stett, mårckt, dörfer oder auf daz land ziehen söllen und mugen, wie und wahin sie wöllen, unverhindert obgemeltz unsers gnedigen herren von Kemptten, seiner gnaden amptlewt und menigclichs von irentwegen, und damit ainem regierenden prelaten zu Kempten oder desselben gotzhus amptlewten weiter nichzit zu geben schuldig, sonder mit disem abzug des zehenden pfenings aller ding gantz freÿ, ledig und loss und dann obgemeltz unsers gnedigen herren von Kempten und seiner gnaden nachkomen demselben ainen abzug und freibrief zu seiner notturft [fol. 20'] zu geben, darumb der zinser oder zinserin nit mer dann ain guldin fůr denselben brief und sigel in die cantzlei zu antwurten schuldig sein.

Deßgleichen so der aigenman oder aigenfraw oder ander aigen person, in obgemeltem gewaltsbrief begriffen, oder ir erben ald nachkomen, von aller seiner hab und gůet, ligenden und varenden, den zehenden phening zu abzug und nachsteůr auch bezalt, so sol und mag er alsdann sein freien zug haben hinder hern, auch frei und reichsstet, merckht, dörfer oder auf daz land, wie und wahin er will, doch mit sollichem abzug und nachstewr des zehenden phenings seiner aigenschaft nit erlediget, sonder nichtdestminder aigen sein und pleiben und jårlich von sollicher leibaigenschaft dem gotzhus ain schilling phening, auch ain fasnachthennen und nach seinem tod fal und hauptrecht geben, wie hievor im sibenden articul anzeigt ist. Will er aber sollicher aigenschaft auch ledig sein, so sol er darumb nach unsers gnedigen herrn von Kempten und seiner gnaden nachkomen aim ÿeden regierenden prelatten daselbs seiner leibaigenschaft mit gnedigem willen erlangen, abkomen und ledig machen, alßdann abermals nit mer dann ain guldin in die cantzlei fůr brief und sigelgelt zu geben schuldig sein.

Doch wellicher derselben freier zinser oder aigenman also von dem gotzhus ziehen, sein nachsteůr bezalt und ainicherlai gelegen gůter het und hinder ime ligen ließ, dieselben sol er in jarßfrist der nechsten nach solchem seinem hinwegziehen kůnftig niemantz anderm dann ainem zu[fol. 21]gehörigen gotzhawsman verkauffen und dem köwffer die fůrnemblichen mit der gewondlichen steůr, wie er die dazemal selbs geraicht, auch also davon on abgang und minderung zue geben schuldig und verphlicht sein.

[12.] Zum zwelften wiewol von alter herkomen, daz ain geschworner castenvogt des gotzhaws korn und haber, zinß und gůlten eingemessen hat, ÿedoch haben vermelt unser gnediger herr von Kempten und seiner gnaden convent sich aus gnaden ains gemainen gůltmessers hinfůro in irer gnaden costen zue halten bewilligt, also daz derselbig messer zu sollichem ampt ainen sonderparen aÿd zu Got und sein heiligen schweren sol, des gotzhus Kempten korn und haber, zins und gůlten gleichlichen und sonderlichen aller der weiss, weg und mass, wie die geschworn kornmesser in der stat Kempten pflegen und schuldig sein, einzumessen mit dem meß, wie ein ÿeder daz zue geben schuldig ist, doch daz der allein mit gelt versolt und an der kornschweinung weder tail noch gemain haben sol in kain weg.

[13.] Zum dreÿzehenden alsdann bißher der gepruch und gewonheit gewest und die ainung des gotzhus vermögt hat, daz dhain aigenman ÿemant andern sein zinß oder gelegen gůter hab mögen noch söllen versetzen noch verkauffen dann seim gleichaigen man, dergleichen dhain zinser ÿemantz anderer ÿchzit verkauffen noch verset-

zen mögen noch söllen dan zinßern oder aigenlewten des gotzhaus Kempten, ist be-
ret, daz des gotzhus Kempten aigenlewt und freizinser hinfüro undereinander wol
verkauffen und versetzen mögen, derhalben von sein gnaden, ir nachkomen und
gotzhaws ungestrafft und unverhindert, doch die brief allwegen bei des gotzhus
Kempten cantzlei [fol. 21'] vertigen und durch ain landaman versiglen lassen bei
der buß in der ainung begriffen.

[14.] Zum vierzehenden nachdem sich die vermelten underthanen und gotzhawslewt
und ander ir verwandten, anhenger und helfer wider obgemelten unsern gnedigen
fursten und herrn, den abte [fol. 22] zu Kempten, und seiner furstlichen gnaden stift,
gotzhawß und convent empert, die uberzogen und beschedigt, dardurch das gotz-
hawß eyngenomen, geplündert, auch an traid und wein, an herrlichem und namlichem
hawßrath, auch roß, vich und anderm ainen mercklichen und grossen schaden geno-
men, und zu dem allem etliche schlesser und hewsser, als furnemlichen Liebenthan,
Wolckhenberg, Hochenthan, Schwabensperg und Thengaw, das wasserhawß und
andern hewssern mitsampt etlichen weyer, vischgruben, gräben, auch hingelichen
wasser gefischet, genutzt, auch das wiltpret geschossen und gefangen und vil des
gotzhawß stifts und conventz vörst, weld, höltzer und derselben ein und zugeherd
verwuest, undergetriben und zergentzt[10], auch vil buchsen, bulfer und ander zugehe-
rig geschutz hinweg gefurt worden, und über das alles und sonderlich auf vilfeltig
gnedig und ernstlich erpieten und furgeschlagen mittel des hochgemelten unsers
gnedigen fursten und herrn, des abte zu Kempten, und seiner furstlichen gnaden
conventz das schloß Liebenthan auch abgedrengt und eyngenommen und darin ain
merckliche sum an barschaft, gold, gelt und silbergeschier, das obgemeltem unserm
gnedigen herren, auch seiner gnaden gotzhawß, auch andern frembden und vertraw-
ten personen zugeherig gewest, genommen, und zum letztn Wolcknperg und Lie-
benthan außgeprand worden, das alles dem gotzhawß Kempten zu unuberwindtli-
chem schaden raicht.

An sollichem empfangnem abgang und schaden sollen die vermelten underthanen,
ir erben und nachkomen seinen gnaden, convent und nachkomen gotzhawß irs tails
zu ergetzlicheit geben, namlich ain yede ee, wittib und wittwer, so aigen speis und
brot auf hewtigen tag niessen und haben, zwelf guldin gemeiner landßwerung und
die auf ir güetter und behawßungen vergwissen und in vierundzweintzig jarn der
nechstkomenden bezalen und auf liechtmess, so man zelen würt funftzehenhundert
und dreissig jar[11], mit der ersten bezalung anfahen zue geben und zu raichen, alles
inhalt ains sonderparn schultbriefs, darumb besigelt, aufgericht und vorhanden.

Weither nachdem sich gemelter unser gnediger herr und seiner gnaden convent des
baren gelt, silbers und korens, so seiner gnaden ire underthaunen auß obgemelten
iren gotzhewßer, schlessern und andern orten, inhalt des nechsten articuls, in gemel-
ter emperung genomen und durchainander in iren pfarren verpewtet und getailt,
hoch angezogen und beschwert haben, des dann bemelte undertanen in crafft irer
huldigung und des leblichen bundtsarticuls [fol. 22'] alles zu widergeben schuldig
gewest wern, nochdann so haben wir gemelten unsern gnedigen herren durch unser
vleissig underhandlung mit anzeigung der undertanen armut und unvermuglicheit
zu nachvolgender gnediger bewilligung bewegt und sein gnad und ire underthanen

---

[10]   verwüstet, zerstört
[11]   1530 Februar 2

diser vordrung halb dergestalt vertrggen[!]¹² haben, daz die undertanen, sovil der-
selben in ain y̆ede pfarr insonderheit gehŏrig sein, bei irm geschwornen ey̆d anzai-
gen und benennen sŏllen, was und wievil in ain y̆ede pfarr insonder von barem gelt,
silber und korn komen sei und wievil dann in ain y̆ede pfarr unsers gnedigen herrn
zuegehŏrigen undertanen und y̆edem insonder an der pew̆t und austailung des korns
worden, sovil sol er unserm gnedigen herrn in den nechsten nachvolgenden zwey̆en
jarn nach dato ditz brieves kunftig mit korn widerumb bezalen und erstaten one ab-
gang und widerred. Und dann alles silber und gelt halb, sovil in ain y̆ede pfarr ko-
men und getailt, ist hierin gutlich betedingt, daz gemelt gelt und silber, sovil die un-
dertanen in ainer y̆eden pfarr unserm gnedigen herrn zuegehŏrig empfangen und,
wie obstĕet, auf irn geschwornen aid bestimpt und anzaigt haben, in vier tail getailt,
und unsers gnedigen herrn zugehŏrigen undertanen die drei tail in vier den nechsten
nach dato ditz briefs volgenden jarn bezalen, und obgemelter unser gnediger herr
von Kempten den vierdten teil aus gnedigem willen nachlassen sol, und hierin die-
jhenigen, so unserm gnedigen herrn von Kempten nit zuegehŏrig, ausgesloßen [fol.
23] und sovil denselben an dem allem worden, ir empfang daran abgezogen und sei-
nen gnaden ir vordrung gegen denselben vorbehalten sein.

Und mit y̆etz bestimpter auferlegten soma, namlich der zwelf guldin, die ain y̆ede
ee, witib und witwer wie vorgemelt geben und sy̆, die underthanen, dartzue daz korn
und drey̆ tail an barem gelt und dem silber, wie in nechstem articul begriffen, zu be-
zalen auch aufgelegt worden, sŏllen sy̆, die underthanen und ir erben, gemeltem un-
serm gnedigen herren und seiner gnaden convent, auch iren vŏgten, cantzler, landa-
man und andern seinen gnaden zuegehŏrigen und verwandten, auch Adamen vom
Stain und andern, wem dann sy̆, die underthanen unsers gnedigen herrn von Kemp-
ten obbestimpt, also in gemeltz unsers gnedigen herrn schlösser und hewser schaden
getan und zuegefuegt, wie und waran daz ist, genant oder gehaissen werden mag,
nichtz ausgenomen, gnugsam abgetan, vergleicht und widerlegt haben und weiter
ny̆emants mer umb daz sy̆, wie vorgemelt, in unsers gnedigen herrn gotzhaws,
schlesser und hew̆ßern in diser emperung schadens getan, nichzit schuldig, sonder
mit obgemelter bezalung gantz ledig und loß sein, und gemelter unser gnediger herr,
wa sy̆ von y̆emant mer umb daz sie in seiner gnaden gotzhaws schlesser und hew̆ßer,
wie oblut, schaden getan haben, angefochten wurden, schadloß halten one geverd.

[15.] Zum fŭnftzehenden so sol durch alles daz, so vor und nach an disem brief ge-
schriben stat, gemeltem unserm gnedigen herren von Kempten, seiner gnaden [fol.
23'] gotzhus und nachkomen an irer oberkheit, freiheit, jurisdiction, hohen und
nidern gerichten kain abpruch, verhinderung oder swechung gepern oder bringen,
sonder sol und mag ir gnad und ir gotzhaws dieselbigen hinfŭro wie bisher in allen
zimblichen und gepurlichen sachen halten und prauchen, damit der from geschirmpt
und der beß und ŭbels thut oder vor ime hat, gestrafft und verhŭet werd. Doch daz
gemelter unser gnediger herr oder seiner nachkomen ir gotzhus freie zinser, zinse-
rin, aigenlewt oder undertanen, noch ny̆emands anderer durch dhain fängknus in ain
andern stand dringen noch bewegen, sonder ain y̆eden in und bei dem stand er ist,
pleiben lassen, dann ausgenomen wie vor am sibenden articul stat und erleuttert al-
les one geverd.

Und auf das, so sol die obgemelt der undertanen empŏrung und alles daz, so mit der
that daraus erwachßen gewest ist, auch die straff und buss, von gemeinem rechten

---

¹² wohl verschrieben für vertragen

darauf gesetzt und alle clag, beswerung, sprüch und vordrung, auch darunder zuege-
fuegt und erlitten costen und schåden, und was sich zwischen baiden obgemelten
tailen solcher irer spenn und irrung halb und alles daz, so obstat, und was sich dar-
under verloffen oder begeben hat, gantz nichzit ausgenomen, hiemit endtlich und
unwiderruefflich geaint und vertragen und alle ungnad und widerwill hiemit tod und
ab sein, dergestalt und also, daz dhain obgemelte parthei, sampt noch sonder ir
nachkomen, noch erben, noch nÿemant von irentwegen dise obbestimpte entpörung
und alles daz, so mit der that und in ander weg daraus gefolgt ist, gegen dem andern
taÿl noch sein zuegewandten, und sonderlich unser gnediger herr, [fol. 24] ir gnaden
convent, vögt, noch amptlewt gegen den undertanen obbestimpt, auch iren weiber,
kinder und verwandten nun hinfüro zu ewigen zeiten in ungeraden, argem oder un-
gutem weder mit penlichem noch burgerlichem rechten nichtz zuefüegen, beclagen
noch fürnemen, auch nit anden, effern, rechen, belaidigen noch beswern, besonder
söllen sÿ iren freien, sichern handl und wandl widerumb zu, von und beiainander
haben und halten. Doch in dem allem obgemelter gemainer loblichen versamblung
des bundtz ir straff, gnad und ungnad diser empörung halb gegen menigclichem vor-
behalten.

Und auf daz alles, so obstêet, so haben beid tail disen vertrag mit gnedigem und gut-
em willen angenomen und uns, namlich der vorgenant unser gnediger herr von
Kempten, seiner gnaden custer und convent als gwalthaber und gesandten von we-
gen dechants und convents vilgemeltz gotzhus bei irn fürstlichen wirden und eern
zugesagt und versprochen, und die gemelten ir und des gotzhaws zuegehörigen ai-
genlewt und zinser, obbestimpte gesetzte und volmechtige gewalthaber für sÿ selbs
und ir mitverwandten, auch als gewalthaber derselben samentlich und sonderlich in
unser hand bei iren handtgegeben trewen an gesworner aids stat gelopt und zuege-
sagt, disen vertrag, abred und betedigung mit allem seinem inhalt, sovil er ÿeden tail
und sein verwandten bindt und berürt, für sÿ, ir nachkomen und erben, one alles ab-
solviern, war, vest und stêet und unverprochenlich zue halten, nachzukomen und
volnstregken alles one arglist und beß sind, getrewlich und [fol. 24'] ungevarlich.

Und des alles zu warem urkund so haben wir obgenanten Sebastion von Braitten-
stain, abte, und wir, dechant, custer und convent des erwirdigen stift und gotzhaws
Kempten, unser abthei und gemainen conventz insigel für uns, unser stift, gotzhaws
und nachkomen offenlich an disen vertragsbrief thun hengken. Und wir, die obge-
melten gemainen und volnmechtigen gewalthaber aller und ÿeder aigenlewt, freien
zinser, zinserin und undertanen des gotzhaus Kempten, in obgemeltem gewaltsbrief
bestimpt, in unserm und ir aller namen unsers tails mit hohem vleis erpetten die fur-
sichtigen, ersamen und weisen burgermeister und rath, beder des heiligen reichs
stett Memingen und Kempten, unsere günstige lieb herren, daz sÿ irer gemaine stett
secret insigel, doch inen, iren nachkomen und gemeiner irer stett in allweg onsched-
lich, offenlich an disen brief gehengkht. Darzue haben wir, die guetlichen undertä-
dingen obbestimpt, zu merer becröftigung ditz unsers guettlichen spruchs und ver-
trags für uns selbs unsere aigne insigel, doch uns und unsern erben in ander weg
oneschedlich, auch offenlich an disen brief gehangen, der zwen libelsweis geschri-
ben, in gleichem lut begriffen und ÿedem tail ainer gegeben und beschehen auf
frewtag nach sant Anthonien tag nach Christi gepurt funftzehenhundert und im
sechsundzweinzigisten jarn.

21

1525 Januar

Sammlung meist individueller Beschwerden von Untertanen des Fürststifts Kempten, hauptsächlich wegen Standesminderungen von Freien, Muntleuten und Zinsern, aufgenommen als Beweismittel für Verhandlungen vor dem Schwäbischen Bund in der Auseinandersetzung zwischen dem Kloster und seiner Landschaft.

Staatsarchiv Augsburg, Fürststift Kempten, Münchener Bestand Lit. 411, fol. 55-153

Druck: Blickle - Besch, Leibeigenschaftsrodel, S. 579-629. - Erhard, Bauernkrieg, S. 8ff. [Teildruck]. - Franz, Quellen Bauernkrieg S. 124 f. [Teildruck].
Literatur: Baumannn, Allgäu 3, S. 11-14. - Blickle - Besch, Leibeigenschaftsrodel, S. 567-579 [Beschreibung der Quelle]. - Franz, Bauernkrieg, S. 181ff. - Ludi, Kemptener Leibeigenschaftsrodel, S. 67-90.

Des Gotzhaus Kempten underthanen, clagen und beschwärden, mit der that beschehen, auf ir haubtsach beschwerden eingelegt
[fol. 56]

In sant Lorentzen pfarr
[1.] Item Hainrich Gaugell und sein pruder, baid zinser auf unser Frawen altar[1], sagen, das unnser gnädiger herr von Kempten hat uns gefangen, und mussen schweren und uns verschreyben, vom gotzhaws nit weichen weder mit leyb noch gut, und uns von unser freyhait gwältigklich getrungen.
[2.] Item Hanns Lůprecht sagt, wie in sein gnädiger herr von Kempten gefangen hat als ain zinser, und mŭst ain prief uber sich geben, numermehr vom gotzhaws zu weichen, und must den vogten geben wol zwaintzig guldin, und on recht mich darzu gestrafft hat.
Item darnach hat man mich zum andern mal gefangen und mein frawen fur ain aigen man, und han zwö frawen gehabt sind frey zinserin gesein, auf unser frawen altar von rechten stamen her, die mŭsten sich aigen verschreyben mit leyb und gut, [fol. 56'] und auch die kind, so wir hetten, wollt ich aus dem thurn, da gieng mein weyb und funf kind und verschriben sich zu leibaigen, und hett noch vier kind, die waren darzumal nit in meinem prot[2], die wollten sich nit geben zu aigen, da musten sy sich meins erbthails verzeihen[3], also bin ich darzu gedrungen mit gewalt on recht, und han noch mehr vier kind bey meiner vorigen frawen, die mussten auch erbloß sein meins guts.

---

[1] Benannt nach dem Maria geweihten Hauptaltar in der Kirche St. Lorenz, auf den der Zinser (die Zinserin) ursprünglich an einem festgesetzten Tag im Jahr einen Zinspfennig zu legen hatte.
[2] nicht im Haushalt lebend
[3] verzichten

[3.] Item Hainrich Kaiser zinser zu sant Niclaus, bin gefangen worden von meinem gnädigen herrn von Kempten, da ich nit sechzehen jar alt was und hett dannocht vogt und trager, und musst mich verschreyben und ain ayd thun, nummermehr vom gotzhaws zu weichen, und lag in der keichen[4], wiß Gott, das ich darin erzittert und erbidinet[5] in meiner kinthait, und wesst nit warumb ich gefangen wardt, und torst[6] kain weib nemen, dann mit rhat und gunst der [fol. 57] herschaft, das was mir versetzt an hundert gulden, und sollt wider kain gotzhawsman nymmer mehr sein.

[4.] Item Ludwig Neß, unser Frawen zinser, bin gefangen worden von meins herrn gewalten[7], da ich kam in die stuben fur sy, da sprachen sy, du must uns da verhaissen und dich verschreyben und ain ayd schweren, nymermehr vom gotzhaws zu weichen, da ward ich zů gezwungen mit gwalt on recht und ursach.

[5.] Item Conrat Egger und Peter, baid zinser auf unser Frawen altar, sind baid gefangen worden von unserm gnädigen herrn von Kempten und musten uns verschreiben und ain ayd thun, wider das gotzhaws nummermehr zu sein und nit davon weichen mit gewalt.

[6.] Item ich, Peter Egger, und mein schwesterman[8] haben ain hof bestanden vom gotzhaws vor dreissig jarn, und ward uns vergunnen, den hof ze thailen, also ist [fol. 57'] nun mein schwesterman thod, so will mein gnädiger herr von Kempten, das ich den hof wiederumb vererschatzen soll, und fordert hundert guldin, so bin ich ain alt man wol bey den achtzig jarn, darab bin ich beschwårt und důnckt mich unbillich.

[7.] Item Hainz Walch, unser Frawen zinser, mein alter herr såliger hat mir ain gut und ain holtz darzů gelihen, das haben mein vordner ingehabt und ich selbst ob zwainzig jarn, das hat mir ietz mein gnädiger herr genomen und mich darzu gestrafft umb zwainzig gulden, und will ain bannholtz daraus machen und spricht, es sey sein bannholtz, also bin ich sein beraupt durch sein gewalt.

[8.] Item Els Ayglerin, Connzen Ayglers såligen witwe, ain freyin, und han mich selb durch sant Hiltgarten[9] willen ergeben an das gotzhaws zu ainer zinßerin auf unser Frawen altar, da meins man sålig starb, da schickten die gewållt nach mir am funften tag, und musst mich [fol. 58] und meine kindt, so ich hett und noch uberkåm, verschreyben nummermehr zu weichen, weder mit leib noch mit gut.

[9.] Ich, Barbara Reyserin, zinserin unser Frawen, bin gefangen worden von meinem gnädigen herrn von Kempten, vom gotzhaws nit zu weichen, und musst deß ain ayd schweren, und ausserhalb dem gotzhaws nit mannen[10] on ursach.

[10.] Item Hans Walch, unser Frawen zinser, bin beschwert worden, mein vorfar, dem ich abkauft han, ist auch ain zinser gewesen und ist in Schweitz zogen, also

---

[4] Gefängnis
[5] erbebte
[6] vermutlich verschrieben für torft = durfte
[7] Gewalthaber
[8] Schwager
[9] Hildegart gilt in der Kemptener Tradition als Stifterin des Klosters. Vgl. Hansmartin Schwarzmeier, Königtum, Adel und Klöster im Gebiet zwischen oberer Iller und Lech (Veröffentlichungen der Schwäbischen Forschungsgemeinschaft bei der Kommission für bayerische Landesgeschichte, Reihe 1, Bd. 7), Augsburg 1961, S. 12f.
[10] einen Mann heiraten

mus ich die steur fur ine geben, alle jar aylf schilling haller, das nit billich ist, und hat mir die steur in das gut geschlagen[11].

[11.] Item Hans Kayser und mein zwo schwestern auf unser Frawen altar, hat uns unser gnådiger herr von Kempten gefangen durch sein gewalt on recht und ursach, und mussten uns ver[fol. 58']schreyben und deß ain ayd schweren, vom gotzhaws nit weichen, und haben wir ain freyhaitsprief, wie wir und unser vorder frey zinser seien.

[12.] Item Hainrich Dorn selb funft geschwistirgit[12] zinser uff unser Frawen altar, wir wurden gefangen in unser kinthait und mussten uns verschreyben und ayd schweren, vom gotzhaws nit weichen, weder mit leib noch mit gut.

[13.] Item Jåck Dorn, unser Frawen zinser, bin gefangen worden von meinem gnådigen herrn von Kempten und must mich verschreyben und ain ayd schweren, vom gotzhaws nit weichen, und must funftzig guldin verpurgen, und bin ain frey man gesein, und han mich durch sant Hilltgarten willen an das gotzhaws geben zu ainem freyen zinser, da hat er mich von getrůngen mit seinem gewalt on recht.

[14.] Item Jack Stockman, zinser auf sant Martins altar[13], bin gefangen [fol. 59] worden von meinem gnådigen herrn von Kempten und musst mich verschreyben und ain ayd schweren, nit von dem gotzhaws zu weichsen[!], und ward gefangen mit gewalt on recht.

[15.] Item Hans Grauf, unser Frawen zinser, mein gnådiger herr von Kempten ließ mich fahen, und musst mich verschreyben und ain ayd thun, vom gotzhaws nit weichen, weder mit leib noch gut on recht, mit seinem gewalt.

[16.] Item Christa Schullthaiß, unser Frawen zinser, bin gefangen worden von schaffen meins gnådigen herrn von Kempten und můst mich und meine kind verschreyben, vom gotzhaws nit weichen, weder mit leib noch mit gut, und mein fraw hat sich vor auch můssen verschreyben.

[17.] Item Hainrich Schmaltznapff, unser Frawen zinser, mein gnådiger herr hat mir mein weib gefangen, die ist [fol. 59'] zinserin zu sant Niclaus, und hat sy funf wochen gefangen und in eysin[14] auf ainem schloß, wollt ich leib und gut von ir han, da můst ich mich verschreyben, nummermehr vom gotzhaws weichen.

[17. a] Item Ursula Neckerin, unser Frawen zinserin, bin gefangen worden und in die eysin gelegt, wollt ich heraus, da musst ich mich verschreyben und ain ayd thun, wider das gotzhaws nit ze sein und davon nit weichen, weder mit leib noch gut, und wann ich das uberfur, so wåre alls mein gut dem gotzhaws verfallen.

[18.] Item Engell Elhartin und meine kindt, zinser auf unser Frawen altar, bin gefangen worden und musst mich verschreyben, vom gotzhaws numermehr zu weichen, weder mit leib noch mit gut, noch meine kindt.

[19.] Item Hans Schmaltznapff, sant Martins [fol. 60] zinser, mir ist gepotten worden von meinem herrn von Kempten, das ich auf mein gut ain haws zimmern sollt an fiertzig guldin auf ein kurz gesetzt zil, darin ich es nit volfuren möcht, da must

---

11 auf das Gut gelegt
12 Geschwister
13 benannt entweder nach einem St. Martin geweihten Altar in der Kirche St. Lorenz oder nach der Kirche St. Martinszell. Für die zweite Deutung sprechen urkundliche Belege: so ist 1489 etwa von einem „Zinser auf St. Martins Altar zu St. Martinszell" die Rede. Vgl. auch Blickle, Kempten, S. 51, Anm. 4.
14 Ketten, Gefängnis

ich ime geben zu peen achzehen guldin, also ließ er mich in dem alten haws pleiben, da ich noch heut bey tag in bin, und will sy mein lebtag genug haben.

[20.] Item Hanns Schullthaiß, unser Frawen zinser, bin gefangen worden und musst ain ayd schweren und mich verschreyben, vom gotzhaws nit zu weichen, weder mit leib noch mit gut, und bin ganz umb unschuld gefangen worden.

[21.] Item Hanns Mair, unser Frawen zinser, bin drey wochen gefangen gelegen und musst mich verschreyben und verburgen, nit vom gotzhaws zu weichen, weder mit leib noch mit gut, und wollten mir nit [fol. 60'] sagen, warumb sy mich gefangen hetten, und wollt ich aus dem thurn, do must ich hundert guldin verschreyben aus meiner muter gut, wann ich das nit hielt, so wåre das gelt sein furpfandt, solang biß die hundert guldin geben wurden.

[22.] Item Anna Gesslerin, genannt Kuestallerin, unser Frawen zinserin, ich bin gefangen worden, da mein mann sålig starb, und musst mich verschreiben und loben, vom gotzhaws nit weichen, weder mit leib noch gut, on ursach und recht.

[23.] Item Ursula Neckerinn, unser Frawen zinser, bin gefangen worden von meinem gnådigen herrn von Kempten und musst all mein gut verpurgen und verschreyben, vom gotzhaws nit weichen und gerar[15] das gut nit angreifen noch verkaufen, und sollt ich hungers sterben und litt grossen hunger in der grossen theurin[16], nun darumb fieng man mich, [fol. 61] das mein schwester nam ain man in die statt, deß musst ich entgelten.

[24.] Item Cristan Stockman, unser Frawen zinser, bin zwirend[17] gefangen worden und musst mich verschreiben, vom gotzhaws nit zu weichen, also bin ich zum drittenmal gefangen worden und han muessen verpurgen zweyhundert pfund haller, da seien zwainzig man uff mich burg worden, da ich vom gotzhaws nit weichen soll, und wann ich das nit hielt, so mussen die burgen das gelt geben.

[25.] Item Hanns Kierchstaller, unser Frawen zinser, bin gefangen worden von meinem gnådigen herrn von Kempten und musst mich verschreyben und darzu verpurgen hundert gulden, vom gotzhaws nit zu fliehen, weder mit leib noch mit gut, darumb musst ich dreissig purgen haben, und ward angenommen unverdienter sach mit gwalt [fol. 61'] on recht, und wann ich die ding bråche, so mussen die burgen das gelt geben, und lag vier wochen und zwen tag gefangen.

[26.] Item Jåck Kirchstaller, unser Frawen zinser, der alt herr ließ mich fahen, nun das ich ain reichen schweher hett, da musst ich mich verpriefen und schweren, vom gotzhaws nit weichen, weder mit leib noch mit gut, und fieng mich mit gwalt on recht.

[27.] Item Peter Stockman, zinser, hat genommen ain frawen, die ist leibaigen, da han ich mich auch muessen ergeben zu leibaigen hinder das gotzhaws, damit bin ich gedrungen worden, von der freyen zinser gerechtigkait, und wollt ich es nit thun, da musst ich es thun.

[fol. 62]

---

[15] hinterlistig, betrügerisch
[16] Teuerung (der Lebensmittel)
[17] zweimal

Sultzperger pfarr

[28.] Item Peter Adelgos, ain freyer zinser unser Frawen, bin gangen mit hern Marckwarts[18] leuten auf ain kirchweyhin gen Durrach, da fieng man mich und wolt mir nit in die gefüncknus zu essen geben, ich gäbe dann dem vogt sechs gulden, also wollt ich heraus, da musst ich das gelt geben und mich verschreyben, vom gotzhaws nit ze weichen, auf das hett ich ain weib genommen, die was nit deß gotzhaws, da verhieß man mir, wann ich sy nach mir prächte, das sollt die straff sein, das sy auch ain zinserin wäre, uber das, da ich sy nach mir pracht, da fieng man mich und musst zwainzig gulden geben wider Gott und recht, damit bin ich verdrungen von meiner zinser gerechtikait.

[29.] Item Hanns Staiger, Erhart Staigers son, bin gefangen worden am andern tag nach meins vatter säligen thod in [fol. 62'] meiner kinthait durch den landamman[19], der sprach zu mir, du müst dich verschreyben und verpurgen umb hundert guldin, nit vom gotzhaws zu weichen noch kain andern herrn noch schirm an dich nemen noch weyben[20] aus der herschaft, und musst ain prief uber mich selbst geben, dann ich bin sant Martinns zinser, davon bin ich getrungen.

[30.] Item es ist ze wissen, das Martin zum See, unser Frawen zinser, da fur mein herrn zu und fieng mich und sprach, du hast aus der herrschaft geweibet, das doch nit ist, und hett das nur zu ainem wort, das er mich fieng, und musst mich verschreyben, hinder das gotzhaws davon nit zu weichen, weder mit leib noch mit gut, noch kainen andern schirm an mich nemmen, das clagen ich seer.

[31.] Item Jörg Geiger auf dem Kolenperg, ain freyer muntman, und han schirm [fol. 63] von meinem herrn von Kempten, und han prief und sigel, das man mich soll lassen pleiben bey ainer benanten steur, so man mich nit gevar weiter steuren, so steurt man mir mein weib, das daz doch unbillich ist, das clag ich seer und vast.

[32.] Item der jung Hainz Lanng, unser Frawen zinser, ich hab geweibott in deß bischofs von Augspurg herschaft, da hat mich mein herr beschickt und die knecht hinder mich gesteckt, zu fahen und hat mich darümb gestrafft umb funftzehen gulden.

[33.] Item Hans Lutz am Widemmen, ain freyer zinser, bin gefangen worden und legt mich in die keichen und hat mich gestrafft am leib und am gut, item weiter han ich, Hans Muller der Linz, am Widemmen ain wasser, ist ain weyerlin, darumb han ich drey prief nachainand und zu dreyen malen gelechnet[21], vom [fol. 63'] gotzhaws Kempten, ietz fert mein herr zu und hat mirs genommen und empfrembdt[22] uber mein prief und sygel, und han darzu mich muessen verpurgen umb hundert gulden, weder leib und gut verendern one sein rhat und wissen.

[34.] Item Ulrich Lanng hinderm Büch, ain freier man, darumb ich prief und sigel han, da hat mich mein herr von Kempten gefangen und von meinen freyhaytsprieven getrungen mit seinem gewalt on recht, und musst prief uber mich selbst geben, vom gotzhaws nit ze weichen, und hat mich gestrafft am leib und am gut, mehr dann ich vermugen han, das clag ich fursten und herrn, das ich also mit gewalt bin verdrungen von meiner freyhait, und bin vor wol sicher gewesen bey zwaien abten und

---

18 vermutlich Markward von Schellenberg
19 Der Landammann ist der höchste weltliche Beamte des Klosters Kempten.
20 eine Frau heiraten
21 zu Lehen genommen
22 entfremdet

herrn, die wissen mein freyhait [fol. 64] wol, und liessen mich dabey beleyben, aber der herr hat mich der entsetzt mit seinem aygen gewalt, item weiter bin ich ime ain zins schuldig, der ist nun in die dritten hand kommen, und begeren, den prief zu hören, das will man mir nit vergönnen, und mus den zins ausrichten, und mein herr will mir nit vergönnen, das ich nutz verkauf, und mus bey dem meinen grossen hunger han, ich und meine kindt, das wir nutz durren²³ verkaufen, und wann ich gestirb²⁴, so fallet das gůt an herrn Marquarten von Schellenberg, des ist weib und kind.

[35.] Item Hans Summer zum See, leibaigen deß gotzhaws, der hat genommen ain freye thochter, da fieng mein herr in und begert an in, das er sy zu aigen gåbe, da bat er in, das er die kindt ließ unser Frawen zinser sein, er wollt es nit thon, da bat er in, das er [fol. 64'] nur ain kind ließ ain freyen zinser sein, da sprach mein herr, du musst weib und kindt zu aigen geben oder du must erfaulen in der fǎncknus, das clagen ich Gott und dem rechten.

[36.] Item Ulrich Muller zum See, ain freyer zinser, han genommen ain freyin und hat mich lassen sitzen mit ruw wol zwainzig jar, also ist man ietz zugefarn und hat in und sein son Hannsen gefangen, türnt²⁵ und gestrafft an leib und an gut, und mehr dann ir leib und gut vermugen, und mussen sich verschreyben, hinder das gotzhaws nummermehr darvon zu weichen, weder mit leib noch mit gut, das clagen sy bayd Gott und dem rechten.

[37.] Item Caspar Staiglin zu Seebach, zinser, mein her hat mir gelihen ain hof und hat mich hoher gestaiget, dann so er mir in gelihen hat, darnach schickt er nach mir und sprach, du wirst den prief auf[fol 65]richten, da wisst ich nit waß priefs, da sprach er, vom gotzhaws nit zu weichen und kain andern herrn noch schirm suchen dann mich, das mich doch seltzam und unbillich daucht, das ich also von meiner freyhait sollt trungen werdenn, doch musst ich es thun.

[38.] Item Conntz Kiepp zu Seebach, mir ist gleich also geschehn, das ich mich verschreyben musst, von dem gotzhaws nit weichen noch kain andern schirm nit nemen, also bin ich von meiner freyhait getrungen, die all frey zinser sond²⁶ han.

[39.] Item Hanns Wegelin zu Seebach, ain zinser, han mich mussen verschreyben, weder leib noch gut vom gotzhaws nit ziehen.
[fol. 65']

Durracher pfarr

[40.] Item Hanns Hannckh, unser Frawen zinser, bin gefangen worden von meinem alten herrn såligen²⁷, ich nam ain frawen, die waß nit zinser, die kauft ich umb zwölf gulden und musst sy da an das gotzhaws geben und mich verschreyben und ain ayd schweren, wider das gotzhaws nit zu sein noch darvon nit weichen, weder mit leib noch mit gut.

[41.] Item Jörg Steffan, unser Frawen zinser, bin gefangen worden mit solichen sachen, mein gnådiger herr hett ain gefangen, da ward ich und ander sein burg und

---

²³ dürfen
²⁴ sterben
²⁵ in den Turm (Gefängnis) geworfen
²⁶ sollten
²⁷ vermutlich Abt Johann Rudolf von Raitnau (1507-1523)

burgten, in aus der gefåncknus auf zil und tag sich wider zu stellen, in dem starb der gut man, ee das zil und tag kamen, da fieng mich mein gnådiger herr und musst mich verschreyben, mit [fol. 66] leib und gut vom gotzhaws nit zu weichen und deß ain ayd schweren, und wann ich wider das gotzhaws thet, so sollt ich ain verthail-ter[28] man sein.

[42.] Item Hainrich Lingg, unser Frawen zinser, do ich bin under sechzehen jarn gewesen und han vôgt gehåbt, da must ich mich verschreyben, vom gotzhaws nit weichen, da musst ich hundert guldin verschreyben und verpurgen.

[43.] Item Jos Geutherer, zinser unser Frawen, bin mer dann ainist gefangen worden von meinem gnådigen herrn von Kempten unbillich und on recht, und musst mich verschreyben und ain ayd schweren, nit wider das gotzhaws sein, weder mit leib noch mit gut, und bin gestrafft worden, wol umb achtzehen guldin unbillich und hat mir in meinem aygen holtz, das ich vom gotzhaws vererschatzet han, genommen mehr dann umb acht gulden holtz mit seinem gewalt wider mein willen. [fol. 66']

[44.] Item Nesa Hainzelmånnin von Bachen, ain freyin, han genommen mein man sålig, was leybaigen, den fyeng man, wolt ich in aus dem thurn han, da must ich mein freybrief von mir geben und mich und meine kindt auch zu leibaigen geben, und ist beschehen bey dem alten hern[29], das clag ich Gott und dem rechten.

[45.] Item Bienntz Linck, zinser unser Frawen, mein gnådiger herr hat mich verstossen von meinem gelechneten[30] hof von ains hubgelts wegen, da nam er mir zwainzig fuoder hew, die warn zwainzig pfund haller wol wert, das hubgelt traff da kam sechs pfundt haller, und nam mir da wol umb zehen guldin holtz und den hof gar und fieng mich darnach, und must ain ayd schweren und mich verschreyben, die ding nit beclagen, weder stetten noch herrn, und wollt ich aus dem thurn, da musst ich vier pfund haller geben. [fol. 67]

[46.] Item Connz Wanckmuller, zinser unser Frawen, da mein vatter sålig lebt, da fieng in mein alter herr und furten mich an der handt, das ich kain gedenck, und verschrib mich und andere meine geschwistirgitt vom gotzhaws nit zu weichen.

[47.] Item Conrat Fraydinng, leibaygen man, hat gehapt ain frawen die ist im gestorben, da musst er mit dem abt thaylen und gab im funfzig reinisch guldin, item darnach nam er ain ander frawen, die was ain freye zinserin, die starb ime auch, da hat mein herr aber das halbthail wollen haben, da musst er im dreyssig guldin geben, da nam er die dritten frawen, die starb im auch, da nam er aber den halben thail, da gab er im zwainzig guldin, zuletst ist er selber thod, so hat man aber den halben thail han, also hand seine kindt die gelter vorausbezalt, da ist nit mehr uberpliben dann XII ½ pfd. hl., [fol. 67'] das hat der abt auch wollen halb han, da hand ime die kind nichtz wollen geben, da hat er es alles genomen, und mussen ain thail der kind nach dem allmusen gan, das waren sy wol uberworden, hett man irem vatter das gut nit also abgenomen.

[48.] Item Conrat Fraydinng hat ain dochter gehabt, der ist auch ir man gestorben, da hat sy ain jungs kindt gehabt, do hat aber der abt das gut wollen halb haben, das hat sy nit wollen thun und wollt im das kindt geben, das er es zuge, und wollt darvon sein gangen, also ließ er dem kind auch ain thail, da starb das kindt, darnach hat er

---

[28]   verurteilter oder enterbter
[29]   vermutlich Abt Johann Rudolf von Raitnau (1507-1523)
[30]   zu Lehen gegebenen

sy genột, das sy ime deß kinds thail must geben, und will nit, das kain geschwistirgit
das ander erb, das clagt sy Gott und dem rechten.

[49.] Item ich, Hans Frayding, han genomenn ain freye zinserin, da musst ich mei-
nem herrn geben achtzig pfundt haller, das man sy ließ bey irer freyhait [fol. 68] be-
5 lyben und die kindt, als andrer frey zinser han sondt, nit mehr hat mir mein vatter să-
lig und mein schwaher zu heimsteur geben.

[50.] Item Conrat Feneberg uff dem Betzenried, han ain aigen gut ererbt, das wollt
ich geren verkauft han, wollt mir mein herr nit vergonnen, do must ich im von geben
zwộlf gulden, das er mirs vergộnnet, item er ist im auch gestorben sein hausfraw, da
10 wollt mein herr von Kempten den halben thail haben, da kam ich mit im ab umb
zwainzig gulden, darnach starb Fenenberg selbs, da wollt er sein gut aber halb han,
das bedenckt seine kindt unbillich, da wollt er nit nachlassen, da mussen die kind
geben LXX³¹ pfd. hl., da mocht der son das gelt nit aufpringen und bat den abt, das
er im vergộnnet, ain malter haber aus dem gut zu verkaufen, das wollt er nit vergộn-
15 nen und wollt es auch selber nit kaufen, also bin ich zu armut kommen, was ich das
gelt aufgepracht han.

[51.] Item Andreas Schyner zu Langingen, dem ist ain erbthail gefallen in meins
herrn von Kempten gepiett XV pfd. hl., davon must ich im geben siben pfundt hal-
ler, und ain prief geben nummermehr ẩfern³².
20 [fol. 69]

Haldenwanger pfarr
[52.] Item Hanns Paur, deß gotzhaws aigenman, han ain zinserin auf unser Frawen
altar, die hat vor ain man gehabt, der ist ir vor am Buchenberg umbkomen, da ver-
25 hieß man ir in irem laid, wo sy im gotzhaws hienach ain man neme, so sollt sy one
all straff sein, do sy nun mich nam, da must sy sich nach mir zu leibaigen geben
oder zwainzig pfundt haller für die straff.

[53.] Item Jorg Paur und Contz Paur, hand ain muter gehabt, die ist ain freye zinse-
rin gewesen, die hat ain leibaigen man genommen, da musst sy sich und all ire kind
30 zu leibaigen ergeben, so han ich Jộrg Paur ain zinserin genommen, sant Niclaus
zinserin, die hat sich auch nach dem man zu leibaigen geben, und seien jetweders
von rechten nie kains aigen gesein.

[54.] Item Jos Maurus ist gewesen ain leybaigen man und hat ain freye zinserin ge-
nomen zu der ee, da fieng man in, und must sein weib nach im pringen [fol. 69']
35 auch leibaigen machen, da ist er von thods wegen abgangen, da wollt mein herr mit
ir wollen thailen, da ist herr Caspar von Laubenberg, mit andern kinden auch im
thail gelegen, und wollt es nit zugeben, da ist das gut verpotten worden, und hat das
in siben jarn nie in irm gewalt gehabt.

[55.] Item weiter mehr Els Maierin, ain freye zinserin, mich hat mein g. h. von
40 Kempten angenommen und gefangen und verpot mir, das ich kain man sollt nemen
on sein willen und wissen, oder ich must hundert pfd. haller zu straf geben, also da
mich die naturlich lieben zwang, das ich ain man nam nit mit seinem rhat, da hat er
mir meins vatters rhat und hilf furkomen und mir mein haimsteur entwert.

[56.] Item mehr, wol auf acht personen, in der obgenannten pfarr sind angenomen

---

³¹ der Zahl vorgestellt: „sibenzig" (durchgestrichen)
³² rächen

worden, und sind doch all unser Frawen zinser, ausgenomen [fol. 70] ainer ist sant Niclaus zinser, und etlich hand sich mussen verschreyben und gelert ayd thun und etlich sonst loben, bey handgelopter trew vom gotzhaws nit zu weichen, weder mit leib noch mit gut, item das sein die obgeschriben

Biennz Riedlein	die hand verkauft, und etlich gelt geben, ainer XI fl. etlicher	
Hans Albrecht	III fl. und etlich IIII fl.	
Jos Maurus		
Veit Kyndperg		
Jos Hiebeler		
Hainz Maurus		
Veit Maurus	die hand angelopt	
Jos Maurus		
[fol. 70']		

Dietmanrieder pfarr und Reicholtzried

[57.] Item Jos Ruch, leybaigen deß gotzhaws, han genomen zu der ee ain freye zinserin auf unser Frawen altar, die must ich nach mir pringen und sy und alle unsere kindt zu leybaigen, darumb musst ich prief und sigel aufrichten, Und ist mein fraw von der freyhait getrungen worden.

[58.] Item Jåck Fraiding, leibaigen deß gotzhaws, ich han ain schwager bey mir gehabt, der ist gestorben und verließ nit mehr dann zwölf pfundt haller hinder im, die nam mein herr von Kempten, und must ich in besingen[33] und selgret geben, und thet im alls ainem christenmenschen von meinem gut.

[59.] Item Hans Vogt, ain freier zinser, han geweibet aus der herschaft, da fieng man mich und musst zweiundreissig gulden geben, und must sy nach mir [fol. 71] pringen, und must mich meins vetterlichen und muterlichen erbs verzeihen, und prief und sigl uber mich selbst geben und weib und kind aigen machen.

[60.] Item Hans Fiener, bin ain freyer zinser und gefangen worden, und must mich verschreyben und ain ayd schweren, vom gotzhaws nit zu weichen, weder mit leib noch mit gut, und hat mich darzu gestrafft umb sechs guldin.

[61.] Item Hans Waim, genannt Schweitzer, unser Frawen zinser, mein g. h. hat gefangen sein weib und drew kindt, und mussen sich verschreiben, vom gotzhaws nummermehr ze weichen, und darzu mich gestrafft umb zehen gulden.

[62.] Item die Widenmannin zu Käser, ain zinserin, der ist ir freundt ainer in das ellend zogen, und ist auch ain zinserin gesein, [fol. 71'] der ist nun thod, so hat der den erben IV ß. hl. steur in ir gut geschlagen von deß wegen, der thod ist, und ain ewigen zins gemacht mit gewalt on recht, und mussen IV pfd. hl. zu thodfall geben.

[63.] Item Claus Rotach, ain freier zinser, han mich mussen verburgen und verschreyben, hinder das gotzhaws nummermehr davon zu fliehen, und wann ich das nit hielt, so war ich ain verschribner man, darzu bin ich zwungen und trungen worden unverdienter sach, und musst geben ain lib. haller thurn lösen, VIII ß. hl. atzung und XIII ß. hl. umb ain prief und X ½ ß. haller sigelgelt.

[64.] Item Hanns und Heinrich die Brunner, baid unser Frawen zinser, da hat man uns gefangen und mussen prief uber uns selbst geben, wider das gotzhaws nit ze

---

[33] Beerdigung ausrichten

128

sein noch davon nit zu weichen, weder mit leib noch mit gut und uns trungen von unser freyhait und darzu gestrafft umb acht gulden mit gewalt on recht. [fol. 72]

[65.] Item Hanns Funnck, ain freier zinser, bin gefangen worden und must mich verschriben und schweren, vom gotzhaws nit zu weichen, weder mit leyb noch mit gut, und bin darzu beschåtzt worden umb acht guldin, damit bin ich trungen mit gewalt one recht von meiner freyhait.

[66.] Item Claus Wirt, ain freyer man gewesen und han ain gotzhaws zinserin genommen und han mich selbst auch geben an das gotzhaws zu einem freien zinser, noch hat man mein weib gestrafft umb sechs gulden.

[67.] Item Jos Schŏn Måtzer, ain freier zinser, der vogt bot mir fur gericht und ließ mich ain halben tag stan und nam mich gleich bey dem rechten und fieng mich und musst mich verschreyben, vom gotzhaws nit weichen, und musst zwen gulden geben on recht. [fol. 72']

[68.] Item Conrat Mair, ain freier zinser, han mich mit weib und kinden mussen verschreyben, vom gotzhaws nit ze weichen, weder mit leib noch mit gut.

[69.] Item Hans Mair, ain zinser, han mich muessen verschreyben, mit weib und kinden vom gotzhaws nit zu weichen, weder mit leyb noch mit gut, damit ich getrungen bin von aller zinser gerechtikait.

[70.] Item Conntz Grotz, ain freier zinser, bin gefangen worden und han mich mussen verschreyben, vom gotzhaws nit ze weichen, weder mit leib noch mit gut, die ander clag, da mein vatter sålig starb, der hett den hof vererschatzet umb XXX lib. hl., do wollt ich auch wider hofen, da vermocht ich nit, das er aischet[34], das waren achtzig guldin, und traib mich ab dem gut und wisst nit, wo ich hin sollt, da ließ er mir den halbthail deß hofs, da musst ich geben [fol. 73] funfundviertzig guldin, das doch unbillich ist.

[71.] Item Hans Schannåtzer und sein pruder, als mein vatter sålig gestorben ist, da sollt ich wider hofen[35], das vermocht ich nit, da kåmen die amptleut und boten uns, das wir hofen mussen, und darzu mussten ich und mein pruder uns verschreyben, vom gotzhaws nit weichen, weder mit leib noch mit gut, und mussen auf das gut geben hundert und sechzehen guldin und ain haws darauf zimmern on allen seinen schaden, das ist vor nit vererschatzt worden.

[72.] Item Ålla Maierin, Peter Grotzen wittib, ain freie zinserin auf unser Frawen altar, da mein man gestorben ist, da wollt ich das gut lechnen von meinem gnådigen herrn, der wollt mir es nit leihen und thailt das gut und lech mir den halbthail umb LXI fl., und mein man sålig lechnet es gar umb LX fl. und lept nur sechs jar, darab bin ich beschwårt. [fol. 73']

[73.] Item Peter Sůnthain, aigenman, der vogt schickt in das closter nach mir, da ich kam, da pot er den amptleuten, das man mich in de[!] keichen furte, da leg ich in vier tag, darnach zwang er mich, das ich mit im gutlich oder rechtlich sollt abkommen, da wollt ich rechtlich, das wollt er nit thun, da musst ich im verhaissen zwen guldin.

[74.] Item Hans Waim, leibaigen, und mein fraw, auch aigen, die ist nun gestorben, da musst ich mit dem gotzhaws thailen, das traf ainundviertzig guldin, also verpot mein herr von Kempten, das er den kinden nit thorst ain haimsteur geben oder er ga-

---

34 fordert
35 mit Ehrschatz zu Lehen empfangen

be im den thail, der im werden sollt, so er sturb, also musst er im LX lib. hl. geben und muß selber mangl han in meinem alter.

[75.] Item Jack Brim gesessen zum Fischers in sant Martins pfarr zu Memingen, ain freyer zinser, item Leonhart, seiner schwester son, und sein schwestern, die hand hinder dem gotzhaws ligen funf[fol. 74]undsibentzig guldin, ist vatterlich erb, da 5 gehieß man in, wann sy sich verschriben hinder das gotzhaws, so wollt man in das gelt herausgeben, deß seien wir eingangen, damit das uns das bargelt wurd, sobald der prief aufgericht ist, so will man uns das bargelt nit geben, und ligt hinder dem landammen, das clagen wir Gott und dem rechten.

[76.] Item Claus Hartman, mair, muller zu Ubrobach, leibaigen abt Wernaw[36] sälig, 10 hat meinem vatter säligen ain hof genomen fur ain thail, und ligt in Betzigawer pfarr, da getrawen ich Gott und dem rechten, das ich wider zu meim vätterlichen erb gelassen werd.

[fol. 74']

15

Thungawer pfarr

[77.] Item Peter Schön, leibaygen deß gotzhaws, han genommen ain frey zinserin, da nöth[37] mich mein g. herr und gab mir drey walen[38] auf, die erst, das ich in thurm, und was dann da mit mir furgenomen wurd, das ich das halten sollt, die ander wal, das ich gäbe viertzig gulden fur die buß, die dritt wal oder das ich weib und kindt al- 20 le auch zu leibaigen nach mir prachte, also musst ich sy auch zu leibaigen verschreyben lassen, und ward dartzu getzwungen und trungen von der freyen zinser aigenschaft durch mein aigen herrn, das Gott klagt sey.

[78.] Item Hanns Schön, leibaigen deß gotzhaws, genomen ain freye zinserin, da noth mich g. herr, das ich sy zu aigen geben musst mit gewalt on recht. 25

[79.] Item Jäck Schön, leibaigen deß gotzhaws, han genommen ain freye zinserin, da ward [fol. 75] ich genöt durch mein aigen herrn, das ich weib und kindt musst lassen verschreyben leibaigen ze sein, und warden getrungen von aller freyer zinser recht, das clag ich Gott und dem rechten.

[80.] Item Jörg Schön, leibaigen deß gotzhaws, han genomen ain freye zinserin, da 30 hat mich mein aigner herr darzu zwungen und genot, das ich han muessen weib und kindt zu leibaigen verschriben und geben an das gotzhaws, dardurch bin ich, weib und kindt entsetzt worden aller freyhait, so dann die gotzhaws zinser haben, das clag ich Gott und dem rechten.

[81.] Deß clagen sich die leut, so ir vatter gestorben sey, so hat mein gnädiger herr 35 allweg dem halbthail durchaus genomen am gut und waß da gewesen ist, darnach da die muter starb, da hat er aber mit inen gethailt und hat mein herr allweg das gut halb genomen, und hand doch die steur allweg gantz [fol. 75'] darvon muessen geben, allsda sy das gut alles beyainander hetten.

[82.] Item Hans Schön, Erharts sön, han genommen ain freye zinserin, da hat mich 40 mein aigner herr genöt und zwungen, das ich han muessen weib und kindt zu leibaigen geben an das gotzhaws, dardurch bin ich und alle meine kindt und auch mein weib entsetzt aller zinser freyhait, das clag ich Gott und dem rechten.

---

[36] Abt Johann von Wernau (1460-1481)
[37] nötigte
[38] Wahlmöglichkeiten

[83.] Item Jos Hartman und Hans Kalltschmid, sein schwesterman, die hand ain gut, das ist zehendfrey gesein, darumb haben sy prief und sigel gehabt, darin hat inen mein herr von Kempten gesprochen, der zehend sey sein, darumb haben sy getzaigt prief und sigel, die hat er inen genommen mit gewalt on recht, und hinfuro muessen
5 sy den zehenden geben, das clagen wir Gott und dem rechten. [fol. 76]

[84.] Item Haintz Enßlin, der meint er hab ain frawen gehapt, die sey ain freye zinserin gesein, er sey auch selbst ain freyer zinser gewesen, da starb im sein fraw, da wollt er den fall kaufen[39], deß hat sych mein gnädiger herr nit wöllen benugen und hat ine angenommen, gepunden und gefangen und ine dabey zwungen, das er
10 hat muessen mit im thailen, hinfuro seine kind mussen zu aigen geben.

[85.] Item Hans Meggenried, der ist getzyen worden, da man Hannsen Schwantz gefangen hat, so soll er haben geredt, es ist unbillich, das man hie die leuth facht, ich wänt, man sollt ain mit recht straffen, und ist das getzigen worden, wir sollten sy auf recht hie behalten umb die wort, hat in ain vogt furgenommen und hat im mit recht
15 nichtz mugen abbehalten, so ist er zugefarn und hat in gepunden und gefangen und [fol. 76'] in getzwungen und genöt, das er must geben zwaintzig guldin, weiter so hat er sich muessen verschreyben und sich verzeihen aller seiner freyhait, die ain freyer zinser han soll.

[86.] Item deßgleichen Hanns Graf, ich auch betzigen worden, do man den
20 Schwantz gefangen hat, wie er solle han geredt, es ist unbillich, das man frumb leut facht, ich wand, man sollt sy mit recht straffen, und sollt weiter geredt han, wier sollten sy hie zu recht aufhalten, umb die wort hat in auch ain vogt furgenommen und hat ime mit recht nicht abbehalten, uber das ist er zugefarn und hat in gepunden und gefangen und hat in zwungen und genöt, das er im must geben XXV gulden,
25 weyter so must er sich verschreyben, vom gotzhaws nit ze weichen und sich verzeihen aller seiner freyhait, so dann ain freyer zinser haben soll. [fol. 77]

[87.] Item Hanns Felck hat ain gut bestanden sein lebtag und vätterlich und müterlich erb darumb geben, so er seine kindt ertzogen hat, so hat mein gnädiger herr seine kind nit bey im wollen lassen sein, und hat im daruber mussen funfzehen guldin,
30 item und hat auch ain holtz kauft von ainem, denselben hat er gefangen und hat im nutz kinden noch mugen abnemen, da hat man den obgenannten Felcken genöt und zwungen und abgenommen zwolf guldin wider Gott und alles recht.

[88.] Item Peter Schön hat ain gut bestanden und vätterlich und muterlich erb darin geben, und so er seine kind ertzogen hat, so hat er sy bey im nit wollen lassen, da
35 musst er geben funfzehen guldin, das er sy bey im ließ.

[89.] Item Ulrich Waybel, ain freyer zinser, bin gefangen worden und zwungen wider [fol. 77'] recht von meiner freyhait, und mir das mein abgenommen wider Gott und recht, und musst mich verschreyben vom gotzhaws nit zu weichen.

[90.] Item Lonkin Kalltschmid, unser Frawen zinser, bin gefangen worden wider
40 recht, und hat mich getzwungen von meiner freyhait, und must geben zwantzig guldin wider recht und mich verschreyben vom gotzhaws nit weichen.

[91.] Item Contzen Böggell hat man abgenommen sechs guldin wider Gott, er und recht, ain vogt zu Wolckennberg[40].

---

[39] den Todfall in Geld ablösen
[40] Sitz des vom Abt aufgrund der an das Kloster verpfändeten Reichsvogtei eingesetzten adeligen Vogts.

[92.] Item Conrat Ort, ain freyer zinser, man hat mich gefangen wider das recht, und musst mich verschreyben, vom gotzhaws nit zu weichen, und mir das mein abgenommen wider Gott und recht.

[93.] Item weiter håndel, die wider uns gepraucht [fol. 78] worden unbillich, das unser gnådiger herr von uns armen leuten will bezalt sein aller seiner schulden, so wir im schuldig seien, als billich ist, das wir in betzalen sollen, so fert er zu und will uns nit lassen verkaufen, weder våtterlich noch muterlich erb ausserhalb seiner herschaft und will auch selbst nit kaufen, aber uff der gant verkauft er uns die guter wol deß dritten pfennings nåher, dann es wert ist, das beclagen wir armen leut uns, Gott und dem rechten.

[94.] Item Jorg Schnider ist gefangen worden von meinem gnådigen herrn, und hat in ainer versait[41] gen mein herrn, er sollt seine herrn wort zugerett han, darumb er gefangen ward, und lag biß an den zehenden tag im thurn, wollt er heraus, er musst ain herte urfechd uber sich selbst geben, nit vom gotzhaws ze weichen, und ist ain freyer zinser auf unser Frawen altar, das ist im geschehen mit gewalt von seinem herren, und der [fol. 78'] in hat versagt, der hat sych syder bekennt vor frommen leuten, er hab im unrecht gethan und Jergen Schneider gepetten durch Gotz willen, das er ime vergebe, dann er hab nit gemaint, das sovil aus disen dingen werden sollt, durch das ist Jörg Schneider zu verderplichem schaden kommen, des mag ich mit leuten bestäten, wie ich die clag gesetzt hab, und han das ellend Gott in meinem hertzen geclagt, das es so ubelgat, mängem frommen menschen, frawen und man.

[95.] Item die von Tingaw clagen von meinen herrn von Kempten, er hab ine gelassen ain wayd in dem Kempter wald umb ain sumb gelt, alle Jar zugeben, und hat in verheissen, das zu haien[42], das thut er nit, und müssen ime das gelt nichtdestminder geben, und ander herrn leut gend, seyen sy in hoffnung, es werd inen mit recht abkennt, wann er doch inen das nit versigt, nach irs briefs sag und lauten, den er inen gegeben hat.

[96.] Item mehr seind sy beschwert von ains zols [fol. 79] wegen im Pruggach, waß ain iecklicher bawt uff seinem gut in der herlichait, da gend sy kain zoll von ander herrn leut, und die, die dem gotzhaws zugehören, die mussen zoll geben, vermainen sy, man soll sy haben wie die andern, und begeren recht spruchs darum.

[97.] Item mehr ist das gantz land beschwårt mit den gepotten, die uns die herschaft thutt uff den thåntzen, da gebend andere herrn leut nichts zur zeiten darin, da vermainen wir, man halt uns wie die andern, und begeren recht spruchs darum.

[98.] Item Jacob Beggell beclagt sich, wie er dem muller abkauft hab zu Gerißried sein gerechtikait an der mulin durch vergönnen meins herrn gnad und hat im geben XXXXV fl., da er den kauf thett, so fert mein herr zu, und mus im geben XL gulden, vermaint der Båggell, das er meinem herrn nichts schuldig sey, wann er doch durch vergönnen [fol. 79'] meins herrn gnaden dem sein gereichtikait abkauft hab und begert darumb den göttlichen rechtspruch, ob er schuldig sey oder nit.
[fol. 80]

---

[41] angegeben, angezeigt
[42] hegen (Lexer, Wörterbuch 1, Sp. 1209)

Betzengawer pfarr

[99.] Item Conrat Eberlin, ich han ain freye zinserin genommen, die musst ich zu aigen an das gotzhaws ergeben, dartzu bin ich getzwungen und trungen worden, darnach ist mir die fraw gestorben, da musst ich mit meinem gnådigen herrn thailen,
5 darnach starb mir mein vatter, da must ich aber thailen, und han zway kindt gehabt, die must ich mit der frawen zu leibaigen geben, dartzu bin ich mit gwalt zwungen worden.

[100.] Jos Mair vom Stain, leibaigen deß gotzhaws, han genommen ain freye zinserin, die must ich leybaigen verschreyben hinder das gotzhaws.

10 [101.] Item Haintz Schullthaiß, unser Frawen zinser, bin gefangen worden und mus mich verschreyben hinder das gotzhaws, darvon nit ze weichen, damit ist mir mein freier zug genommen worden. [fol. 80']

[102.] Item Hans Widenman und Magdalena, sein schwester, sind gefangen worden und von ihrer freyhait, der zinser recht genôt und getrengt worden und haben mus-
15 sen geben prief uber sich selb, von dem gotzhaws nit ze weichen, und mussen den prief selbst betzalen.

[103.] Item Jorg Môst, han ain frey weib genommen, von vatter und muter, die hat mein herr von Kempten dartzu genôt, das sy sich musst zu leibaigen ergeben an das gotzhaws.

20 [104.] Item Hans Kußler, ain freier man, so hat mich mein herr von Kempten gefangen und genôt, dos ich musst loben, nummermehr vom gotzhaws nit weichen, also hat er mir mein freyhait genommen.

[105.] Item Peter Boneberg, leibaigen, da mein mutter gestorben ist, do mussten wir, die kindt, mit dem jetzigen herrn thailen, und geben im neuntzig pfd. hl., und mus-
25 sen ietz die kinder nach dem [fol. 81] hayligen almusen gan, das clagen ich Gott und der kayserlichen Maiestât.

[106.] Item Peter Mair, so er gestorben ist, so ist mein herr von Kempten zugefaren, das gut, das dann er hinder im verlassen hat, das mûsten die kind mit im thailen, und ward im LV pfd. hl., und sindt doch frey zinser von der muter.

30 [107.] Item Jos Mair, bin genôt und getzwungen worden, das ich mich musst verpriefen und verschreyben vom gotzhaws nummermehr ze weichen, dardurch ist mir mein freyhait genomen, und must vier pfundt haller in fângknus geben.

[108.] Item Erhart Môst, unser Frawen zinser, han ain aigen weib genommen, meins herrn von Kempten, die ist mir gestorben, da must ich mit im thailen und gab im
35 dreissig pfd. hl.

[109.] Item Conrat Clausen fraw, die hat nit mehr gehabt dann XIIII pfd. hl., die hat im das [fol. 81'] halbthail mussen geben, wann er ist selbst auch aygen gewesen.

[110.] Item Hanns Hibler vom Stein, ain freyer zinser, der ist gefangen worden und musst sich verschreyben, nummermehr vom gotzhaws ze weichen, und prief und si-
40 gel geben, darmit ist er getrungen worden von seiner freyhait, der zinser recht und gerechtikait, und musst vier pfund haller geben.

[111.] Item Hanns Mair, ain aigen man deß gotzhaws, han genommen ain freye zinserin, da mußt ich sy nach mir pringen und musst weib und kind verschreyben zu leibaigen, damit sind meine kind getrungen von aller zinser freyhait.

45 [112.] Item Jorg Enßlin, hab bestanden von meinem gnådigen herrn die tabern zu Betzigaw mein lebtag, darauf han ich geben zu erschatz V fl. und han den andern außlôsen mussen umb XXX pfd. hl. [fol. 82] und han wol verbawen ain haws L pfd.

haller wert, daruber hat er in gefangen und syben wochen im thurm gehabt, und musst mich verschreyben, und hat mir weib und kind aus dem haws geworfen, und han siben kleiner kindt, dieweil und ich gefangen lag, traib er sy aus dem haws, also hat er mich von meinem lehen getriben, das mir sein gnaden selbst gelihen hat, da wolt er acht pfd. hl. von mir han, die ich im nit schuldig was, und vertraib mich mit   5
seinem gewalt on recht, hett er deß rechten mit mir pflegen, was ich im schuldig wår worden, wôllt ich in bezalt han.

[113.] Item Conrat Schråglin, Jôrg Schråglin, Michel Strasser und ich, Steffan Strasser, all vier frey zinser deß gotzhaws, fiegen zu wissen, des es sich begeben hat, das man unserm pruder und schwager, Diepolden Schråglin, mein gnådiger herr von   10
Kempten angenomen hat und gefangen unbillich und mit gewalt, on recht, der ursach halben, alsdann unser gnådiger herr etlich spån und stôß [fol. 82'] gegenainander hetten, dero seind sy zu baiderthailen kommen auf vier biderman, das mir mein herr von Kempten sollt zwen geben und Diepolld Schråglin auch zwen, also seien sy zusamenkommen nach dem anlaß und die vier man bestimpt worden von baiden   15
partheien, und sein das meins gnådigen herrn zusatz gesein, Martin Amman von Gûntzpurg und Haintz Bock im Bûch, so seindt das Diepold Schråglins zusåtz, Hans Zick und Peter Hertz im Buch, und da die vier man und baid partheien zusamenkommen seien und sy wôllen richten von der spånn wegen, da ist unser gn. herr von Kempten vongangen und hat es nit wôllen richten, und hat darnach in derselben tag-   20
zeit unser pruder und schwåger gleich lassen annemen und fahen und in gefurt in den thurm, da synd kommen unser gût froundt zu unserm gnådigen hern, mit namen Conrat Schråglin, Jerg Schråglin, Michell [fol. 83] und Steffan die Strasser, mitsampt anderen iren guten freunden, und hand gepetten fur in, er solle seinen gnaden ains rechten sein, und mûge er sich nit verantwurten, das er dann billich in seiner   25
straf stande, deß mochten sy nit bekomen, da hand sy ine weiter gepetten, das er in dann außlaß auf recht, darumb wollen wir fur in verburgen IIIIᶜ fl., das hat im nit mugen deyhen, aber wollten wir in aus der fåncknus haben, da musten sich Hanns Schråglein, sein son, und Verstel, sein thochter, und auch ich, Gûtta Strasserin, sein hausfraw, uns auch verschreyben und ain ursachprief[43] uber uns geben, nit von dem   30
gotzhaws ze weichen, und wir doch frey zinser seien von vatter und muter mag[44], item weiter so must der obgenannt Schråglin verhaissen, seine eeliche kinder nit hinzugeben zu den eren[45], dann mit unsers gnådigen herrn haissen und wissen, da hat der jetzgenannt Diepold Schråglin zway kind gehabt, die vormals zu den eeren hand griffen, da hat er im verpotten, denselben nichts [fol. 83'] zugeben, weder   35
pfenning noch pfennings wert sein lebtag, und musst da geben meinem gn. hn. achtzig gulden, uff die articul all ietzgemelt hat mussen schweren Diepold Schraglin ain ayd zu Gott und den hayligen, das alles trewlich zu halten, item er must geben ain urfechdprief und hett vor auch ain geben, und ist doch ain freier zinser, uber das alles hat er muessen verpurgen, das im weder kayserlich noch kônigklich Maieståt   40
noch kain pund darfur schirmen soll, das sey Gott in seiner allmåchtikait klagt, das kayserlicher und konigklicher Maieståt soll ir gwalt und hand beschlossen sein dem armen man, item das alles half nit, wier vier obgemelt, die Schråglin und Strasser,

---

43   verschrieben für: Urfehde
44   blutsverwandte Person in der Seitenlinie
45   wohl im Sinne von Ehe

mussen fur in verburgen vyerhundert gulden, darumb das der obgemelt Diepolld
Schråglin das alles mit allen puncten und articuln sollte halten, item darnach hat un-
ser gnådiger herr dem obgenannten Schråglin [fol. 84] ain holtz genommen mit sei-
nem aignen gewalt, das er und seine vordern ingehabt hand mehr dann hundert jar,
5 und hand darumb prief und sigel, deß datum lautet M°III^{c°} und LXXXV jar, und ist
jetz im vierten jar, da man im es genommen hat mit gewalt, item uff das wollt der
genant Diepolld Schråglin ain holtz verkaufen, damit das er unserm gnådigen herrn
sein schuldt betzalen mȯcht, der obgenannten achtzig guldin, darumb er ine ge-
strafft hett, dasselb hat er ime nit wollen vergȯnnen zu verkaufen, und umb die un-
10 billichen sachen wollen wir obgenannte burgen nit mehr burgen, dann wir getrawen
Gott und⁴⁶ der kayserlichen Maieståt, es sey nit billich und gottlich nach den unbil-
lichen sachen und ungehorten geschichten, dem allem nach so hoffen wir obgenann-
ten vier burgen, unser prief sȯllen uns wider werden geben,
[114.] Item Jorg Hotzhay, sant Niclaus zinser, mein gnådiger herr hat uns anderst
15 gefållet, [fol. 84'] dann von alter her ist kommen, ich han im mȯssen ain hauptrecht
geben von meiner schwester mit dem gewandt, das doch vor bey kainem prelaten
nie gewesen ist.
[115.] Item Hans Tauber, unser Frawen zinser, han ain gut kauft von unsern ge-
schwistirgit, da musst ich ime die steur einpringen von allen meinen geschwistirgit-
20 ten, und han sy vier jar nach meiner muter thod muessen geben, das mich unbillich
bedunckt, das ich die steur fur sy soll geben, darab bin ich beschwårt.
[fol. 85]

Wiggenspacher pfarr

25 [116.] Item Haintz Muller in Wiggenspacher pfarr, clagen, das man mich gefangen
und getzwungen hat, mich und meine kindt, ain thail, ehe sy geporn sindt, hinder
das gotzhaws zu verschreyben, ewigklich darvon nit weichen, damit mir und meinen
kinden unser freyhait genommen worden ist, als dann ain freyer zinser han sollt.
[117.] Item Hans Biecheler clagt auch, wie das man mir und meinem pruder Cont-
30 zen wol ain jauchart holtz genommen hat, darumb mir doch leut haben darumb zu-
sagen, die man mir nit hat wȯllen sagen lassen.
[118.] Item Jåck Knåstelin, clag auch, das man mir mein eeliche frawen, Greten
Recknien, gefangen und gezwungen hat, sy und ire kind zu verschreiben zu dem
gotzhaws als ain freie zinser, und sy doch prief und sigel hat, das sy frey ist, wan sy
35 sich kauft hat gehebt. [fol. 85']
[119.] Item⁴⁷ Bientz Halldenried zum Essen, clag, wie das man mich hat getzwun-
gen und trungen hat, ee dann ich bin kommen zu meinen tagen, mich zu verschrey-
ben dem gotzhaws als ain freyer zinser, und ich doch prief und sigel han, wie sich
mein muter erkauft hat.
40 [120.] Item Ulrich Koch, clag auch, wie das man uns, mir und meine geschwistirgit,
das unser hat genommen bey nacht und bey nebel wider Gott, eehr und recht und
bey allem frid an sant Michels abendt⁴⁸.

---

46 „und" vom Schreiber zwei Mal geschrieben
47 Der Eintrag [119] wurde vom Schreiber zweimal aufgenommen, der Fehler durch Streichung des
    ersten Eintrags korrigiert.
48 28. September

[121.] Auch hat man mich, Gutten Kŏchin, zwungen und trungen hinder das gotzhaws zu verschreyben ewigklich und darvon [fol. 86] nit zu weichen, ich und all mein erben, damit ich doch meiner freyhait beraubt bin.

[122.] Item Hainrich Tătzell und Peter Hannggenmuller, beid frey zinser, haben genommen zwo schwestern, die seind frey von der muter, da hat mein herr von Kempten dem pfarrer verpotten, das man uns nit sollt einfurn[49], biß das wir unsere weiber auch zu zinserin hinder das gotzhaws găben, und wolten wir das sacrament an uns nemen, da musten wir die weyber auch zu zinser geben, damit sein sy und unsere kindt von irer freyhait getrungen.

[123.] Item Peter Halldenried, ain freier zinser, han genomen ain freye von muter mag, die han ich mussen auch an das gotzhaws geben zu ainer zinserin, damit ist mein weib getrungen von irer gerechtikait.
[fol. 86']

Sant Mangen pfarr

[124.] Item Holtzhay, ain freyer zinser, ward gefangen von geltschuld wegen und musst verpurgen hundert gulden, nymmermer vom gotzhaws zu weichen, weder mit leib noch mit gut.

[125.] Item Peter Schmid, ain freyer zinser, hat muessen weib und kind nach im pringen und musst verpurgen, weder mit leib noch gut vom gotzhaws nit weichen, damit ist getrungen von der freyhait aller zinser gerechtikait.

[126.] Item Oschwalld Gegel, ain freier, und hat genomen ain schirm vom gotzhaws umb ain genant steur, darbey will man ine nit lassen pleiben, und muß mehr geben, noch ainst als vil als vor, und muß meins vatters steur auch geben, der thod ist, das unbillich ist. [fol. 87]

[127.] Item Hainrich Binnder, ist gewesen ain freier zinser, der ist gefangen worden gen Liebennthann in das schloß und hat mussen verpurgen II^c gulden und hat in angezogen fur ain leibaigen man, darnach hat er ain weib genommen, ain freye zinserin, die must er zue leibaigen geben an das gotzhaws, das beclag ich Gott und dem rechten.

[128.] Item Haintz Mair, ain freier zinser, han mich muessen verschreyben und verpurgen umb zweyhundert guldin, weder mit leib noch mit gut vom gotzhaws nymermehr ze weichen, das must ich thun mit gewalt on recht.

[129.] Item Hainrich Ŭl, ain freyer zinser, ich zech in das land von meiner leibsnarung wegen und war etliche jar aus und kam wider haim zu meinen freunden, da ward ich alspald gefangen [fol. 87'] und musst mich verschreyben, vom gotzhaws nummermehr zu weichen mit leib noch mit gut, damit bin ich getrungen von meiner freyhait.

[130.] Item Enngel Mŏstinni, Erhard Staigers săligen wittib bin gefangen worden gleich nach meins vatters thod und must mich verschreyben und verpurgen II^c fl., vom gotzhaws nummermehr zu weichen, damit bin ich getrungen worden von aller freier zinser gerechtikait.

[131.] Item Jos und Hanns die Bockharten, frey zinser, haben gehabt ain schwesterman, der sagt uns ab unsern leib und gut und trŏwet[50] uns zu verprennen, das clag-

---

49 Ehe einsegnen
50 droht

ten wir unserm herrn dem landamman, und sprach zu uns, sparendt den leib mit, so
wollen wir das gut nit sparen, uber das fiengen wir in, da musten wir verpurgen
zwayhundert gulden, [fol. 88] da warden wir bethådingt umb achtundsechtzig gul-
den, musten wir geben und uns verschreyben, vom gotzhaws nit weichen, und het-
5 ten nichts gethan, dann das man uns gehaissen hett, damit seien wir getrungen von
unser zinser recht, und ist beschehen bey dem vorigen herrn.
[132.] Item Hans Herman und sein fraw, leibaigen, sind gestorben und verliessen
vier klaine kindt, die musten mit dem abt thailen und geben XX und I^c pfund hl.,
und sind die kindt unerzogen, das clagen der kind treger und besorgen die kind nit
10 damit erziehen.
[133.] Item Kun, Kußlin, ain freyer zinser, han zu Durrach mit dem vogt gerechtet
und bin im mit recht ausgangen, das ich im nicht schuldig wardt, da wollt man ge-
fangen han, da floch ich in die statt und schickt an das convent und [fol. 88'] an den
landamman und an meinen herrn selbst, da wollten sy mich nit hand haben bey der
15 gesprochen urthail, und musst im geben, III l/2 fl. und mich verschreyben, vom
gotzhaws nit ze weichen und ain ayd zu schweren, damit bin ich getrungen von mei-
ner freihait der zinser gerechtikait.
[fol. 89]

20 *Lauber pfarr*
[134.] Item Ells Moserin, unser frawen zinserin, mein man sålig was leibaigen deß
gotzhaws, da musst ich mich mit dem kind auch zu leibaigen ergeben und ver-
schreyben, vom gotzhaws nit zu weichen.
[135.] Item Peter Grotz, leibaigen deß gotzhaws, han ain weib genomen, die was ain
25 freie zinserin, da must ich verburgen hundert gulden und must weib und kind zu ai-
gen geben an das gotzhaws, damit ward sy getrungen von aller freyhait der zinser.
[136.] Item Els Honoldin, ain freye zinserin, han ain man genommen der ist leibai-
gen deß gotzhaws, da must ich mich verschreyben auch hinder das gotzhaws zu
leibaigen. [fol. 89']
30 [137.] Item Hainrich Grotz, leibaigen deß gotzhaws, han ain weib genommen, die
deß grafen gesein ist, die must ich kaufen umb XXX pfd. hl., darnach ward ich
zwungen und trungen, das ich sy must auch zu leibaigen ergeben an das gotzhaws.
[138.] Item Conntz Wagegg, ain freyer zinser, hab ain frawen gehabt, ist aigen ge-
sein, die starb mir und lies mir sechs kindt, und must mit im thailen und must im
35 ainsundtzwantzig pfd. haller geben, und ich und die kind haben nit XXI pfd. hl.
wert, wann ich zalen sollt.
[139.] Item Hanns Wagegg, ain leibaigen man, han genomen ain freye zinserin, die
ist mir gestorben, und musst im geben funfundviertzig pfd. hl., und lebt nur ain jar.
[fol 90]
40 [140.] Item Greth Kårgin, witwe Hannsen Winncklers, ain freie zinserin, man hat
mich gefangen, und must verburgen hundert guldin, weder leib noch gut zu verån-
dern dann mit seinem wissen und willen, also hat mich naturliche liebe getzwungen,
das ich hinder ainen gesellen kam, und befalch mir ain kind, den thorst ich nit ant-
ziehen umb die ee uber das gepott, darauf mir ligt die hundert guldin, also mus ich
45 das kind vatterloß ziehen.
[141.] Item Jos Gôtz, ain freyer zinser, das ist mein clag, das mich der castenvogt
zwungen hat, das ich vich von mir musst thun, das ich gemain hett mit den von

137

Kempten, und die roß, damit er mich verderbt hat, er drung mich damit gern vom hof und machte mich geren werloß. [fol. 90']

[142.] Item Conrat Täuber, ain leibaigen man deß gotzhaws, han ain freie genommen, da must ich mein weib und kind zu leibaigen geben, wann ich saß auf seinem gut, und wollt ich sy mit an das gotzhaws geben, so must ich das gut geraumet han, 5
dartzu ward ich getzwungen.
[fol. 91]

Legower pfarr

[143.] Item Felix Schwanntz, ain freyer zinser, ich hab ain frawen genomen, die was 10
gotzhaws aygen, da must ich mich auch zu aigen geben an das gotzhaws, damit
ward ich getrungen von meiner freyhait der zinser recht.
[144.] Item Peter Hayder, mein muter hat sich erkauft und ist gantz ain freyin, da hat
mein vatter gefangen, der ist leibaygen deß gotzhaws, deß kam er wol umb L pfd.
hl., und darnach ward er gestrafft umb XI fl., darnach must er mein muter nach im 15
pringen und auch zu leibaigen geben.
[145.] Item Conrat Strobel, ain freyer man, und han mich durch Gottes willen an
[fol. 91'] das gotzhaws ergeben zu einem freien zinser mit vier schilling håller ze
steur, die han ich geben vil jar darnach must ich geben III pfd. haller IIII ß. hl. und
sitz auf meinem aigen gut, darnach bin ich verlogen worden und must mich ver- 20
schreyben, vom gotzhaws nummermehr zu weichen, damit bin ich getrungen von
meiner freyhait.
[146.] Item Cristan Lutz, ain freyer zinser, hann ain freyin genommen, da hat man
mich genôth, das ich sy auch must geben zu ainer zinserin, und hat sy von irer
freyhait getrungen. 25
[147.] Item Ursula Buchlerin, witwe, bin verthauschet worden von herrn Casparn
von Laubenberg[51] und muß deß gotzhaws leibaigen sein, und mein man sålig ward
gestrafft umb XVI fl., und do er starb, da musst ich gleichfalls durchaus mit im
thaylen. [fol. 92]
[148.] Item Hanns Brugkmair, der jung zu Grunenbach, hat zu der ehe genomen An- 30
na Hålerin von Lauterbach, die mit aigenschaft Philipsen von Landaw[52] verwant ge-
wesen ist, von demselben sy umb XIII fl. frey erkauft, ist ime der kirchgang verpot-
ten worden, biß er sein frey erkaufte frawen nach ime in die aigenschaft an das gotz-
haws pracht hat, dartzu er mit gewalt getrungen und gezwungen worden ist umb
sant Peter und Pauls tag[53] zway jar nechstverschinnen. 35
[149.] Item Peter Reut, ain freyer man, han mich mit geding zu ainem muntman mit
zwôlf ß. haller steur und jetz mus ich ein pfundt haller geben, darab bin ich be-
schwårt.
[150.] Item Hanns Herman zu Ampen, ain freier zinser, meins schwechers så[fol.
92']ligen gut nam mein herr den halben thail, wann er aygen was, und wollt nit, das 40
mein fraw erben sollte, wann mein fraw ist ain freyin gesein, also fieng man mich,

---

51 Die Ritter von Laubenberg waren Inhaber der Herrschaft Wagegg in der Grafschaft Kempten. Zum
Leibeigenentausch mit dem Stift Kempten vgl. Blickle, Kempten, S. 96ff.
52 Die Herren von Landau waren Inhaber der Herrschaft Lautrach. Die Herrschaft Lautrach grenzt im
Nordwesten an die Grafschaft Kempten.
53 1524 (oder 1523) Juni 29

und musst mein weib zu leibaigen verschreyben, die doch ain freyin ist gewesen, das doch wider alle recht ist.

[151.] Item Ursula Huppin, genannt Gotzin, ir Ånj sålig ist leybaygen deß gotzhaws gesein, und han bey ime gedient IX jar, und verhieß mir alle jar III pfd. hl., da er nun gestarb, da nam mein herr von Kempten das gut gar und wollt mir nutz geben von meinem lydlon, und nam mir ain kue, die hett ich bey ainem gmainder, und meine geschwistirgitt und wir seien frey zinser.

[152.] Item Hans Hayder und Els Öttin, mein muter freyleut, haben uns [fol. 93] erkauft von Fricken Amman von Memingen[54], da hat uns der vogt genöt und getzwungen, das wir unser freyhaytsprief von uns mussen geben, also zeucht er uns jetzo an fur leibaygen.

[153.] Item Prosin Hayder, als wir vom Deltzer[55] såligen seien an das gotzhaws kommen geben und erkauft worden, da ist iens[56] verhaissen worden, uns lassen zu beleyben, wie uns der Deltzer sålig ingehabt hat, der uns nie gestewrt noch kain erschatz nie geben uff kain gut noch mit niemandt gethailt, sondern nur den fal, das noch vil leut in gedechtnus handt, innerhalb XL jarn, und seindt in hoffnung, das sy darbey beleyben söllen.

[154.] Item Anna Reckin zu Westerriedt in Wittikischer pfarr, ain freye person [fol. 93'] von vatter und muther, die hat abt Riethain fåncklich angenommen und sy lassen ins gotzhaws Kempten fueren, sy daselbst gwaltigklich solang gehalten, biß das sy sich selbs mitsampt irn geschwistirgitten fur frey zinser an das gotzhaws Kempten ergeben haben, alsbald sich darnach Anna Reckin eelich zu Jacob Vogler, bader in Mengen, der ain aigenman gotzhaws Kempten gewesen ist, verheyrat hat, sye Anna Reckin sich auch zu aigen muessen geben, also das Anna ain ersten von der freyhait in die zinserschaft, und zum andermal in die herte aigenschaft gezwungen ist, darumb der alt Hans Kruchmaier sich beklagt.

[155.] Item Jos Tauntzell, ain freier zinser, mich ist angefallen våtterlich und muterlich erb, da ist mein gn. herr [fol. 94] zugefarn und verleit[57] mir våtterlich und muterlich, und sitz mit haws bey Freyburg[58], und was ain freyer zinser dem gotzhaws darvon schuldig ist, das will ich gern thun, und bin in hoffnung, mir solle sollichs entschlagen werden.

[156.] Item Jacob Reut, ain freyer muntman, bin gefangen worden und in die isen gelegt, und zwo schwestern, und was nit XV jar alt, und mein mutter hat ain freybrief, da hat man sy und mich und mein schwestern trungen und mussen uns verschreyben, vom gotzhaws nit ze weichen, weder auf burg noch in stett ziehen, da seien wir von unser freyhait getrungen worden mit gewalt on recht.

[157.] Item Jerg Störber, leibaigen man deß gotzhaws, hab ain frey dirnen zu ainem [fol. 94'] weib genommen, die musst ich nach mir pringen auch leibaigen, ee und man mich infurt zu kirchen, oder ich går fort gestrafft worden.

[158.] Item Claus Hebelin zu Adelßhoven gesessen, ain freyer zinser deß gotzhaws Kempten, han ain freye thochter genommen und ain burgerin, da hat mich herr von

---

54 Die Memminger Bürgerfamilie Ammann hatte Grundbesitz in Volkratshofen, Amendingen und Boos im heutigen Landkreis Memmingen. Vgl. Blickle, Kempten, S. 213f., 231, 335.

55 Zuordnung unklar

56 verschrieben für: uns

57 versperrt (von verlegen)

58 wohl Freiburg im Breisgau

Kempten lassen fahen, und musst mich von prieven[59] und schweren, wider das gotz-
haws nummermehr zu sein und darvon nit weichen, und die seinen nit weiter trey-
ben mit recht und in seinen gerichten lassen bleiben, und musst mein weib auch zu
zinser geben und mich gestrafft umb sechs fl., damit hat er mich und mein weib ge-
trungen von unser freyhait mit gewalt on recht.

[159.] Item Conrat Mårck in Kimratzhover [fol. 95] pfarr, unser Frawen zinser, bin
gefangen worden on ursach und musst mich verschreyben, vom gotzhaws nit ze
weichen, und wollt mir nie sagen, warumb ich gefangen war, damit bin ich getrun-
gen von meiner freyhait aller freien zinser gerechtikait, da musst ich mit dem vogt
abkommen umb zwen gulden, und costett mich atzung[60] und prief auch zwen gul-
din.

[fol. 95']

Altusriedt und Krugzell

[160.] Item Peter Grauff, ain freier zinser, han ain weib genommen, die ist gesein
herr Ludwigs såligen von Rotenstein[61], die han ich von im erkauft, die ist ain freyin
gesein, do musst ich sy nach mir geben zu zinser, dannocht musst ich geben XV fl.
bey dem alten herrn, also ist der herr zugefaren und hat mich gefangen, und musst
weib und kindt verschriben, und vom gotzhaws nummermehr weichen, dartzu bin
ich getzwungen und trungen worden.

[161.] Item Jos Herman zu Alltußried im dorf, ain freyer zinser, als sich begab, das
die gantz gemaindt beyainander war, so ich doch in denselben zwingen und penen
sitz, must ich auch bey in sein, do ward ain aufrur, und meins gn. herrn von Kemp-
ten leuten und nie[fol. 96]mand wisst wo hin, darumb das ich nit zu in lof, da nam
mich der vogt an, und musst zwen gulden geben.

[162.] Item Els Hiemerin, ain zinserin, sy und ire kind uff unser Frawen altar, als
mein man sålig gestorben ist, und ich nyemandt mehr gehapt han, so ist man kom-
men nachts in mein haws und hat mich und meine kindt angenommen in gefåncknus
und mich gefurt von dem meinen, und liessen das haws nachts offen stån, da han ich
mich und meine kindt mussen verschreyben, vom gotzhaws nit weichen, und wan
ich oder die kindt abschwaif wurden, so ist alls mein gut verfallen dem gotzhaws,
und hand mir mein son gefurt an einem strickh als ain dieb unverdieter sach. [fol.
96']

[163.] Item Hanns Prestell, ain freier, so ich geweybet han, so hat mir mein herr ver-
haissen, er wåll in lassen beleyben bey XII dn. steur, darbey will er in nit lassen be-
leyben, und muß geben XIIII ß. d. steur, darab bin ich beschwårt.

[164.] Item Peter und Bentz die Metzenperger, die genant die Schwantz, freyzinser
auf unser Frawen altar, hat uns baid gefangen on ursach und recht, und mussen uns
verschreyben, vom gotzhaws nit ze weichen, weder leib noch gut nit verändern, da-
mit seien wir von unser freyhait komen. Item der vogt hat mich angenommen und
hat mich aller recht entsetzt, da sein kommen freie leut und wollten mich außpur-
gen, das half alls nichts. Ich musst im geben [fol. 97] achtzehen guldin, unverdieter

---

[59] verbriefen, urkundlich verschreiben
[60] Verpflegung
[61] Die Ritter von Rotenstein waren Lehnsträger des Stifts Kempten und Inhaber der gleichnamigen
    Herrschaft; vgl. Blickle, Kempten, S. 296ff.

140

sach, item weiter mehr er ist mit seinem aigen gewalt kommen und hat mir das mein
abkennt, wievil ich im recht furschlug, das mocht mich nit helfen, und kåwth mir
ab[62] mein våtterlich erb und erkauft gůt, das ich ob XX jarn ingehabt han, und ver-
zert zum wirt 1 pfd. dw., das musst ich auch zalen und torft ich nit ain wort wider
5 reden.

[165.] Item Jorg Frey, aller hayligen zinser mit vier pfenningen, die zinser hand die
recht und gerechtikait, das wir kein fall nach hoptrecht nit schuldig seyen, da seien
wir von trungen all mit gewalt on recht.

[166.] Item Barbara Schmőltzin, ain freye zinserin auf unser Frawen altar, [fol. 97']
10 man hat mich angenommen, und gefangen worden und must mich verschreyben,
vom gotzhaws nit weichen, und weder leib noch gut verendern und alls mein gut
verschreyben.

[167.] Item Hans Hayler, ain freyer zinser auf unser Frawen altar, bin gefangen wor-
den und must mich und alle mein kindt an das gotzhaws geben zu zinsern, und seind
15 von der muter frey, dartzu ward ich genőt und must dartzu zwen gulden geben zu
straffgelt.

[168.] Item Jåck Riedlin und Anna Schråglinin, bayde frey zinser, man fieng uns
bayde, dieweil wir ledig warn, und mussen uns verschreyben, vom gotzhaws nit ze
weichen und on seinen willen nit weiben und mannen, [fol. 98] da namen wir ain-
20 and durch naturlich liebe, die uns zusamen bandt on sein rhat, darumb strafft er
mich umb L fl., das clag ich Gott und dem rechten.

[169.] Item Conrat Mågtlin, es ward ain aufleuf auf ainer hochtzeit, und kam ain ge-
schray, man hett meinem pruder ein arm abgehawen, da was ich in der stuben und
wollt auch hinauslaufen und lugen, was das geschrey wår, darumb das ich mich nit
25 wollt lassen heben, da must ich dem vogt IIII fl. geben.

[170.] Item Conntzen Albrechts tochter, ain freye zinserin, han genommen ain freien
man, der hat sich gesetzt mit meinem herrn mit ainer gedingten steur alle jar, dabey
steurt er mir das weib [fol. 98'] auch, das doch unbillich und nienen recht ist.

[171.] Item die muntleut clagen sich, die sitzen hinder dem gotzhaws mit der ge-
30 nannten steur, da will er uns nicht leihen noch vergonnen zu kaufen, und wenn sy
kaufen zins oder guet, so will er in nit leihen, und geben doch im steur und gult.

[172.] Item Hilpranndt Albrecht, ain muntman, ich han genommen ain frey weib,
die han ich gehabt bey XXIIII jarn, und han ain son bey ir gehabt, item man ist mir
gefallen in mein haws und hat mir mein weib und den son gefangen und den son ge-
35 legt in die isin und hat sy bayde gezwungen und trungen, das sy sych mussen ver-
schreyben hinder das gotzhaws, davon nicht ze weichen, und wollten sy aus der
fåncknus, do [fol. 99] mussten sy prief uber sich selb geben, damit syndt sy getrun-
gen von irer freyhait und seind sy kommen zu grossem schaden, und die fraw ist
seer erschrocken, das sy es noch nit uberwunden hat mőgen, und musten sich erge-
40 ben zu freiem zinser, und ist beschehen bey dem herrn.

[fol. 99']

---

62 aberkannte

Guntzpurger pfarr

[173.] Item zu dem ersten die steur XVIII pfd. hl. und nit me und dem amman zway pfundt haller und ainem puttel X ß. hl., und soll man vier steurmaister setzen, da soll der amman den steurmaistern das maul umbgeben umb die II pfd. hl., und sollen dann die steur anlegen und nit ain herr von Kempten, item da beschwärt er uns und ⁵ steurt hinin in den flecken, die auf seinen gutern sitzen, das vor nie gewesen ist, item mehr bey XX, die in den flecken zogen sindt, und etlich wider deß flecken willen hiningesetzt, die steurt er fur sich selbs heraus und lat sy bey des flecken steur nit beleiben, und legt uns dartzu alsvil raißgelt auf, als vil der steur ist, das doch vor nie gewesen ist, auch weiter ist uns verhaissen worden von ainem herrn von Kemp- 1(ten, [fol. 100] das man kainen hinein sollt setzen wider unsern willen, auch so wollten wir kaynen aufnemen wider ains prelaten und abts willen.

[174.] Item das gericht hat allweg rhat⁶³ und urthail zu Kempten geholet, das hat er fur sein gnad selbst zogen, darab wir beschwärt seien, dann wan ain vogt oder mein g. h. mit uns armen leuten rechts pflegen, so mussen wir vor inen selbst urthail ne- 1⁵ men und sind clager und rechtsprecher.

[175.] Item das standgelt ist der von Gintzpurg allweg gewesen uff den jarmärckten, das hat er uns genommen mit gewalt on recht und hat dartzu ain wag hinein gemacht und zwingt jederman an die wag mit pott, des doch von alterher deß flecken gewesen ist. 2(

[176.] Item der gerichtsfrevel, ain messer zucken ist X ß. hl., ain truckner straich V ß. hl., und ain fliessende wundt [fol. 100'] dritthalb pfund hl., und ain bainschrette wundt III ½ pfd. hl., und lam geschlagen⁶⁴, an sein geniegen abzukommen, da hat er den gerichtsfråvel gemacht, wie es ime gefiegt hat, Rotweilisch⁶⁵, das doch vor nie gewesen ist dann bey seiner gn. vogt Johans såligen von Menriedt, das doch von al- 2⁵ ter nie gewesen ist.

[177.] Item mehr understat sich unser gn. herr und nimpt dem flecken unser gemainden und setzt metzgen und heuser darauf und nimpt den zins darvon ein, das doch von alter her deren von Guntzburg gewesen ist biß an den hern⁶⁶, damit wir den flecken gebessert und an seinen nutz gelegt haben. 3(

[178.] Item mehr understat er sich und nimpt den von Güntzpurg ir gerechtikait an wirtschaft, an bachen, an kaufmanschatz, da mocht ainer anfahen ze schencken oder bachen und davon stan, wann es ainem eben⁶⁷ was, [fol. 101] so gepeut er jetz, das ainer sein gewerb oder bachen muß treyben jar und tag, Gott geb, es sey im nutz oder schaden, das doch von alter nie gewesen ist. 3⁵

[179.] Item mehr understat er sich, das frey kaufrecht ist, das man doch nie gelechnet hat bey kainem andern herrn, das muessen wir jetz lechnen von ainem amman zu Güntzpurg, dardurch aber dem flecken und dem kaufrecht sein gerechtikait genommen wurt.

[180.] Item mehr hat er denen von Güntzpurg im gemains haws verkauft und hat das 4(gelt eingenomen, das ist XXIIII pfd. hl.

---

⁶³ „rhat" zweimal
⁶⁴ Vgl. Quellenstück Nr. 10, Anm. 6, 7
⁶⁵ Hofgericht Rottweil
⁶⁶ bis zum Regierungsantritt des gegenwärtigen Abtes
⁶⁷ solange es ihm gefiel

[181.] Item mehr hat uns herr Marquart von Schellenberg gericht mit seinen g[erich-te]n umb XXX pfd. hl., haben wir im geben, das er uns las beleiben bey unsern alten herkommen, das hat er an uns nit gehalten, [fol. 101'] item mehr vormals haben die von Gůntzpurg thådingsprief und kaufprief gemacht, und ain amman die besigelt, da zwingt er uns jetzt in die kantzley, das unser alts herkommen nit ist, und uns das ab-bricht.

[182.] Item diser obgemelten clagstuck haben wir von Gůntzpurg dero stůck freyhaitsprief gehabt von kůnigen und kaysern, hohen und nidern gerichten, die durch ainen herrn von Kempten uns empfrembt und entfiert sindt worden, das noch in månigklichs gedencken ist, das clagen wir Gott und dem rechten.

[183.] Item Hans Haugeler zu Gůntzburg leibaigen und mein fraw, und hand mich gefangen und must mich verschreyben, und hab můssen all mein hab und gut bey dem ayd angeben und verschreyben, und mir on recht abgenommen XX fl. und dar-ůber ist mir X fl. gangen.

Item es gandt XII d. veltzins aus meinem haws, [fol. 102] hofstatt und baindt, das han ich ubersehen in thodsnåthen, da hat man mir das genommen on recht, und muß alle jar darvon geben zwey pfund haller gult, und ist wol IIIᶜ pfd. hl. wert, daruber bin ich gefangen worden und muß mein gut zu aigen verschreyben, und nit mehr mein ist, sonder deß gotzhaws on alle recht, das clag ich mich seer und vast Got und dem rechten.

[184.] Item Hånngeler Hanns Auberlin, Conntz Rapp und Simos Erlin und das Henslin auf dem Berg, die hand von ainer wisen und acker empfangen und bestan-den und hand meinem herrn das legen an ainen stock, da ließ er anston[68] treschen und stro und hew und korn nemen und gab inen den samen wider, und hetten all ir arbait verlorn, und thett das alles mit gewalt on recht, das clagen wir Gott und dem rechten.

[185.] Item Contz Rapp, ain freier zinser, bin [fol. 102'] gefangen worden und han mich muessen verschreyben, leib und gut nit vom gotzhaws zu ziehen, und hat mir daruber abgenomen XXIIII fl. on recht, damit bin ich getrungen von der freien zinser recht.

[186.] Item Hans Rapp, ain freier zinser, bin gefangen worden und mich muessen verschreyben, leib und gut vom gotzhaws nit zu tziehenn, damit bin ich getrungen von aller freier zinser gerechtikait, das clag ich Gott.

[187.] Item Bertlin Rapp, bin gefangen worden und musst mich selb XII kinder ver-schreyben hinder das gotzhaws und darvon nit entweichen, damit seien wir getrun-gen von aller freier zinser gerechtikait.

[188.] Item Hans Auberlin, es ist feur in meinem haws aufgangen, und bin schedlich verprunnen, daruber hat mich gestrafft mein herr umb XXIIII pfd. hl. [fol. 103] und steurt mich auswendigs flecken, das doch unser alts herkommen nit ist.

[189.] Item Hannggi, genannt Wassermann, ain freier zinser, bin gefangen worden und mich zu verschreyben, vom gotzhaws nit zu weichen, damit bin ich getrungen von aller zinser recht.

[190.] Item Hans Auberlin, Oschwalldt Bockhart und Peter Mõst hand sich selb XIIII mussen verschreyben, ausserhalb deß flecken versteuren lassen, das doch der von Gůntzpurg alt herkommen nit ist.

---

[68] anstelle von

[191.] Item Ulrich Muller, ain freier zinser, man hat mich gefangen, und musst mich verschreyben hinder das gotzhaws, darvon nit ze weichen, und mir abgenommen XXX fl. on recht.

[192.] Item Peter Muller, ain freyer zinser, bin gefangen worden und musst mich [fol. 103'] verschreyben hinder das gotzhaws, davon nit zu weichen[69], damit bin ich getrungen von der freyhait der freyen zinser gerechtikait.

[193.] Item Hans Stattmuller, ain freier zinser, bin gefangen worden und han mich muessen verschreyben, mit leyb und gut vom gothaws nit zu weichen, damit bin ich getrungen von aller freier zinser gerechtikait.

[194.] Item Peter Hipp, ain freyer zinser, bin gefangen worden und han mich muessen verschreyben, vom gotzhaws nit ze weichen on recht, damit bin ich getrungen von meiner gerechtikait der zinser.

[195.] Item Hainrich Riedlin, ist ain freier zinser, han mich muessen verschreyben, vom gotzhaws nit ze weichen, und mir abgenommen XVIII fl. on recht, das clag ich [fol. 104] und bin sy wol kommen umb I^c pfd. hl. schaden, und hat weiter gefangen mein son Ulrichen, der hat sich muessen verschreyben hinder das gotzhaws, das mein gn. herr ine selbst gefangen mit seiner hand und im selbst den tegen abgurt, das doch ainem gaistlichen fürsten ubel anstât, und doch selbst vôgt und diener hett, und hat das gethan mit seine gewalt on recht und hat mir verbotten, das ich meinem aigen kind weder trincken noch essen sollt geben.

[196.] Item Schmidlin, ain freyer zinser, bin gefangen worden vom gotzhaws nit zu weichen, damit bin ich getrungen von meiner freyhait, von dem Romischen Reich die gerechtikait, das clag ich mich seer und vast.

[197.] Item Hanns Mosch, leibaigen, han genommen ain frey weib, han ich miessen das weib [fol. 104'] und vier kind auch leibaigen geben an das gotzhaws, das clag ich mich seer und vast.

[198.] Item Hanns Schônennstain, mein herr hat mich mein aigen gut nit wollen lassen verkaufen, daraus er weder rent noch gult hat, daran hat er mich pracht wol umb LX pfd. hl., das clag ich mich seer.

[199.] Item mein herr hat mir, Ehrhart Rapp, ain gut verlihen mein lebtag, darumb hab ich geben XXIII pfd. hl., und uber drew jar hat mir mein herr das gelt genommen mit gewalt on recht, dasselb gut dem vogt verlihen, item er hat mich alle jar gesteurt umb XVIII ß. d. umb dasselbig gut und hat mich gefangen umb unschuldt, und ist mein mainung, mein herr solle mir das gut wider leihen und die steur, die er mir abenommen hat von deß guts wegen. [fol. 105]

Item es ist auch gewonhait und recht im gotzhaws von alter hern, wellicher ain gut vom gotzhaws belechnet hat, und dann ainer lebt biß auf den mertzen, so sollen dann die erben dasselb jar die nutz einnemen, in dem ist mein schweher gestorben, und die zeit erlebt, da ich das gut mit den plumen messen sollt[70], da fur meyn herr von Kempten zu uber nacht und hat XL fudern hew und amad[71] gemât und hingefürt mit seinem gewalt, und ist mein mainung, er solle mir es wider geben nach altem herkommen deß gotzhaws, item mehr hab ich mein aigen herrn angerufft in grossen nôthen, das sein gn. schrib und schreyben ließ von meins sonns wegen, der gefangen

---

[69]   davon nicht zu weichen wird vom Schreiber wiederholt
[70]   die Reife des Grases, das in der Vollblüte geschnitten werden muß
[71]   Gras des zweiten Schnitts

lag zu Bibrach, das hat er nit wöllen thun, und hat mich da verlassen das mich seer erbarmet, [fol. 105'] item weiter clagt sich der Rapp, mein herr hat verschaft, das ich ainem andern ains rechten sollt sein, so nun ich dasselbig gethan hab und im rechten bin gestanden, und ain gericht ain urtl verfasset hett gegen uns beden, da stand der amman uff und wollt die urtl nit hören noch lassen gan und sprach, er wollt mören wider ain gericht samlen, da begert ich der gedachten urthail zu öffnen, da sprach der amman, es wer verschaft, bey seinem herrn dem abtrag ze thun, und musst im achtzehen guldin geben on recht, und macht mir das recht nit gedeihen.

Item mein herr hat mir verpotten, das ich mein eeliche son nit hofen, essen noch trincken geben an leib und an gut, und ist ain frommer priester unverschuldter sach.

Item ain diern hat mein son geladet gen [fol. 106] Augspurg, und hat ain plinden man, da bott mir mein herr von Kempten, das mein son gieng in drey tagen gen Augspurg an I^c fl.

[200.] Item Hanns Schmid von Immental und mein schwester Åll sein frey zinser gesein, und ich hab ain leibaigen genommen deß gotzhaws, und mein schwester ain leibaigen man, da haben wir uns bayde zu leibaigen muessen ergeben an das gotzhaws, mein schwester mit VIII kinden, damit seien wir getrungen von aller unser freihait der freyen zinser recht.

[201.] Item Hanns Hibler, leibaigen, han ain freye zinserin genommen, da wollt man mich nit einfurn lassen, ich musst sy vor leibaigen geben an das gotzhaws, damit [fol. 106'] ist sy getrungen worden von irer freyhait der zinser recht.

[202.] Item Conrat Holtzhay, leibaigen, han ain freye zinserin genommen, das ist wol XXX jar gestanden, also hat man mich angetzogen, das ich weib und kind nach mir musst geben oder geben XL fl., mit gwalt on recht musst ich sy geben.

[203.] Item Hanns Hummell, leibaigen, han genommen ain freie zinserin, das ist nun bey XXX jarn angestanden, da hat man mich angetzogen, das ich weib und kindt zu aigen musst geben oder mich fahen ließ oder L fl. geben, also han ich die L fl. geben, und han III seckh haber gült in mein gut ewiger gült geschlagen und das uberig gelt geben, das clag ich seer, und ist mir geschehen mit gewalt on recht. [fol. 107]

[204.] Item Peter Mair von Ymmenthal, han ain håberen[72] und wollt vogel fahen, da ist der forstmaister uber kommen, und musst im schweren, mich zu stellen gen Liebenthann, da han ich geredt, ich main nit, das es sovil bedurf, und han rechts begert uff meins herrn gnaden, uber das ward ich gefangen, wollt ich aus dem thurn, so musst ich VIII pfd. hl. geben, und musst mich verschreyben hinder das gottshaws, darvon nit zu weichen.

[205.] Item Jåck Buechteler in Guntzburger pfarr hat gehabt ain freye zinserin, und ich bin leibaigen deß gotzhaws, darumb ist mein schwecher abkomen umb II fl. und ain fueder hew, das ist nun gestanden biß an den IIII herrn deß gotzhaws, damach hett man mich angefordert, das ich weib und kindt an das gotzhaws zu aigen gåbe, das wollt ich nit thun, darumb [fol. 107'] hat man mich gestraffet umb LV fl., item noch mehr man hat mich mein aigen gut meinem son nit lassen wöllen zue haimsteur davon geben, und han ain ledige schwester gehabt, das gut hat er ir genommen, wollt ich es han, da musst ich es kaufen.

---

[72] Hafer

[206.] Item Jŏrg Mertz, ain freyer zinser, musst mich zu leibaigen geben selb vierdt leib, dartzu ward ich genŏth und musst XXV pfd. hâller zu dem thail on recht, damit bin ich entsetzt der zinser recht.

[207.] Item Peter Widenman auf der Egg, han muessen den hof aufgeben, und hat man den hof hingelihen umb LXXX fl. und mich bey lebendigem leib thodfallet[73], und must VIII fl. geben unbillich on recht. [fol. 108]

[208.] Item Peter Bockh der jung, ain freier zinser, bin getzwungen und genŏth worden, mich zu verschreyben hinder das gotzhaws mit gewalt on recht.

[209.] Item Cristan Flâschŭtz, ain freyer zinser, bin gestrafft worden umb LXXX fl. on recht, und ist der hof meins schwehers gewesen, und hat mein schweher gelebt.

[210.] Item Cristan Mathis, ain freyer zinser, han mich muessen verschreyben hinder das gotzhaws und davon nit weichen, das clag ich Gott und dem rechten.

[211.] Item Conntz Biecheler, bin ain freier [fol. 108'] zinser gewesen und must mich zu leibaigen geben nach dem weib und zwen fl. straffgelt, on recht bin ich entsetzt meiner freyhait der gerechtikayt.

[212.] Item Becklin auf dem Wolfartsperg, han mich muessen zu leibaigen geben an das gotzhaws, und hat mir meiner schwester lidlon[74] nit lassen volgen, das ist ain kuo, ain stauch und ain rockh, das klag ich Gott, das ich meiner schwester erb nit soll sein.

[213.] Item Gogge Conlin, ain zinser, han muessen geben VI fl., das mich mein mutter den hoff mit ir bawen ließ, und hett doch mein mutter den hof vererschatzt und lebt noch, als Gott will, das clag ich Gott und dem rechten. [fol. 109]

[214.] Item Hanns Albrecht zum Utmaßperg, bin geschetzt umb XII fl. von dem vogt von Wolckenperg on recht und kunth des rechten nit kommen, das klag ich Gott und dem rechten.

[215.] Item Hanns Wirt Mŏsch, leibaygen, han ain freye genommen und musst sy zu aygen an das gotzhaws selb viert geben, und hat mir mein vâtter gelihen XI ½ pfd. haller, daran han ich im geben X seck habern, so er nun thod ist, so hab ich die summa noch ainest muessen betzalen und geben meinem herrn von Kempten on recht mit gewalt.

[216.] Item Hanns Messt der jung auf dem Wolfhartsperg, han muessen mein frawen zu leibaigen an das gotzhaws [fol. 109'] geben, und ist ain freye zinserin, dartzu bin ich genŏt mit gewalt on recht, damit ist mein fraw und ire kindt, getrungen von irer freyhait der zinser recht.

[217.] Item Hanns Lauterwein hat muessen XI fl. geben, das in sein vatter mit im bawen ließ, den sein vatter vor bestanden hett, und hat den thail genommen X pfd. haller, das er es nit hat verungen.

[218.] Item Peter Mŏsst, ain freyer zinser, han mich zu aigen mussen geben an das gotzhaws und umb den thail muessen geben LX pfd. haller.

[219.] Item Hanns Messt, zimmerman, freier zinser, han mich auch zu aigen mussen [fol. 110] geben an das gotzhaws, und dartzu mich gestrafft umb X fl. mit gewalt on recht.

[220.] Item Haintz, Hanns und Erhart, die wirt, all drey genannt Moschen, unser vatter ist uns jetz nach liechtmeß gestorben, da hat uns der abt verpotten, all seine

---

[73] und von mir zu Lebzeiten den Todfall gefordert
[74] Dienstlohn

verlassen hab, ligends und varends, umb den thail, wann unser vatter ist leibaigen gesein deß gotzhaws, da geturren wir nichts angreifen, biß wir mit im abkommen und von im kaufen, das clag wir alles Gott und dem rechten.

[221.] Item der jung Dapratzhoven, ain freyer zinser, bin gefangen worden, das ich
5 mich han muessen verschreyben [fol. 110'] hinder das gotzhaws, weder mit leib noch mit gut davon nit zu weichen, das clag ich Gott und dem rechten, damit bin ich getrungen von der freyen zinser gerechtikait.

[222.] Item Hanns Custerman der alt, bin gestrafft worden umb XXIIII fl. on recht nun darumb, das mein son ain zinserin hat genomen.

10 [223.] Item Schluder, ain freyer zinser, man hat mir abgenommen VI fl. on recht, und dartzu mich muessen verschreyben, vom gotzhaws nit weichen, damit bin ich verdrungen von der freyen zinser gerechtikait.

[224.] Item Hanns und Haintz die Rapolden, uns hat der vogt gefangen, zwungen und geschetzt umb XV pfd. hl. [fol. 111] on recht, und haben uns muessen ver-
15 schreyben, vom gotzhaws nit ze weichen.

[225.] Item Peter Frey, ain zinser, bin gefangen worden und musst mich verschrey-ben, vom gotzhaws nit ze weichen, und hat mich gestrafft umb sechs guldin on recht.

[226.] Item Hans Frey, ain zinser, bin gestrafft worden umb VIII fl. mit gewalt on
20 recht, und musst mich verschreyben, vom gotzhaws nit zu weichen, dardurch bin ich entsetzt aller zinser recht.

[227.] Item Peter Grauf, ain zinser, mein son musst geben V fl., das man im gunte den hof mir helfen ze bawen, das doch unbillich ist. [fol. 111']

[228.] Item Frick Messt hat sich zu aigen mussen geben an das gotzhaws, und hat
25 man mit im gethailt XLII pfd. hl. mit gewalt on recht.

[229.] Item Hanns Hồwel hat sein frawen mussen an das gotzhaws geben mit VIII kinden mit gwalt on recht, und so ist ain freye zinserin gewesen, damit ist sy und ire kindt entsetzt aller zinser recht.

[230.] Item Herman Hồwel hat VIIII pfd. hl. geben umb weib und kind, und sind
30 frey zinser gewesen, damit seind sy entsetzt aller zinser freyhayt und gerechtikait.

[231.] Item junger Hồwel hat sein frawen [fol. 112] auch muessen zu aigen ergeben an das gotzhaws on recht, und ist ain freye zinserin gewesen.

[232.] Item All Holtzhayin hat sich auch zu leibaigen muessen geben an das gotz-haws, und ist ain freye zinserin gewesen.

35 [233.] Item der jung Giß hat muessen geben X fl. dem gotzhaws, das man im ver-gonnet den hof mit seinem vatter ze bawen, und hat der alt den hof bestanden.

[234.] Item Conrat Rapolld von Upprasperg musst X fl. geben dem gotzhaws, das man seine kindt mitainander [fol. 112'] den hof bawen ließ, und hat doch der vatter den hof bestanden sein leptag, das clagt er Gott und dem rechten.

40 [235.] Item Fenenbergg fraw hat ain sackh habern abkauft irem schwesterman, dem Brenner zu Eggenbuhell, denselben sack habern hat Martin vogt[75] und etlich haupt-leut jenen ain gichtig gemacht und hand den sackh habern haimgesprochen, alls sy

---

[75] Aus der Vorlage geht nicht hervor, ob es sich um einen Familiennamen oder eine Amtsbezeichnung handelt, weshalb auf eine interpretierende Interpunktion bzw. Großschreibung des Wortes verzich-tet wurde.

gut, da ist mein herr von Kempten zugefarn und hat im den sackh habern wider genommen, das clag ich Gott und dem rechten.

[236.] Item abt Johans Wernaw hat gefangen Bienntzen Funnckenn[76] ain ersten von IIII articul wegen, [fol. 113] und genöt wider das recht und getzwungen, darumb er gnug hat gethan, und das furpracht durch prief und byderleut[77], das alles in nit geholfen hat, darumb er hat muessen ain herten prief geben als uber ainen verurthailten man.

Item der erst articul ist gewesen von ainer absolution wegen, die er zu Rom zuwegen hat pracht, das im unrecht beschehen.

Item der ander articul ist, das er sollt nit ain frey weyb genommen han nach seinem furgeben, das hat sich erfunden durch prief, das sy kauft ist worden vom Conratten von Schellennberg, vor zeiten vogt zu Wolkennperg gewesen ist.

Item der dritt articul, das er sein weib [fol. 113'] nit hett nach im geben, als er es verhaissen hett, das hat er furpracht, das er es gethan hat.

Item der vierd articul, das er sein schloß zue Ilerperg verkauft wollt han ainer statt oder burger, das doch er in seine synn nie gehabt hat, darauf ist er gestorben, uber sollich articul ist im getrauet worden von deß abts gedingten knecht mit namen Stauchelin, wann er die articul nit abthun wurdt, so wurd man in zestukken wegen, uber sollichs, so ist der alt man in sich selbst gangen und hat gedacht, soll ich in meinen alter erst gewegen werden umb unschulden, und ist darab kranckh worden, das man in aus den thurn hat genommen und gelegt in ain kamer, da hat er unser Frawen angerueft, und geschach an unser lieben Frawen [fol. 114] abendt, also sy in den tempel gepracht ward, und hat bettstatt, sayl und leilacher anainander geknupft und hat sich aus dem schloß gelassen, da seien sy gesprochen oder zu kurtz gesein undt gefallen, und durch sollich fallen ist er in ainem halb jar gestorben, darnach am morgen frue so hat der abt sein schloß eingenommen mit gewalt und leut dareingelegt und sein frawen gefangen, und was verzert ist worden, hat der genannt Funnck außrichten muessen, und darauf wollt er gericht sein mit seinem herrn, musst er thun, was man begert, und ain herten prief geben, die articul all zu halten, wie obsteeth.

Item weiter hat er sich muessen ver[fol. 114']schreyben, sein schloß Ilerberg mit seiner zugehord nit wollen verkaufen aus dem gotzhaws, besonder wann es ime fayl wurdt, so solle er es ainem herrn von Kempten anbieten, mugen sy ains werden wol und gut, wa aber sollichs nit beschäch, sollt jeder thail zwen dargeben und darbey beleyben, ist auch nit gehalten worden an dem genannten Funncken und seinen erben, sonder verlengt und getrengt, das seine kindt zu grosdem schaden kommen sindt, das mänigklich wol waist, und am tag ligt.

Item weyter hat mein herr von Kempten sich understanden und gewert, das schloß

---

[76] Die Funk sind eine in den oberschwäbischen Reichsstädten mehrfach auftretende Bürgerfamilie; besonders stark sind sie in Memmingen vertreten und betätigen sich hier im Handel. Vgl. Raimund Eirich, Memmingens Wirtschaft und Patriziat von 1347 bis 1551, Weissenhorn 1971, S. 189-201. Daß in Benz Funk eine (Kemptener) Nebenlinie dieser Memminger Familie zu sehen ist, ergibt sich aus dem in 236 genannten Illerberg, das sich im 15. Jahrhundert urkundlich im Besitz von Kemptener Bürgern nachweisen läßt. Vgl. Blickle, Kempten, S. 38f. Offensichtlich genießt der hier genannte Benz Funk kein städtisches Bürgerrecht, doch ergibt der Kontext zweifelsfrei, daß es sich bei ihm nicht um einen Bauern handelt.

[77] ehrbare, zeugniswürdige Leute

keinem andern mit aller seiner zugehörd nit wollen lassen ver[fol. 115]kaufen, dann nun wellicher im dartzu gefiel, und nit jetlichen durch sollichen gwalt und zwanckung, so ist der genannt Funnckh und sein erben deß zu grossem schaden kommen.

[237.] Item Haintz Beck im Roth, han ain spruch gehapt gegen Hannsenn Schullthaissen, dem muller, von ains bachs wegen und wassers an sein mulin, derselb hat gemacht ain schwellin, die von alter her nie gewest ist, da nam ich in fur mit recht, da nam uns mein herr von dem recht und satzt das auf biderleut, die hand ain spruch geben uf ain meß[78], wievil die schwellin nider sollt [fol. 115'] gelassen werden, davon hat sich mein herr von Kempten appelliert und beruffen fur den kayser, wan dieselb ober mulin sein ist, und ist der appellation nit nachgangen, und ist ob acht jaren, das es beschehen ist, darumb ward mir ain prief erkennt von den spruchleuthen, den wollt man mir nit versiglen, also bin ich getrungen von dem spruch mit gewalt on recht, da getrauwen ich Gott und der kayserlichen Mt., das dem abt gepotten werd, mich bey dem spruch lassen zu beleyben.
[fol. 116]

Buchenberger pfarr

[238.] Item Leonhart Töeuber, han muessen thailen mit meinem g. h., da hat er genommen fur seinen thail XL fl. bey der ersten frawen, nachdem ist mir die ander fraw auch thod, han ich noch ainest muessen thaylen, und han im muessen geben hundert und ain fl., das ist alles beschehen bey meinem leben, item an der letsten sumb han ich geben XXVII fl. und XII pfd. hl., das ander thail der sumb will er von mir haben und will mich das gut nit lassen angreifen noch verkaufen und versetzen, damit im die obgemelt summa gar betzalen möcht, darab ich groß beschwärd hab.
[fol. 116']

[239.] Ich, Leonnhardt Funnck, hab ain pruderß son, der hat nun funden XXVI toggaten[79] auf ainer freien reichstraß ob erd zerstrowet, nachdem ist er zu mir, Leonhart Funncken, kommen und hat mir das furgelegt, in dem hat man nach inen beden geschickt gen hof in die cantzley, da hand sy gesagt, wie es ergangen ist mit dem gelt, das hat sy nit geholfen, auf das ir herr zugefarn ist, und hat den gemelten Leonharten gefangen und geplöckt, das hat alls nit geholfen, auf das hab ich muessen weib und kindt verschreyben hinder das gotzhaws, damit er mich hat pracht umb leib und gut on schuld, wenn ich doch deß gelts nicht hett dann nur ain guldin, den mir meins pruders son geschenckt hett, denselben fl. han ich im mussen geben, der landamman in selbst geholet hat. [fol. 117]

[240.] Item Jäck, Hanns und Haintz, die Vogler zu Wenngen, hand weiber genommen, frey zinserin, da hat uns mein herr von Kempten gefangenn, das wir mussten weib und verschreyben hinder gotzhaws als aigen leut.

[241.] Item Benntz Moser, han ain gut bestanden vom gotzhaws und bin ain freyer zinser, und musst mich verschreyben hinder das gotzhaws, davon nit zu weichen.

[242.] Item Hanns Tonmuller, freyer zinser auf unser Frawen altar, bin alle jar schuldig VIIII hl. veltzins aus meinem gut auf sant Anndreß tag, das han ubersehen und

---

[78] Maß, hier: Höhe
[79] Dukaten

vergessen [fol. 117'] ainmal, da must ich meinem herrn zu peen geben XXV pfd.
haller.

[243.] Item Hans Schråglin in Buchenberger pfarr, ain freier zinser, bin beschwårt
ob der steur, ich han kum vergoltes guts aigen XXX pfd. hl. und must geben XVI ß.
d. steur, und hat mir fernend und heur an der steur aufgeschlagen, und uff dasselb
hat mich geladet gen Costenntz, und bin doch gerichtpar und pfandpar, und verhieß
man mir im refendar durch die hauptlut, man sollt mir gutlich thun, das doch
bißher an mir nit gehalten ist, man schlecht mir an der steur auf, weiter beclag ich
mich ob meinem g. herrn, als er meinen vatter gefangen hett von felds [fol. 118] und
holds wegen, das ain halb stosst an meins herrn forst, und anderhalb an Hannsen
Kirchoffs feld und seiner geschwistirgit, darumb mein vatter was komen deß uff vier
man mit namen Martin aman[80] zu Guntzburg, Haintz Bock im Buch, sein zusetz,
und meins vatters zusetz, Hanns Zick und Peter Hertz in Buchenberger pfarr zum
gesers, da sy nun von beden thailen zusamen kommen, und wollten sy richten, da ist
er vongangen und hat es nit wollen richten lassen, und uf das, so mus ich ain clåger
sein, so er meinen vatter angethan hat, und in das holtz noch uf den heutigen tag in-
hat, item weiter hat mein vatter ain erbbrief umb das holtz und feld, wie obgeschrib-
ne clag lautet, wåre es billich, so mochten ich und mein vatter zu dem prief ston,
[fol. 118'] wie recht wåre als biderleut, das hat mein herr nit genuegt, er hat mein
vatter gestrafft umb LXXX fl., item weiter so musst ich und mein schwester ver-
schreyben hinder das gotzhaws und mein muter, wollten wir unsern vatter aus dem
turn han, und meine kind verheyrratten dann mit seinem vergonnen, haissen und rhat,
darumb verhoffen ich und mein vatter, hat geben an den LXXX fl. XLIIII fl., das
man im die wider heraus geben werdt, und sein holtz und feldt, und mit und im un-
ser verschreybung abgelassen werd und wider zu aller freier zinser gerechtikait ge-
lassen werden.
[fol. 119]

Bropstrieder pfarr

[244.] Item Ulrich Holzhay, ein freyer zinser, han ein haws gebawen auf ein erkauf-
te hofstatt, kostet mich wol LXXX fl. ungevårlich, das hat mir mein herr von Kemp-
ten genomen mit seinem gewalt on recht und fieng mich dartzu, wollt ich aus dem
thurn, da must ich im das haws lan und must mich verschreiben, vom gotzhaus nit
weichen, weder mit leib noch mit gut, da bin ich getrungen worden von der freyen
zinser gerechtikait.

[245.] Item Jorg Holzhey, ich han ain weib genommen, die ist herr Caspars von Lau-
benberg, und bin doch ein freier [fol. 119'] zinser, und must meinem herrn von
Kempten geben XI fl. zu buß.

[246.] Item Heinz Paur, leibaigen, han genommen ein freye und han sy geben an das
gotzhaws zu ainer freyen zinserin, darumb gab man mir ein prief bey abt Gerwigs[81]
zeiten, das ist gestanden bis jetz zu dem herrn, dem musst ich den prief zaigen, den
hat er mir genomen, und musst ein prief aufrichten und weyb und kindt zu aigen

---

[80] Aus der Vorlage geht nicht hervor, ob es sich um einen Familiennamen oder eine Amtsbezeichnung
handelt, weshalb auf die interpretierende Interpunktion bzw. auf die Großschreibung des Wortes
verzichtet wurde.

[81] Gerwig von Sulmentingen (1451-1460)

verschreiben hinder dz gotzhaws, und ward meinem weib und kind genommen ir freyhait aller zinser recht, das clag ich Gott und dem rechten.

[247.] Item Hanns Paur, leibaigen, han genommen ain weib, die ist gewesen [fol. 120] hern Marquarts von Schellennberg, da ward ein thusch gemacht, und gab im mein herr von Kempten ain freye zinserin, darwider also hoff ich, man sollt sy auch lassen beleiben als zu einer zinserin, da must ich sy verschreiben zu leibaigen.

[248.] Item Jos Hafner hat ain gut ererbt zu Lubas, wann mein fraw ist der nåchst natürlich erb gesein, das hatt mein herr selbst genomen und will mir es nit lassen.

[249.] Item ain gemaindt hat ein feld gehabt, daraus hat ain gmaindt ein zinslin gehabt, denselben zins hat mein herr genomen der gemeindt mit gewalt on recht. [fol. 120']

[250.] Item Contz Schmid uff dem Bühel, durch pett der gmaind han ich wirtschaft gehabt, darumb bin ich gefangen worden und must mich verschreyben, vom gotzhaws nummermehr zu weichen, und bin ain freyer zinser, darvon bin ich vertrungen worden.

[fol. 121]

Wilbotzrieder pfarr

[251.] Item Haintz Reichart in der Egg, bin ain freier man von meiner muter und han genommen ain zinserin auf unser Frawen altar, da hat mich mein herr gefangen, sobald mein vatter sålig starb, der was sein leybaigen, da mussen wir kind mit im thaylen und gaben C und II pfd. haller, und han mich muessen verschreyben zu leibaigen und wollt gewisen haben, das ich frey wåre, das half mich alles nit, ich musst aigen sein mit gewalt on recht.

[252.] Item Cristan Herman, leibaigen, han ain zinserin genommen, die must ich zu leibaigen verschreyben, weib und kindt. [fol. 121']

[253.] Item Hanns Hartman ain freyer zinser, han mich muessen verschreyben hinder das gotzhaws, darvon nit zu weichen.

[254.] Item Hanns Jostel in der Egg, ein freier zinser auf unser Frawen altar, bin gefangen und genôth worden, vom gotzhaws nit zu weichen, weder mit leib noch mit gut.

[255.] Item Nesa Kûßlini, Hannsen Hermans witwe, ist ain freye zinserin gewesen von vatter und muter, deß sy prief und sigel handt von ainem abt und convent, das sy sôllen iren freien zug han in stett, in marckt auf burg oder wo sy wôllen ungeirrt allermånigklich, da hat er sy und [fol. 122] ire kind gefangen mit gewalt on recht, das sy sich hinder das gotzhaws muessen verschreyben, damit sein sy getrungen von irem freyhaitsbrief.

[256.] Item Paulin Maiers witwe ist jetz Erhart Mecheliß hausfraw, han mich auch muessen verschreyben, vom gotzhaws nit weichen, und bin unser Frawen zinser mit gewalt on recht.

[257.] Item Steffan Mair, unser Frawen zinser, bin gefangen worden und genot, mich zu verschreyben, vom gotzhaws nummermehr zu weichen mit gewalt on recht.

[258.] Item Contz Lieblin, unser Frawen zinser, han ain frey weib genomen, [fol. 122'] die han ich muessen zu ainem zinser ergeben, und verschreyben, vom gotzhaws nit zu weichen.

[259.] Item Hannsen Schônen muter, ist ain frey weib gewesen und hat sich muessen zu aigen ergeben, sich und ire kindt dem gotzhaws, da ist sy zu genôt worden mit

gewalt on recht, und sein weib ist auch frey, das wollt sy wol furpracht han wie recht
wår, das half sy alles nit, sy musst mit gewalt aigen sein.
[260.] Item Jörg Holtzhay, freyer zinser, man hat mich gefangen mit gewalt on recht,
da must ich mich verschreyben, vom gotzhaws nummermehr zu weichen, item der
vogt hat uns beschwårt, das doch von alter her nit ist gesein, deß ersten [fol. 123]
der beck muß ain guldin geben, darumb soghar kain frembder beck bey uns fayl
han, es seindt oft vier oder drey frembdt kommen und hand fail gehabt, deßgleichen
mit der badstuben, da hat man ain såckh haber eingeschlagen, deßgleichen mit der
schmidwaid seien wir auch beschwårt.
[261.] Item Haintz Staiger, sant Martins zinser, han geweibet aus der herschaft, die
was graf Haugen[82], da fieng mich mein alter herr und strafft mich umb XL fl., und
musst dem cantzler II ½ fl. umb den prief geben, der weiter stond, dann ich gehieß,
darnach fieng er mich aber, und must verburgen V^c pfd. hl., da must ich im XII bur-
gen umbsetzen und mich verschreyben, aus der graffschaft [fol. 123'] nit ziehen,
und wollt mir kain erbfall lassen, von wannen her er mir gefallen wår, da ich nur
nicht mer hett, dannocht musst ich ime geben II ½ pfd. hl. steur, das hab ich solang
geben, das ich es nit mehr erleyden kunth, und musst mich abtheuschen, also bin ich
getrungen worden von sant Hiltgarten und dem gotzhaws, das ich doch nit gern get-
han hab.
[fol. 124]

Undrisrieder pfarr
[262.] Item Hans Grotz hat ain gut bestanden zu Pflumen, da ist im furgehalten wor-
den, er hab X tag zuseen und gesach LXXX fuder hew, darauf hat er verhaissen
achtzig guldin erschatz, da hat er es in funf tagen umbgeårn, und im nit me worden
dan XL fuder hew, und hat das gut II jar ingehabt und hat an dem erschatz geben
XLI fl., und das ander hat man im verfangen, was er hat, so hat er mit dem gut nit
mugen betzalen noch damit verburgen, da hat man das gut ainem andern gelassen
umb XL fl. und hett ain stadel darauf gesetzt und zimmert, der kostet in wol siben
gulden, und getrawet Got, das man im das gelt wider geb. [fol. 124']
[263.] Item Peter Haug, ain freier zinser, darumb ich prief und sigl han, darum bin
ich II mal gefangen worden, und mich in thurn gelegt on ursach, und darbey han ich
mich unschuldig gewisst durch biderleut mit V mannen, daruber han ich mich mues-
sen verschreyben, vom gotzhaws nit zu weichen, weder mit leib noch mit gut, ich
han auch in dem prief muessen schwern, darumb getrawen ich Gott und dem rech-
ten, das ich billich ledig kennt werdt, und bey meinem prief und sigel behalten
werd.
[264.] Item Ulrich Furer, ain freyer zinser, man hat mich gefangen on alle schuld,
darumb must ich geben VII fl. und mich dartzu verschreyben, von dem gotzhaws nit
zu weichen, weder mit [fol. 125] leib noch mit gut, damit bin ich getrungen von al-
ler freyen zinser recht.
[265.] Item Wilhalm Vetter, ain freier zinser, bin gefangen worden und han mich
muessen verschreyben, vom gotzhaws nit zu weichen, weder mit leib noch mit gut
wider das recht, und must VI fl. geben, darvon bin ich kumen umb mein zinser
recht.

---
[82] Graf Haug von Montfort

[266.] Item Jos Zinagel, ain freier zinser, han mich muessen verschreyben, vom gotzhaws nit ze weichen wider das recht, und must weder leib noch gut veråndern, darab bin ich beschwårt

[267.] Item Hans Rauch und Els Schråglinin, sein eeliche hausfraw, bayde frey [fol. 125'] zinser, seien bayde gefangen worden, ee und sy zusamen seien komen wol vor vier jarn vorhin, und hat jetlichs sich muessen verschreyben, vom gotzhaws nit ze weichen und one unsers herrn des abts rhat nit weiben noch mannen. Also hat mein herr von Kempten sy auf sein schloss genommen zu ainer magt, da ist sy dem guten Rauhen hold worden und er ir auch, und ist ir nachgangen, sovil biß sy in zu der ehe genomen hat, dartzu sy bayde das hitzig plut der liebe gezwungen hat, und hand nit gedacht der zwåncknus und verschreybung, so sy gethan handt, und vermainten, so sy ain freye zinserin ist, und auch er, und beliben in der herschaft, es war nit unrecht gethan, daruber [fol. 126] fieng man in, und geschlagen worden, und lag XIIII wochen im thurn minder zwen tag und wollt er heraus, da must er geben V^c fl. LV fl. und dartzu verpurgen VII^c fl. und ainen herten aid schweren und sich verschreyben, die sach nymmermehr zu gedencken, weder mit recht noch on recht, weder vor båpsten, kaysern oder kônigen, dardurch der kayserlichen M^t und båpstlichlichen gwalt ir hand und gwalt beschlossen ward, das clagen wir freien zinser alle, und er doch selbst ain freyer zinser ist, und auch sy ain freye zinserin ist, und noch heut bey tag der zinser recht pfligt und praucht. [fol. 126'-128' nicht beschrieben] [fol. 129]

Wiggenspacher pfarr

[268.] Item Hanns Haugenmuller in Wiggenspacher pfarr hat ain vatter gehabt, Haintz Hauggenmüller genannt, zů Wiesterried seßhaft, der ist ein freyer zinser gewesen, hat genomen ain weib, hat gehayssen Anna Kranbergin, ein freye mundtmin, den hat man gezwungen mit gwalt, das sy nach ime hat mussen bringen und drew kind mit ir und des Hannsen Hauggenmullers schwester mit VII kindern, und sein bruder Hainrich Hauggenmuller hat ain freye hausfrawen zu der ehe genomen, die ist gefangen worden und durch die fängknus zu der zinserschaft gedrungen worden und brief und sigel geben mussen.

[269.] Item Caspar Kreutzer zu Adelegk in Wiggenspacher pfarr hat sich für ain [fol. 129'] freye person von Jacob Mirl zu Bysegk, in obgemelter pfarr gelegen, umb zehen guldin reinisch erkauft und sich eelich verheirat mit Ursula Dornin auf dem Adelin in Wiggenspacher pfarr, die verwandt[83] ist der herrschaft Hohenthann, wölchen abt Riethaim dem gotzhaws Kempten erkauft hat, ist Caspar Creutzer der kirchgang und seiner frawen verbotten worden, bis sich er nach der frauen nach an das gotzhaws ergeben hat. Uff sollichs hat sich abt Riethaim eegemächel begeben, von inen und allen irn nachkomen drey schilling pfennig stewer järlich zu nemen und nach irem absterben ain fal, des er inen brief und sigel geben hat, aber in jarsfrist hat bemelter abt von gedachten Casper brief und sigel genomen mit gewalt, und ist gesteurt worden umb siben schilling pfenning, also das Casper, der frey und erkauft worden ist, kain zusagen und brief und sigel nie gehalten worden synd, begert, widerumb frey gelassen und sein fraw bey drey schillingen pfenning steur gehandthapt zu werden. [fol. 130]

---

[83]   mit der Leibeigenschaft zugehörig

[270.] Item Jacob Dorn am Adelegg in Wiggenspacher pfarr, der herrschaft Hochenthann verwandt, ist bey zwaintzig jarn beschehen, hat gehapt ainen bruder mit namen Claus Dorn, der ist von hungers wegen aus dem land komen, und aus främbden landen hat er ain aignen poten hergeschikt seinen freunden und tragern, ine von seinem vätterlichen und muterlichen erb zu erkaufen, das nit beschehen ist, dann man nit hat mugen mit dem herren oder seinem amptleuten des kaufs halb uberkomen, in sollichem ist Claus abgestorben, haben die ambtleut Jacob Dorn als den erben umb zwaintzig pfund haller gestrafft und für den todfall vier pfund haller, und siben schilling pfenning steur auf ein neus in ewig zeit zu geben, deßhalb sich Jacob Dorn hoch und groß beclagt, das man ine wider Got, recht und alle pillichait gestrafft hat, auch ime ein newe, ungötliche steur, nämlich siben schilling pfennig, mitsampt den alten steur, namlich sechs schilling pfenning järlich in ewyg zeit ze geben gestrafft hat, begert die[fol. 130']selben siben schilling pfenning abzelassen und allain die alten sechs schilling pfennig von ime und seinen kindern ze nemen, und zwelf schilling pfennig, sovil die alt und die new steur sich lauft, für ain raißgelt geben.

[271.] Item Martin Kolb zu Wiggenspach im dorf verwandt der herschaft gewesen, der herrschaft Rechberg, und yetzt erkauft an das zu Kempten, hat zu der ehe genomen Dorathea Zaglerin zum Scheiters in Kimratzhover pfarr, ain freye person von vatter und mutter, der hat von forcht wegen, das ime der kirchgang nit verpoten wurde, sein elichen frawen nach ime an das gotzhaws geben, ist bey acht jaren beschehen, dardurch die fraw und drew kind, so yetzt geporen sind und ferren geporen werden, von irer freyhait komen sind.

[272.] Item Georg Dorn auf der Waldegg in Wiggenspacher pfarr, der herrschaft zu Hohenthan ver[fol. 131]wandt[84], hat genomen zu der ehe Adelharden Hünlini von Waldegk, Georgen von Haimenhoven, genannt Schnaitter, mit aigenschaft zugehört, sobald sollichs deß gotzhaws amptleut wissen gehapt, haben sy Georgen Dorn bey fängknus, stecken und blöcken den kirchgang verbotten, bis er sein egemahel Adelharten nach ime brächte, deßhalb Georg sein frawen von Georgen Schnaitter umb neun guldin für frey gekauft und gemacht und darnach sy nach an das gotzhaus pringen.

[273.] Item Anna Reckin zu Westerried in Wiggenspacher pfarr, ist von irn vatter und muter frey gewesen, da hat sie abt Riethain gefängklich angenomen und sy in das gotzhaws Kempten lassen fiern und sy gewaltigklich darzu gehalten, das sy sich selbst mitsampt irn geschwistergiten hat müssen für freye zinser an das gotzhaws müssen ergeben, alßpald sich darnach Anna Reckin elich zu Jacob Vogler, bader zu Wenngen, [fol. 131'] der ain aigen man des gotzhaws Kempten gewesen ist, hat sich Anna Reckin auch zu aigen müssen ergeben, darzu am ersten von irer freyhait in zinserschaft, und zum andern mal in die herren aigenschaft gezwungen und getrungen worden ist, darin der alt Hans Bruegmann zum Bichels in Legawer pfarr sich von wegen seiner eelichen haußfrawen und kinder beclagt, das sy mit gewalt von irer freyhait getrungen und gezwungen worden sind.

[274.] Item Hainrich Hauggenmuller zu Westerried in Wiggenspacher pfarr, ain mundtman des gotzhaus Kempten, hat genomen zu der ehe Anna Schmidin zum Ermegers, die frey von irrer muter ist, bey ailif jaren gefangen worden, und sy dardurch gezwungen und von irer freyhait gedrungen, und brief und sigel uber sie ge-

---

[84] grundherrlich oder niedergerichtlich unterstellt

ben müessen, begert sich sollicher beschwerung zu entlassen laut irer brief und si-
gel. [fol. 132]

[275.] Item Hanns Hauggenmüller zu Westerriedt, zinser des gotzhaus, ist sein mu-
ter ain freye person gewesen, und darimb, das sein vatter, Biertz Hauggenmüller, ain
5 freyer zinser gewesen, ist er gezwungen worden, sein haußfrawen Marggrethen Grä-
fin nach ime ze bringen, begert deßhalben von wegen seiner muter, so frey gewesen,
ine widerumb frey zelassen. Mer hat gedachter Hans Hauggenmüller zu der ehe ge-
nomen Engla Schmidin vom Ermegens, die ist ain freye person laut brief und sigel,
und als ir schwester Anna Schmidin vangklich angenomen worden, darnach hat man
10 nach Englen Schmidin auch geschickt und sy aufgeschriben, begert ir haußwirt, sy
und ire kind frey beleiben ze lassen laut irer brief und sigel.

[276.] Item Ulrich Hauggenmüller zu Wiggenspach ist von seiner muter ain freyen
person gewesen, [fol. 132'] mit namen Anna Wegmennyn, der hat zu der ehe ge-
nommen Ursula Mäglini von Depßried in Kriegzeller pfarr, die ain freye zinserin
15 des gotshaus Kempten ist, hat sich obbemelter Ulrich nach seiner hausfrawen in die
zinserschaft sich ergeben und dem abt von Kempten brief und sigel auf sein Ulrichs
costen geben und uberantwurten müssen.

[277.] Item Bruegmann der bru zu Grunebach in Urlaver pfarr, ain aigen man des
gotzhaus, hat zu der ehe genomen Anna Hellerin zu Puttrach, die mit aigenschaft
20 verwandt gewesen ist juncker Phillipen von Lanndaw, von dem die umb dreyzehn
guldin verkauft und frey zelt worden, ist ime der kirchgang verpoten worden, bis er
sein frey und erkauft frawen zu aigen nach ime geben hat, darzu er mit gwalt getrun-
gen [fol. 133] worden, wird yetzt umb sanct Peters und Paulstag der hayligen zwölf-
poten zwey jar.

25 [278.] Item Georg Grauff zu Andratzhoven in Leutkircher pfarr ist frey von vatter
und muter gewesen, hat sich eelich geheirat zu Marggrethen Hermann von der obern
Hub in Altusrieder pfarr, ist ain freye zinserin gewesen des gotzhaus Kempten, vor
dem kirchgang ist inen baiden derselbig verboten worden, biß sich Georg Graff für
ainen freyen zinser nach der frawen in die zinserschaft gegeben hat.

30 [279] Item Anna Heymini, Bentzen Zaglers zum Zagel in Wiggenspacher pfarr
hausfraw, hat sich für ir person, auch allen iren kinden, frey von Hannsen von Wer-
denstain erkauft, under denselbigen kindern hat ain tochter gehaissen Gutta, dem
Feurer verheirat [fol. 133'] ist worden, die hat geporn ain tochter mit namen Engel
Feurerin, seyend baide von Anna Heimyni frey erkaufte personen, so nun Peter
35 Hauggenmüller von Westerriedt in Wiggenspacher pfarr obbemelten Feurer in zu ei-
nem elichen gemahel genomen hat, der ain freyer zinser des gotzhaus Kempten ge-
wesen ist, hat er müssen sein frawen Englen nach ime in die zinserschaft pringen,
deßhalb Mathes Hauggenmüller, Michal Hauggenmüller und Marggretha Hauggen-
müllerin als eliche kinder Peter Hauggenmüllers und Engla Feurerin müssen von
40 wegen sollicher gwaltiger handlung zinser und zinserin des gotzhaus Kempten sein,
zu dem ir vatter und muter gezwungen und getrungen worden seind.
[fol. 134]

Buchenberger pfar

45 [280.] Item es ligt ain holtz zwischen Buchenberg und Aschach mit namen der Su-
merhaw, aus welchem holtz sich die armen leut Rider und Buchenberger pfarr be-
holtzet haben zu irer notturft länger dann yemandt verdenken mag, mit waid und

holz gebraucht haben, aus wöllichem holtz sy hüner und holzgult geben, sollichs unangesehen hat aber herr Johann von Riethain, abt des wirdigen gotzhaus Kempten, inen sollich holz verpotten, yeden stokh bey vier pfund pfenningen, wider irn brauch und alt herkomen, durch welches verpot des holtzhawens die waid verwachsen, das sy ir waid nit mer gebrauchen mugen, und als holz noch auf heutigen tag verbotten, begern sollich unpillich verpot widerumb abzestellen und inen widerumb einzuantwurten. [fol. 134']

[281.] Item die von Aschach haben ain tobel zwischen Aschach und der Kirnach gelegen, darinne sy holtz und waid gehapt haben von alter her, ist inen das gantz tobel mitsampt der waid genomen worden und denen zum Aschachberg durch abt Johann von Riethain verlihen worden, und so dasselb tobel nit mer haben wöllen, sonder vermeltem abt abgesagt, nachmals hat man es den von Aschach widerumb gelassen umb ain pfund haller, mit welchem pfund haller sy beschwert sind.

[282.] Item die ab dem Aschachberg und vom Masers, Buchenberger pfarr, haben vil jar die pfarr und alt herkomen gehapt, das sy zu irer notturft gescheitet haben auß dem holtz, Kirnach genannt, und sollich holtz haimgefürt one manigklichs widersprechen, welches holtz umbsonst ze scheiten und zu brauchen ein prelat des gotzhaus Kempten verpoten hat, [fol. 135] haben sich die underthanen vermelter flecken nit wöllen wider irn herren rechtlich einlegen sich irer freyhait verzigen, und sollich holtz umb ain gelt bestanden, welches holtz inen vor etlichen jaren verboten worden, weder umb noch umbsonst zumessen, begeren sy, inen sollich holtz widerumb umb gelt zu lassen.

[283.] Item zum Känels in Buchenberger pfarr haben die armen leut daselbst ain holtz gehabt, Stockach genannt, daraus sy sich zu irer notturft beholtzet haben, ist inen auch durch Johann, wie den andern in Buchenberger pfarr, wider die pillichait verboten worden, und ist Lenhart Funkh selig von des yetztgenanten holtz wegen gefangen worden und an dem gut hertigklich gestrafft worden, bitten, sollich verpot abzeschaffen. [fol. 135']

[284.] Item die von Aschach in Buchenberger pfarr haben ain wald, Äscher wald, den lehnen sy mitsampt irn gutem von einem herren von Kempten, aus wöllichem wald bretter und lander gen Kempten, zu irer notturft zu verkaufen, gefurt haben, ist inen durch abt Johann von Riethain auch verboten worden, begern sy, sollich verbot abzestellen.

[285.] Item ferer beclagen sich Conradt Funck und Hans Zing vonwegen des mehrentails underthan zu Buchberg und irntwegen wider abt und convent nach laut eines instruments mit A bezaichnet, weiter Hans Zinck und Ulrich Funck zum Kenels beclagen sich noch anzaigen eines instruments mit B.[85] bezaichnet. [fol. 136]

[286.] Item Georg Tauber zum Winharts[86] in Buchenberger pfarr sagt ferrer zu seins schwehers seligen Hannsen Lutprecht im Ried, in sant Laurenzer pfarr sesshaft, wie an dem ersten des eingelegten buchs begriffen, das uber das alles nach absterben seiner muter sålig hab er und seine miterben ainhundert und ainen gulden müssen geben für die tailung, und nach sein vatters absterben hat er zwayhundert und ain pfund haller müssen geben.

---

[85] Die als A und B bezeichneten Instrumente fehlen in der der Edition zugrundeliegenden Vorlage.
[86] Weinharz, Gde. Buchenberg, Kr. Oberallgäu.

[287.] Verrer beclagt sich Georg Teyber, wie er ain roß auf freyem jarmarckt zu Kempten nechstverschinen umb neun guldin von Heinrich Hengeler von Imental, Güntzpurger pfarr, kauft hab, dasselbig roß haben ime die knecht des abts von Kempten genomen und in das gotzhaus Kempten gefürt, ime, dem Georgen dabey

5 gesagt, wann er inen das roß nit gern geben und in das gotzhaus füren lassen, wollen sie ime alle seine roß und vich nemen, [fol. 136'] begert Georg, ime das roß oder die neun guldin, so er darumb bezalt hat, wider geben zu werden.
[fol. 137]

10 *Kimpratzhover pharr*
[288.] Item Conrat Waibel zu Schrayloch in Kumratzhover pfarr hat ainen son, derselbig sein son ist gewarnet worden durch etlich from leute von wegen ains vogts, auf sollich warnung ist sein son hinweg gegangen, geverlichait seins leibs darmit zu verhuten, wiewol er gantz unschuldig gewesen, darab sein vatter einen kumer

15 gehapt, dann er seins sons zu seiner armut wol bedurft hette, und hat sich aufgehept und ist zu dem vogt von Wolckenberg gegangen und zu ime gesagt, wie das man seinen son gewarnet hab, was es doch gethan hab, das wolt er gern wissen, und begert, ine zum rechten stellen, wer zu ime zu clagen hab, und den vogt deßhalben umb rath und hilf angerůft, darauf hat der vogt gesagt, es sey ime frembd und sey ime unbe-

20 wisst, dann er ime nichts gethan hab, und wer ine hab außhin gän, der haiß in wider[fol. 137']umb haimbgeen, also hat Conrat Waibel wiederumb nach seinem son gestelt, und auf sollichs so der son widerumb haimkomen und in seins brueders hauß gewesen uber nacht, darauf der vogt und meines herren von Kempten knecht sind ime, Conradt Waibeln, bey nechtlich weyl in das hauß gefallen und ime thur

25 und thor zerstossen und die schloß zerstossen, darauf der alt Waibel gesagt, ich bitt euch durch Gottes willen, land mich bey dem rechten bleiben, ich will euch die schlissel geben, und suchend ine selbst, dann er nit in seinem hauß sey, hat man ime die gespanen armbrost mit aufgelegten pfeilen an das hertz gesetzt und in hayssen schweigen, nachmals hat der vatter den vogt wider umb recht angerufft, hat der vogt

30 darzu gesagt, du wirst mir zehen guldin geben oder wart oder wert des rechtens, darzu er, Conrat, gesagt, hab ich doch vormaln den vogt [fol. 138] angerufft und ist man mir darüber in mein hauß gevallen, ist noch sein beger, man lasse ine und sein son bey dem rechten beleiben und die zehen guldin bey dem vogt abstellen.
[289.] Item Melchior Waibel zu Schrayloch in Kumratzhover pfarr, ain erkaufter zu

35 Hochenthan, ain beck, hat viermaln an meinen gnädigen herren von Kempten begert, ime sein handtwerck zu seiner leibsnarung in des gotzhaws oberkait gebrauchen zu lassen, das ime aber bißher abgeschlagen, verpotten und verzigen worden ist one alle ursach.
[290.] Item Hanns Grauf, müller zum Bodenwalts, hat ainen bach zu seiner mullin

40 gehörig, dem hat weylend abt Johann von Riethain, ime und andern seinen nachpauren, darinne zu fischen gebotten, dann [fol. 138'] er gehöre zu irn gutern, wo sie aber die vischentz des bachs nit niessen wöllen, er sy in die thurn werfen, alßpald aber vermelter prelat die herschaft zu Hohenthan erkauft hat, in wöllcher der bach und mullin gelegen, hat er inen denselben bach underthalb der mullin gewaltigklich

45 genomen und denselben umb ain jårlichen zins verlassen und denselben gotzhaws zugeaignet, und also ist es auch mit andern bachen gehandelt worden.
[291.] Item Ulrich Meßlin zu Kummertzhoven ist in jars fristen nechstverschinen

gefangen worden von des wegen, das er geschaiden het umb hertigklich gewegen worden und falsch angeben.
[fol. 139]

Alltussrieder pfarr   5

[292.] Item Crista Grauff aus dem Moß in Altusrieder pfarr, ain freye person gewesen, yetzt seßhaft im dorf Altußried, hat genommen zu der ehe Barbara Myen suninen eins derselbigen mullin in Wiggenspacher pfarr, ain freye zinserin des gotzhaws Kempten, ist der kirchgang bey peen zwaintzig guldin, biß sich Christa Graff nach   10
seiner frawen in die zinserschaft des gotzhaws Kempten durch brief und sigel an das gotzhaus geben hat.

[293.] Item Barbara Gräffin aus dem Moß in Altußrieder pfarr, ain freye person, hat genomen zu der ehe Jacob Prästeln zu Ottenstall, ein freyer zinser, hat sein fraw Barbaram auch bei peen und verpietung des kirchgangs geboten, nach ime in die zinserschaft durch brief und sigel ze bringen, darumb Hanns Betz auch begert, yetzt   15
gedachten frawen frey beleiben zu lassen. [fol 139']

[294.] Item Niclas Graff zu Bientzen in Altußrieder pfarr, ain freyer zinser, hat zu der ehe genomen Elisabeth Panttenlerin von Wurzerhofen in Leutkircher pfarr, ist Hansen Weißlannd, burger zu Ysnin mit aigenschaft verwandt gewesen, von dem die Niclaß Graf umb zwaintzig guldin reinisch frey zu sein erkauft hat, ist in baiden der   20
kirchgang verpotten worden, bis sich Elißabeth Pantenlerin, ain erkaufte und freye person, nach irm man auch zu ainer freyen zinserin ergeben hat durch brief und sigel.

[295.] Item Alexander Grauf zu der undern Hub in Altußrieder pfarr, ain freye person, hat genomen zu der [ehe] Barbara Truntzerin zu Truntzent in Wiggenspacher   25
pfarr, die ain freye zinserin, ist in der kirchgang verpoten worden, biß Allexander sich nach seiner frawen in dißerschaft[87] durch brief und sigel an das gotzhaus ergeben hat. [fol. 140]

[296.] Item Jacob Grauf zum Moß in Altußrieder pfarr, ain freye person, hat genomen zu der ehe Elisabeth Truntzerin zu Truntzen in Wiggenspacher pfar, die ain   30
freye zinserin ist, hat sich bemelter Jacob nach seiner frawen auch an die freyen zinserschaft dem gotzhaus durch brief und sigel bey peen des kirchgangs ergeben müssen.
[fol. 140']

35

Legöwer pfarr

[297.] Item Hanns Hiemer zu Lego ist ein freyer man gewesen, hat zu der ehe genomen Barbara Mullerin daselbst, die ist leibaigen gewesen, dem ist der kirchgang verpotten worden, bis er sich auch leibaigen gemacht hat, auch nach absterben seins schwehers und schwiger fur die tailung müssen geben ain hundert und viertzig   40
pfund haller, so ist ime auch verbotten weder zu versetzen noch zu verkaufen dann ainem leibaigen man des gotzhaus.

[298.] Item Hainrich Amolt zu Lego gesessen hat ainen vatter, Adam Arnolt genannt, der zu Kaltprunnen gesessen, nach absterben seines vatters Adam hat Anna Arnoldin mitsampt irn kinder auf den [fol. 141] flecken gen Lego wollen ziehen, da   45

---
[87] verschrieben für Zinserschaft

hat mans nit hinain wöllen lassen ziechen auf ir aigen gut, sy neme dann schirm von
dem abt von Kempten, das sy gethon und zehen schilling häller zu schirmgelt ge-
ben, begert er hinfüro, ine des schirms zu erlassen, und das er ainen andern schirm
suchen müge, der ime fügklich sey, dann die amptleut des gotzhaus haben ime pfäl
5 für das hauß schlahen[88] wöllen lassen, wo er den schirm nit anneme.

[299.] Item Lenhart Bernhart in Legower pfarr, ain freyer zinser, hat ain aigen geno-
men, hat sich nach ir geben müssen zu aigen.

[300.] Item Lenhart Prenner, Hanns Prestel und Jacob Kauffer zer Stras in Legöwer
[fol. 141'] pfarr, bauen ain gut oder hof, das yetzt in drey höf ertailt ist, aus demsel-
10 ben gut, geet dem gotzhaus Kempten ain järliche habergült, namlich drew maltern
habern und zehen fiertl korn zwuschen martini und weyhenächt zu bezalen, also ist
ab dreissig jaren obbemelte gult geben worden, aber des unangesehen hat sich abt
Johann von Riethain understanden, auß aigenem gwalt, on ainicherlay rechtmässig
ursachen, ainen falzins aus gemelter gult zu machen, wa dieselbig nit auf ainen be-
15 nannten tag geben wirt, so ist das gedacht gut dem gotzhaus Kempten als sein aigen
gut verfallen, und wierdt daraus ain lehengut gemacht.

[301.] Item Hanns Diepolder von Lego, ain freyer zinser, hat ain leibaigen mensch
zu der ehe [fol. 142] genomen, hat er sich nach ir in die aigenschaft müssen geben
bey dreiundzwaintzig jaren.

20 [302.] Item die zu der Strauß, in der pfarkirchen Legow gelegen, sind ir drey, die jär-
lich ain korngült geben, darauß will man ainen valzins machen, dergestalt, wann
man solliche gult auf unser Frawen liechtmes[89] aubent nit bringt, so will man es für
ain valzinß haben, es sey das wetter, wie es wöll, und wann man die gult darvon[90]
bringt, so will man die gult nit nemen.

25 [303.] Item sy sind mit manigfältigen diensten beschwärt und beladen wider die pil-
lichait, und wann ainer sein roß eingesetzt hat, so muß er von stund an seine dienst
volstrecken. [fol. 142']

[304.] Item es ist noch in menschen gedachtnus, das nun vier ehen, so leibaigen ge-
wesen, in der gantzen herrschaft Kempten gewesen, so von im eltern leib aigen ge-
30 wesen.

[305.] Item Anreas Widman zum Landoltz in Legower pfarr hat Bertlein Albrechten
geschlagen, so sollichs der abt von Kempten mitsampt seinen amptleuten vernomen,
hat man ine fängklich darumb wöllen annemen als ainen, der ain malefitzhandel be-
gangen het, so das Endris gesehen und gehört, hat er dem abt seinem vogt zu
35 Wolckenberg und dem amptmann Symon Buechlin recht vor dem gericht, zum er-
sten zu Lego, zum andern zu Kumratzhofen, zum dritten für das hofgericht des gotz-
haus Kempten, und zum vierten für das landtgericht[91] fürgeschagen, und an den ge-
richten dem abt [fol. 143] rechtlich furzugeen, da recht nemen und geben, das aber
ine nit hat mugen helfen, sonder ist er also von hab und gut ainen monath vertriben
40 worden, in sollichem ist Andreas ferrer bürgermaister und rath zu Wanngen nachge-
laufen, manigmal dem abt zu Kempten geschriben, mich bey recht beleiben zu las-

---

88 Pfähle vor das Haus schlagen ist Zeichen für den Ausschluß aus der Gemeinschaft.
89 Februar 2
90 möglicherweise davor
91 kaiserliches Landgericht der Grafschaft Kempten oder kaiserliches Landgericht auf Leutkircher
    Heide und in der Pirsch

sen, wöll ich ime vor ir weyßhait rechtlich fürgan, aber das alles hat ine nit mogen helfen, hat müssen teutsche nation vermeiden und ist also umb alle sein hab und guter komen, des beclagt er sich gegen Goth und löblichen standen des Bunds zu Schwaben, ime sein erliten und ungepurlich schaden zu bekeren.
[fol. 143']

Lauber pfarr

[306.] Item Hanns Grotz von Laubo, Hainrichs Grotzen sone, beclagt sich, wie das sein vatter ain weib genomen hab, ist der graven von Montfort leybaigen gewesen, ist erkauft worden, der ist gezwungen worden, den freyhaitsbrief heraußzugeben, ist darnach zu der leybaigenschaft getrungen worden, und den newen briew müssen bezalen und dem gotzhaus zustellen, nach absterben des vermelten Hannsen Grotzen muter hat er mussen tailen und ainunddreissig pfund haller von wegen seiner muter und fünfundfünftzig pfund von wegen seines vatters müssen geben, und hat darnach ain freye zinserin zu der ehe genomen, die hat er müssen aignen und dem gotzhaus den brieve auf seinen costen geben müssen, verhofft, das ime seine freybrief mitsampt dem eingenomen gelt wider herausgeben werde. [fol. 144]

[307.] Item Hanns Rauch, Hanns und Andreas die Muruß zum Stielings in Lauber pfarr haben aigne guter daselbst gelegen, haben vor dem landtgericht, so bey inen zu Lubas[92] gehalten worden ist, mussen ruffen[93], darumb haben sy irn sold gehaptener, nun ist aber sollich landtgericht gen Kempten in das gotzhaus gezogen worden, so mussen sy darzu gen Kempten hineingeen auf irn costen und das ir verzeren, das dann vor alter nit herkomen, und ist in ir soldung abgeprochen worden, begeren, das man sy sollichs erlasse.

[308.] Item Georg Tauber von Heuesern in Lauber pfarr hat ain freye zinserin genomen, Affra Murussin aus Haldenwanger pfarr, dem ist der kirchgang auch verpoten worden, bis er sy zu der leibaigenschaft geben hat. [fol. 144']

[309.] Item Hans Tauber, sein bruder, hat dergleichen thun mussen,

[310.] Item Balthaß Gootz von Lauben, yetz zu Eytzißried in Sultzperger pfarr hat genomen ain freye zinserin, Affra Riedliny in Krugzeller pfarr, zu der ehe, ist ime der kirchgang verpoten worden durch abt Johann von Riethain, untz solang bis das er sy zu leibaigen gemacht hat, und hat sampt zwen bruder, Lenhart Grotzen zu Landaw und Hannsen Grotzen daselbst, so noch in leben sind, welchen dergleichen geschehen ist, hat ain schwester Elisabetha Grötzin, hat Hainrichen Riedlin auß Krugzeller pfarr genomen, ain freyen zinser, den hat sy nach ir bringen müssen, und ir yedes ainen guldin für ainen brieve müessen geben und dem gotzhaus überantwurten.
[fol. 145]

Brobstried

[311.] Item Hanns Bonenberg in der Rauchen Mulin in Probstrieder pfarr, ain aigen man, hat bey ainem jar ungevarlich ain freye person genomen zu der ehe, der hat sy

---

92 Leubas war die Malstätte des Kaiserlichen Landgerichts der Grafschaft Kempten.
93 Es handelt sich offensichtlich bei den Gütern der unter 307 genannten Männer um Waibelhuben. Vgl. dazu Walter Müller, Die Weibelhuben, in: Zeitschrift für Rechtsgeschichte Germanistische Abteilung 83 (1966), S. 202-238. Die Entfernung von Stielings nach Leubas beträgt knapp 1 km.

nach ime pringen müssen zu der leibaigenschaft, so ist sein mutter ain freye zinserin
von vatter und mutter vor funfzehen jarn zu der leibaigenschaft gezwungen worden.
[fol. 145']

5 *Sanct Laurentzen pharr*
[312.] Item Hanns Arnolt auf dem Grunnenberg in sant Laurentzen pfarr, ain freyer
zinser, hat genomen zu der ehe Stromairin aus der Stromairs mulin in Wiggenspa-
cher pfarr, ain freye person bey sechzehen jaren, ist der kirchgang verpoten worden,
bis das er sein freye frawen auch in die zinserschaft an das gotzhaus ergeben hat.
10 [313.] Item Michel Arnolt auf dem Grunenberg in sant Laurentzer pfarr ist von vat-
ter und muter frey geporn, der beclagt sich ab dem prelaten und convent zu Kempten,
das er mit steuer, rayßgelt und frondiensten wie die leibaignen personen des
gotzhauß beschwert werde, begert er, sich wie ain [fol. 146] andere freye person, die
ayn faßnacht henen zu schirm gibt, beleiben zu lassen, wie sein vatter selig gehalten
15 ist worden.
[314.] Item Hans Staiger zu dem Mulbuchel in sant Laurentzer pfarr hat ain mutter
gehapt, Elisabetha Zaglerin, ain freye person, von irn sechs kind, so noch in leben
sind, die hat genomen Bientzen Staiger, einen freyen zinser, zu der ehe, ist sy von
irer freyhait getrungen worden, deßhalben Hanns von wegen sein selbst und seiner
20 geschwistergit begert, sich der zinserschaft zu entlassen, wöllcher Staiger ain eliche
Ursula Mairin, so geporn ist von Elisabetha Dornin, ain freye person, wölliche Elis-
abetha ist gefängklich angenomen worden mitsampt vier geschwistergiten, ist dar-
durch von irer freyhait zu der zinserschaft gedrungen worden, begert sich sollicher
sachen halben zu entlassen. [fol. 146']
25 [315.] Item Andreas Schulthaiß am Wanng in sant Lorentzen pfarr, ist vor etlichen
wuchen in ain grosse sucht gefallen seins haupts, das er beraubt worden ist seiner
vernunft, allain aus grossem mitleiden, so er mit seinen nachpauren gehapt, und ab
der verschinen gwaltigen empörung misfallen, sich aus ainer tauben weis erhänckt
und von keins malefitz begangnen handels wegen, deßhalben der yetzig regierent
30 abt von Kempten und seine anwäld Andreas Schulthais bewegliche und unbewegli-
che guter verpotten und alles vervallen gut zu seinen handen nemen vermaint, unan-
gesehen, das er zway klaine unerzogne kind und recht erben hinder ime verlassen
hat, die also nach dem almusen geen müessen, deßhalb Jacob Schulthaiß sein bruder
von wegen seins bruders kind mit abt und convent zu verschaffen, solliche verpoten
35 [fol. 147] hab und guth zu entschlahen, dann abt und convent kein rechtmässige ur-
sach anzaigen mag, das ime sollich guth als aim herren haimgefallen worden sey,
dann Andreas sein bruder ain frum erlich man all sein tag gewesen sey, und ein ge-
schlecht sey, das gemainigklich irer vernunft entsetzt werden.
[fol. 147']
40

Reicholtzried und Diemassrieder pfarr
[316.] Item Conradt Kisel zu Westenhoven in Reicholzrieder pfarr, ain freyer zinser,
hat ain weyb genomen, ist der von Bappenhaim[94] gewesen, hat sie erkauft und hat
sy nach ime geben mussen an das gotzhaus und zwelf guldin zu straffgelt, darzu bey
45 neunzehen jarn ist sollichs beschehen.

---

[94] Die Marschälle von Pappenheim waren Inhaber der Herrschaften Grönenbach und Kalden.

[317.] Item Bientz Todel zu Sachsenried in Reicholzrieder pfarr, ain freyer zinser, ain gesessener richter daselbst, ist gefangen worden vor offem gericht und gefiert worden geen Liebenthan[95] in den thurn bey zwaintzig jarn, ist gefangen gelegen zwölf tag, hat zusampt der gefäncknus geben mussen mer dann zwaintzig guldin von etlicher reden wegen, so er doch nie geredt hat. [fol. 148']

[318.] Item Niclaus Widenmann zum Resers in Dietmansrieder pfarr hat ein gelegen gut ererbt von seinem vater Niclas Widenman demselbigen gut, ist von ainem prelaten zu Kempten fünf schilling haller ewig zins järlich dem gotzhaus zu geben aufgelegt worden, allain aus der ursach, das der jung Niclaus Widenman in frembden landen gewesen und in denselbigen mit tod abgangen ist, haben seinen erben und nächst freunde, so das gut besitzen, für und für bis auf heutigen tag on ainicherlay rechtmässigen ursachen bezalen mussen, begeren, den unpillichen aufgeschlagen zins abzethun.

[319.] Item Hanns Pattrich von Ubrobach, ain aigenman, hat ain freye zinserin bey einem jar genomen, die hat er nach ime bringen muessen. [fol. 148']

[320.] Item Michel Mayr von Übrobach hat ain freye zinserin genomen zu der Ehe in zehen oder zwölf jarn, hat sy nach ime bringen muessen. [fol. 149]

Güntzburger und Eberspacher pfarr

[321.] Item Hanns Möst der jung zu Wolfensperg, ain aigenman, hat ain freye zinserin genomen, Äll Biechtelerin genannt, dem ist der kirchgang verpoten worden, bis er sy nach ime gebracht hat zu der leibaigenschaft, und nach seins weibs absterben hat er VIIII pfd. hl.

[322.] Item Thoman Rapp von Güntzburg, der weber, hat ain freye frawen genomen, dann er sy erkauft hat von Graf Haugen[96], hat sy müssen an das gotzhaus für aigen geben, darumb ist ain glaubwirdiger brief und sigel vorhanden.

[323.] Item Peter Wasserman zu Güntzburg hat ain hauß doselbst gehabt, das frey und nit lehen vom [fol. 149'] gotzhaus Kempten gewesen ist, darfur hand sein erben verkauft Georgen Banpst zu Güntzburg im Markt, hat ine der aman darzu zwungen, das es kaufrecht lehen muss sein, wann yetzt einer des haus ist, stirbt, so muss er ain fall, zwey ross oder zwu kue oder zway hauptrecht geben, so hat zehen schilling häller zinß mit namen Jacob Martin zu Güntzburg aus vilgedachtem hauß, stat der zinßbrief, das er frey und nit lehen sey, so hat er den zinß müssen lehnen, ist ain glaubwirdiger brief vorhanden.

[324.] Item Peter Humel in Güntzburger pfarr hat ain freye zinserin genomen, [fol. 150] Anna Mŏchelerin genannt, die hat er leibaigen machen mussen, und sind im nechsten sterbend gestorben, und ein kindlin verlassen, das ist auch gestorben und hat viertzig guldin verlassen, so hat der nechst prelat abt Johann Rudolff[97] alles gut gar erben wöllen, und hat demnechst zwaintzig guldin geben mussen.

[325.] Item Hanns Möst zu Mittelberg, ain tagwerker, ist ain freyer zinser gewesen, und hat ein aigen person zu der ehe genomen und ist bey ir gesessen, bis das er achtzig jar alt ist worden, da ist er gezwungen worden zu der leibaigenschaft und hat ze-

---

95 Schloß Liebenthann
96 Graf Haug von Montfort
97 Johann Rudolf von Raitnau (1507-1523)

hen guldin darzu geben müssen, nach seinem absterben haben seine kinder funfzig
pfund haller zu der tailung mussen geben.
[fol. 150']

5 *Eberspach*
[326.] Item Martin Möst zu Eberspach hat ain kind verlassen, das ist gestorben, des-
selben kinds gut hat abt Rudolff gar genomen und den erben nit lassen wöllen.
[327] Item Urban Bucher von Eberspach, ain freyer zinser, hat bey zwölf oder vier-
zehen jarn von seinem erb müssen geben hundert guldin.
10 [328] Item Simon Bucher von Eberspach, ain freyer zinser, hat sibentzig pfund hal-
ler müssen geben bey fünf jarn ungevarlich.
[fol. 151]

Ober und Undertungow und Gerissried
15 [329.] Item zu Obertingaw, Unnderthingaw und Gerißried ist ain alter gebrauch und
herkomen gewesen, das kein beck daselbst kainen beckenschutz[98] ainem prelaten zu
Kempten gegeben, sonder sind frey irs handtwerks halben gewesen, aber bey nech-
stem castenvogt Hannsen Bock, so yetzt hofmaister ist, hat man alle jar järlich ain
pfund haller darauf zu beckenschutz geschlagen, so ist auch verschiner jarn ain ge-
20 brauch und alt herkommen an obvermelten flecken gewesen, das die frembden
becken, so mit brot daher gefarn, gar nichtz gegeben haben, aber yetzt bey vermel-
tem castenvogt ist auf ainen wagen zwen schilling haller und auf ainen karren sechs
und auf ain ross drey pfenning geschlagen worden, dardurch ain gemaind daselbst
mercklich beschwärt, solliches abzestellen. [fol. 151']
25 [330.] Item die von Gerisried haben ain gut mul daselbst und mussen dannocht das
korn gen Kempten hinein furn und das hundauß daselbst malen lassen, und mussen
das wiederumb hinauß furen mit grossem irm nachtail, begeren sy, sollichs zu Ge-
rißried malen lassen und sy derhalben ir arbeit zu entlassen, sy mussen auch mit
drey wagen den jägern netz hin und her in dem forst fiern und wol acht oder neun
30 wochen in darmit gespanen sein, begern, sollich auch abzestellen.
[331.] Item von ainem hof in Thingauer pfarr gelegen, so umb sechshundert pfund
haller erkauft, hat man drewhundert pfundt haller zu tailung gegeben. [fol. 152]
[332.] Item zu Unnderthungaw sind noch vierundzwaintzig ehen, die kürzlich mit
gwalt zu der leibaigenschaft getrungen worden sind, und sind vormalen allein frey-
35 zinser gewesen, so in dem register nit begrifen.
[333.] Item uber das alles, so sind dergleichen händel und fäl sovil, das es nit wol
mugklich ist, dieselb all diser zeit anzezaigen, aber wa es in ein rechtvertigung ko-
men, wurde man dieselben all nach der länge anzaigen lassen, wie dann die noturft
irnthalben ervorderen wurde.
40 [fol. 152']

Sultzbergker pfarr
[334.] Item Hanns Sumer zum See in Sultzperger pfarr, ein aigen man des gotzhauß
zu Kempten, hat ain freyen des gotzhauß Kempten zinserin genomen, so sollichs der
45 abt von Kempten vernomen, hat er nach Hansen Sumer in das gotzhaus Kempten

---

98 Abgabe an die Herrschaft zum Betreiben des Gewerbes

berufft und zu ime gesagt, wie er ein freyen zinserin zu der ehe genomen hab, sey deßhalben sein des abts verschaffen, sein frawen an das gotzhaus für ain aigen person zu geben, ist ab sollichem des abts begern Hans Sumer erschrocken, dann er nit wissen gehapt hat, warumb der abt ine hab lassen in das gotzhauß berieffen, den abt gepeten, ime doch ain kind, ain freyen zinser zu sein ergeben wollen, das aber der abt nit hat wöllen thun, zu ime gesagt, du [fol. 153] must dein frawen und alle deine kind, so von euch baiden geborn werden, für aigen person an das gotzhaus ergeben, oder must yetzt gefängklich angenomen und in die keuchen gelegt und daselbs erfeult[99] werden.
[fol. 153']

Unser Frawen Zell pharr bey Mutmansshover pfarr
[335.] Item Matheus Welts in unser Frawen Zeller pfarr ist ain freye person gewesen, der hat ain freye des gotzhaus Kempten zinserin zů der ehe genomen mit namen Ursula Bichlerin zum Voglers in Legower pfarr, hat sich bey verlierung seiner frawen haimstewr und erb zu ainem freyen zinser an gotzhaus Kempten ergeben mussen, also ist es von abt und des gotzhaus Kempten amptleuten getrungen und gezwungen worden.

5

10

15

---
[99] verfault

164

Quellen- und Literaturverzeichnis

AMMER, Felix: Ein wirtschaftsgeschichtlicher Beitrag zur *Sonderstellung Bayerns* im deutschen Bauernkrieg (Masch. Diss. phil.), München 1943.

BAIER, Hermann: Zur *Vorgeschichte* des Bauernkriegs, in: Zeitschrift für die Geschichte des Oberrheins NF 39 (1926), S. 188-218.

BAUMANN, Franz Ludwig: Geschichte des *Allgäus*. Bd. 3: Die neuere Zeit (1517-1802), Kempten 1895. [Neudruck Aalen 1973].

BILGERI, Benedikt: Geschichte *Vorarlbergs,* Bd. 2, Wien - Köln - Graz 1974.

BLICKLE, Peter: *Kempten* (Historischer Atlas von Bayern, Teil Schwaben 6), München 1968.

DERS.: *Landschaften* im Alten Reich. Die staatliche Funktion des gemeinen Mannes in Oberdeutschland, München 1973.

DERS., Heribert BESCH: Der Kemptener *Leibeigenschaftsrodel,* in: Zeitschrift für bayerische Landesgeschichte 42 (1979), S. 567-629.

DERS.: *Arbeit,* Alltag und Recht. Wandlungen in der Ochsenhausener Grundherrschaft an der Wende vom Mittelalter zur Neuzeit, in: Max Herold (Hg.): Ochsenhausen. Von der Benediktinerabtei zur oberschwäbischen Landstadt, Weissenhorn 1994, S. 127-138.

BLICKLE, Peter, Renate BLICKLE: *Schwaben* von 1268 bis 1803 (Dokumente zur Geschichte von Staat und Gesellschaft in Bayern, Abt. II; Franken und Schwaben vom Frühmittelalter bis 1800, Bd. 4), München 1979.

BLICKLE, Renate: Agrarische Konflikte und Eigentumsordnung in *Altbayern.* 1400-1800, in: Winfried Schulze (Hg.): Aufstände, Revolten, Prozesse. Beiträge zu bäuerlichen Widerstandsbewegungen im frühneuzeitlichen Europa (Geschichte und Gesellschaft, Bd. 27), Stuttgart 1983, S. 166-187.

DIES.: *Leibeigenschaft* und Eigentum. Vom Zusammenhang der Erscheinungen in der Verfassung und Geschichte des „Eigens" oder der Hofmark Steingaden, in: Sigfrid Hofmann (Hg.): Steingadener Chronik, Bd. 3, Steingaden 1987, S. 958-972.

BRUCKNER, Albert: Zur Rechts- und Wirtschaftsgeschichte des Tales *Engelberg,* in: Der Geschichtsfreund 99 (1946), S. 1-150.

BÜCHLER-MATTMANN, Helene, Gall HEER: *Engelberg,* in: Helvetia Sacra, Abt. III, Bd. 1, hg. vom Kuratorium der Helvetia Sacra, Bern 1986, S. 595-657.

DUßLER, Georg: *Vergleich* des Klosters Steingaden wegen der Scharwerke, in: Lech- und Ammerrain. Heimatbeilage der Schongauer Nachrichten 4 (1953), Nr. 12, S. 47f.

EGELHAAF, Gottlob: Ein *Vorspiel* des Bauernkriegs, in: Ders.: Analekten zur Geschichte, Stuttgart 1886, S. 212-260.

ERHARD, Otto: Der *Bauernkrieg* in der gefürsteten Grafschaft Kempten, Kempten - München 1908.

FISCHER, Hermann (Bearb.): *Schwäbisches Wörterbuch,* 7 Bde, Tübingen 1904-1936.

FRANZ, Günther: Der deutsche *Bauernkrieg,* München 1933.

DERS. (Hg.): *Quellen* zur Geschichte des *Bauernkrieges* (Ausgewählte Quellen zur deutschen Geschichte der Neuzeit, Bd. 2), Darmstadt 1963.

GEHRING, Paul (Hg.): *Württembergische* ländliche *Rechtsquellen,* Bd. 3: Nördliches Oberschwaben, Stuttgart 1941.

GREES, Hermann: *Siedlung* und Sozialstruktur des Klosters Ochsenhausen bis zum Ende der Klosterzeit (1803), in: Max Herold (Hg.), Ochsenhausen. Von der Benediktinerabtei zur oberschwäbischen Landstadt, Weissenhorn 1994, S. 139-214.

GRUBER, Ewald: Geschichte des Klosters *Ochsenhausen.* Von den Anfängen bis zum Ende des 16. Jahrhunderts (Masch. Diss.), Tübingen 1956.

HAGGENMÜLLER, Johann Baptist: Geschichte der Stadt und der gefürsteten Grafschaft *Kempten* von den ältesten Zeiten bis zu ihrer Vereinigung mit dem baierischen Staat, 2 Bde, Kempten 1840/1847 [Neudruck Kempten 1988].

HOFFMANN, Hermann (Hg.): Die Urkunden des Reichsstiftes *Ottobeuren* 764-1460 (Schwäbische Forschungsgemeinschaft bei der Kommission für bayerische Landesgeschichte, Reihe 2a, Urkunden und Regesten, Bd. 13), Augsburg 1991.

HOLENSTEIN, André: Die *Huldigung* der Untertanen. Rechtskultur und Herrschaftsordnung (800-1800) (Quellen und Forschungen zur Agrargeschichte, Bd. 36), Stuttgart - New York 1991.

KIRCHNER, Gero: Probleme der spätmittelalterlichen *Klostergrundherrschaft* in Bayern: Landflucht und bäuerliches Erbrecht, in: Zeitschrift für bayerische Landesgeschichte 19 (1956), S. 1-94.

KOBLER, Michael: Das *Schiedsgerichtswesen* nach bayerischen Quellen des Mittelalters (Münchener Universitätsschriften. Reihe der juristischen Fakultät 1), München 1966.

KREISBESCHREIBUNGEN des Landes Baden-Württemberg. Der Landkreis Biberach, Bd. 1, Sigmaringen 1990.

LEXER, Matthias: Mittelhochdeutsches *Wörterbuch,* 3 Bde, Leipzig 1876-1878.

LORI, Johannes G. von (Hg.): Der Geschichte des *Lechrains* zweyter Band, Urkunden enthaltend, o.O., o.J.

LUDI, Regula: „nit vom Gotzhaus zu weichen, weder mit leib noch mit gut". Die Beschwerden im *Kemptener Leibeigenschaftsrodel,* in: Zeitschrift für Württembergische Landesgeschichte 52 (1993), S. 67-90.

MAURER, Hans-Martin: Die Ausbildung der *Territorialgewalt* oberschwäbischer Klöster vom 14. bis zum 17 Jahrhundert, in: Blätter für deutsche Landesgeschichte 109 (1973), S. 151-195.

MONUMENTA BOICA, Bd. 6, München 1766.

NUBER, Winfried: Studien zur Besitz- und Rechtsgeschichte des Klosters *Rot* von seinen Anfängen bis 1618, Diss. Tübingen 1960.

RAABE, Hannah: Das Problem *Leibeigenschaft.* Eine Untersuchung über die Anfänge einer Ideologisierung und des verfassungsrechtlichen Wandels von Freiheit und Eigentum im deutschen Bauernkrieg (Vierteljahrschrift für Sozial- und Wirtschaftsgeschichte, Beiheft 64), Wiesbaden 1977.

SABEAN, David Warren: *Landbesitz* und Gesellschaft am Vorabend des Bauernkriegs (Quellen und Forschungen zur Agrargeschichte, Bd. 26), Stuttgart 1972.

SCHMEITZKY, René: Beiträge zur Wirtschafts- und Verfassungsgeschichte des Klosters *Engelberg* in Unterwalden, in: Der Geschichtsfreund 104 (1951), S. 95-143; 105 (1952), S. 128-202.

SCHNEIDER, Reinhard: Die *Geschichte Salems,* in: Ders. (Hg.), Salem. 850 Jahre Reichsabtei und Schloß, Konstanz 1984, S. 11-153.

SCHNELL, J. (Hg.): Das Engelberger *Thalrecht,* in: Zeitschrift für schweizerisches Recht 7 (1858), S. 1-151.

TIETZEN, Reinhard: *„Landschaften"* und Landschaftskassen in den Klosterherrschaften Ochsenhausen und Zwiefalten, in: Zeitschrift für Württembergische Landesgeschichte 52 (1993), S. 179-225.

ULBRICH, Claudia: *Leibherrschaft* am Oberrhein im Spätmittelalter (Veröffentlichungen des Max-Planck-Instituts für Geschichte, Bd. 58), Göttingen 1979.

VOGEL, Adalbert (Hg.): Urkunden des Stifts *Engelberg* (Fortsetzung), in: Der Geschichtsfreund 57 (1902), S. 129-273.

WEECH, Friedrich von (Hg.): *Codex* diplomaticus Salemitanus. Urkundenbuch der Cisterzienserabtei Salem, Bd. 3, Karlsruhe 1895.

WEITNAUER, Alfred (Hg.): Die *Bauern* des Stifts Kempten (Alte Allgäuer Geschlechter, Bd. 25 = Allgäuer Heimatbücher, Bd. 39), Kempten 1949.

Glossar und Sachregister

Vorbemerkung

Das Glossar verzeichnet nur jene Betreffe, die mit dem Gegenstand Agrarverfassung in engerem Zusammenhang stehen, und deckt die semantischen Felder der auftauchenden Begriffe, soweit sie die Agrarverfassung erschließen helfen. Andere ungeläufige Ausdrücke werden als Lesehilfen im Text an Ort und Stelle erklärt. Die Begriffserklärung erfolgt ausschließlich aus dem Quellenmaterial heraus und nicht über verfügbare Wörterbücher.

A

Abfahrt
  Abzug vom Gut und die dafür an die Herrschaft zu entrichtende Gebühr 32 Z. 19; 66 Z. 9, 16, 27; 67 Z. 20, 28f., 37, 45; 70 Z. 32; 71 Z. 12, 33; 72 Z. 17f.; 99 Z. 12; 100 Z. 20f., 30

abfart s. Abfahrt

abschwaif s. Flucht

abtheuschen s. Tausch

abzug s. Nachsteuer

äcker s. Eckerich

ăcker s. Eckerich

aigen s. Eigen, Eigenleute

aigenfraw s. Eigenleute

aigengut s. Eigengut

aigenläwt s. Eigenleute

aigenlew̆t s. Eigenleute

aigen lewt s. Eigenleute

aigenman s. Eigenleute

aigenmann s. Eigenleute

aigen mensch s. Eigenleute

aigenschafft s. Eigenschaft

aigenthumb s. Eigengut

aignen s. Verschreibung

ainung s. Einung

aller hailigen zinser s. Freizinser

allmaiden s. Allmende

allmainden s. Allmende

allmayden s. Allmende

Allmende
  Von Bauernschaft und Herrschaft gemeinsam genutztes Weideland 68 Z. 26, 31; 81 Z. 43; 84 Z. 15; 94 Z. 41, 44; 95 Z. 12; 155 Z. 47; 156 Z. 4f., 9f.

almaind s. Allmende

almayde s. Allmende

altes herkommen s. Herkommen altes

alts herkomen s. Herkommen altes

anfahl s. Heimfall und s. Fall

anfal s. Heimfall und s. Fall

ansprach s. Anspruch

Anspruch
  Rechtsverbindliche Forderung 19 Z. 7, 37

anstand s. Heimfall

anstandt s. Heimfall

armann s. Arme Leute

arme laŭte s. Arme Leute

Arme Leute
  Einer Herrschaft unterstehende Bauern; synonym verwendet mit Untertanen und Hintersassen; Sammelbezeichnung für personal und dinglich Abhängige 22 Z. 28, 34, 37f., 40; 23 Z. 1; 24 Z. 17, 20; 27 Z. 25f.; 30 Z. 8; 34 Z. 7; 35 Z. 3, 19, 31; 38 Z. 8, 27; 40 Z. 16; 45 Z. 6; 46 Z. 33; 48 Z. 5; 63 Z. 24; 64 Z. 1, 20f.; 68 Z. 26, 29, 37; 69 Z. 6, 19; 70 Z. 22; 73 Z. 1, 4; 74 Z. 5, 8; 77 Z. 2, 10, 12; 78 Z. 39; 79 Z. 2, 15; 80 Z. 1; 82 Z. 14; 84 Z. 19, 27; 85 Anm. 29; 87 Z. 1, 11; 90 Z. 23; 95 Z. 4; 96 Z. 17, 42; 97 Z. 11; 101 Z. 41; 102 Z. 8f., 12; 104 Z. 1, 20, 22, 28; 105 Z. 27, 29, 33, 35; 106 Z. 37; 110 Z. 12; 132 Z. 5, 9; 134 Z.

43; 142 Z. 15; 155 Z. 46; 156 Z. 23

arme lewte s. Arme Leute

armelüte s. Arme Leute

armelut s. Arme Leute

arme lut s. Arme Leute

arme lute s. Arme Leute

armenlåwt s. Arme Leute

armenlaͧwt s. Arme Leute

armenlawt s. Arme Leute

armenlewten s. Arme Leute

armenlütte s. Arme Leute

armlüte s. Arme Leute

armlütt s. Arme Leute

arm man s. Arme Leute

Auffahrt
Aufzug auf das Gut und die dafür an die Herrschaft zu entrichtende Gebühr 66 Z. 16

auffzieher s. Aufzieher

Aufzieher
Der ein (Erb-)Lehengut übernehmende Bauer 66 Z. 29; 99 Z. 15

außpurgen s. Bürgschaft

aygen gotzhusmensch s. Gotteshausleute

aÿgenlåwt s. Eigenleute

aÿgenlewͧt s. Eigenleute

aygen person s. Eigenleute

aygenschaft s. Eigenschaft

aynung s. Einung

B

bannholtz s. Bannwald

Bannwald
Von der Herrschaft besessene Wälder und Forsten, in denen die Untertanen unter Umständen Nutzungsrechte haben ; vgl. Holz 25 Z. 36ff.; 32 Z. 37

Bau
Bewirtschaftung der Güter; auch Abgabe von einem Gut 36 Z. 1; 46 Z. 24; 55 Z. 38; 68 Z. 9; 95 Z. 3; 101 Z. 20

Bauding
Jährlich stattfindende Zusammenkunft von Herrschaft und Untertanenschaft zur Vergabe und Besetzung der herrschaftlichen Güter 31 Z. 14, 19

Bauer
Hofinhaber im Gegensatz zum Söldner, auch im Gegensatz zum Handwerker 22 Z. 23; 24 Z. 5, 25f.; 33 Z. 9f., 17f., 46 Z. 36

Bauernschaft
Gesamtheit der Untertanen einer Herrschaft 21 Z. 4, 17; 24 Z. 4, 13; 29 Z. 4, 10; 30 Z. 22; 38 Z. 8f., 27; 45 Z. 6; 47 Z. 3

bestandbrief s. Bestandbrief

Bestandbrief
Vereinbarung über die die Bewirtschaftung eines Bestandgutes und über die darauf lastenden Abgaben, ausgestellt vom Lehensherr 114 Z. 38

Bestandgut
Von der Herrschaft auf Lebenszeit des Beständers verliehenes Gut 88 Z. 20ff., 30, 32f.; 36; 89 Z. 7, 27, 29, 31, 33, 36, 38f.; 90 Z. 1, 6, 8, 14f., 18, 26, 44f.; 114 Z. 32, 36

bestandman s. Bestandgut

best cleyd s. Gewandfall

bestgewand s. Gewandfall

best hopt s. Hauptrecht

best houbt s. Hauptrecht

best rindhaft vich s. Hauptrecht

best rindschaft vich s. Hauptrecht

best ross s. Hauptrecht

bewegliche guter s. Fahrhabe

billich s. Billigkeit

billichait s. Billigkeit

Billigkeit
Angemessenheit, Gerechtigkeit; häufig synonym verwendet mit Brauch und Altem Herkommen 27 Z. 28; 70 Z. 42; 71 Z. 44; 81 Z. 1, 6, 26, 45; 83 Z. 19, 32; 84 Z. 13, 31; 85 Z. 6, 9; 93 Z. 25; 95 Z. 45; 110 Z. 17; 111 Z. 26; 124 Z. 25; 131 Z. 12, 20; 146 Z. 6; 147 Z. 23; 150 Z. 18

böst roß s. Hauptrecht

bott s. Satzung

Brache
Dem Anbau befristet entzogenes, aber für die Weide genutztes Land 69

Z. 3; 95 Z. 39, 42

bräch s. Brache

brennholtz s. Holz

Brief

Urkunde 19 Z. 9; 20 Z. 19; 22 Z. 34-40; 30 Z. 4; 34 Z. 18; 35 Z. 28; 36 Z. 26, 32, 39; 37 Z. 14f.; 45 Z. 15ff., 20; 51 Z. 33; 52 Z. 5; 71 Z. 27; 74 Z. 11, 13, 18, 21; 75 Z. 15; 78 Z. 27; 80 Z. 10, 16; 106 Z. 34; 109 Z. 24; 112 Z. 45; 115 Z. 6, 9, 28, 33; 116 Z. 10; 118 Z. 7, 13, 33; 120 Z. 10; 124 Z. 15, 23, 32, 34, 36, 38; 125 Z. 3, 23; 128 Z. 19, 43, 45; 130 Z. 8; 131 Z. 2, 4; 133 Z. 15f.; 135 Z. 5, 13, 38; 140 Z. 10; 141 Z. 37; 148 Z. 5f., 11, 29; 149 Z. 12; 150 Z. 18, 40ff.; 151 Z. 33; 152 Z. 12, 31, 35f.; 153 Z. 40f., 43; 154 Z. 45; 155 Z. 1, 8, 11, 16; 158 Z. 10, 15, 22, 27, 32; 162 Z. 35

bündnis s. Einung

Bürgschaft

Geldsumme, die bei vorläufiger Entlassung aus dem Gefängnis vom Gefangenen oder dessen Bürgen gefordert wurde, beziehungsweise Sicherheit in Geld oder Güter für die Einhaltung eines der Herrschaft gegebenen Versprechens, insbesondere des Verzichts auf die Freizügigkeit 26 Z. 23; 55 Z. 9f.; 56 Z. 10; 85 Z. 2; 96 Z. 12, 14, 26; 97 Z. 5; 123 Z. 16, 23, 27f.; 124 Z. 13, 34; 125 Z. 41; 126 Z. 1, 8; 128 Z. 39f.; 134 Z. 27, 40; 135 Z. 1, 10, 13; 136 Z. 17, 20, 27, 31f., 40; 137 Z. 2, 25, 41; 140 Z. 41f.; 152 Z. 13f., 28; 153 Z. 15

Büttel

Bei der Steuerveranlagung beteiligter Helfer des Ammanns 105 Z. 16; 142 Z. 3

burgschaft s. Bürgschaft

Buße

Geldzahlung für Übertretung von Geboten 22 Z. 21f.; 23 Z. 26; 36 Z. 41; 50 Z. 21, 24, 26, 28, 41; 51 Z. 2; 54 Z. 33; 57 Z. 43; 58 Z. 9, 14, 17, 19,

21ff., 26, 34f., 37f., 40f.; 59 Z. 1f., 7, 9f., 12, 15f., 19-28, 35f.; 60 Z. 15, 17f., 23, 29ff.; 81 Z. 31; 84 Z. 42; 96 Z. 6, 21, 26, 33; 106 Z. 15; 117 Z. 6; 118 Z. 46; 123 Z. 1; 130 Z. 20; 150 Z. 1, 38; 158 Z. 9, 14, 32

buw s. Bau

buwlehen s. Lehen

buwlüt s. Bauer

C

castenvogt s. Vogt

D

dienen s. Dienst

Dienst

Arbeitsleistungen für den Herrn in Form von landwirtschaftlichen Arbeiten, Fuhr- und Handdiensten, Botengängen u.a. 19 Z. 35f.; 22 Z. 26, 28, 32; 23 Z. 17; 32 Z. 45; 50 Z. 36; 51 Z. 22ff.; 64 Z. 5; 68 Z. 38, 42; 76 Z. 4; 79 Z. 18; 82 Z. 17; 83 Z. 38; 87 Z. 23; 93 Z. 35; 95 Z. 19, 24f., 31ff.; 97 Z. 15; 104 Z. 28; 110 Z. 13; 111 Z. 14; 159 Z. 25f.; 161 Z. 12

dinstbarkait s. Dienst

dinstberkait s. Dienst

drittail s. Teil

E

Eckerich

Schweinemast im Wald 51 Z. 15, 20; 69 Z. 24; 75 Z. 38, 41; 79 Z. 11; 85 Anm. 29

eelich hawsfrow s. Hausfrau

ehafti s. Ehehaft

Ehehaft

Rechtlicher, gesetzlicher Anspruch 19 Z. 37

ehehafti s. Ehehaft

Ehrbarkeit

Gehobene gesellschaftliche Schicht im Dorf, der eine bevorzugte Behandlung im Gerichtsverfahren zuteil wird 55 Z. 17

Eigen

Engerer Herrschaftsbezirk eines Klosters 23 Z. 2

eigenfraw s. Eigenleute

eigen gůt s. Eigengut

Eigengut

Bäuerliches, von herrschaftlicher Belastung freies Vermögen, bestehend in Immobilien und/oder Mobilien 57 Z. 13; 60 Z. 7; 68 Z. 3; 90 Z. 34; 92 Z. 28f.; 101 Z. 13; 104 Z. 13f., 16; 113 Z. 37; 127 Z. 7; 138 Z. 20; 144 Z. 27; 145 Z. 42; 159 Z. 1; 160 Z. 19; 162 Z. 28f.

Eigenleute

Von einer Herrschaft personal abhängige, meist mit deren Gütern belehnte Bauern; teilweise synonym gebraucht mit Gotteshausleuten und Leibeigenen 22 Z. 2, 5f., 23, 39; 23 Z. 7; 25 Z. 10; 40 Z. 1, 16; 41 Z. 19; 42 Z. 24, 29, 35; 43 Z. 11, 26; 44 Z. 9, 29; 45 Z. 22, 24; 46 Z. 4; 54 Z. 26; 57 Z. 2; 60 Z. 25; 65 Z. 12; 70 Z. 42, 44; 85 Z. 4; 88 Z. 17f.; 98 Z. 14, 17; 99 Z. 4; 108 Z. 13; 110 Z. 22, 44; 111 Z. 17, 28, 33; 112 Z. 4, 13, 34ff., 41; 113 Z. 6, 18, 20, 22-25, 37, 39, 46; 114 Z. 5, 15; 115 Z. 2f., 14f., 22, 24; 116 Z. 12, 26, 44; 117 Z. 1; 118 Z. 41; 119 Z. 22f., 34; 120 Z. 13ff., 18; 125 Z. 10, 13; 129 Z. 37; 138 Z. 11, 40; 139 Z. 23f.; 145 Z. 27, 40; 146 Z. 27, 40; 147 Z. 24, 31; 149 Z. 39; 150 Z. 42; 151 Z. 24, 47; 152 Z. 2; 154 Z. 36f.; 155 Z. 18, 22; 159 Z. 6f., 29; 160 Z. 41f.; 162 Z. 14, 21, 26, 42; 163 Z. 43; 164 Z. 2f., 7

Eigenschaft

Personales Abhängigkeitsverhältnis von einer Herrschaft unterhalb des Status eines Zinsers; häufig synonym gebraucht mit Leibeigenschaft 41 Z. 23; 54 Z. 25; 115 Z. 5, 8; 116 Z. 17, 21; 138 Z. 31, 33; 139 Z. 25; 154 Z. 25, 38; 155 Z. 19; 158 Z. 19; 159 Z. 18

eigentum s. Eigengut

Einung

Verbindung von Bauern meist einer Herrschaft zur Durchsetzung ihrer Interessen, teils eidlich beschworen; synonym gebraucht zu Bündnis und Bruderschaft. Auch in der Verwendung von Gesetz 21 Z. 17; 27 Z. 39; 111 Z. 4; 115 Z. 12; 117 Z. 6

emphiteosis contract s. Vertrag emphyteutischer

entpfrömden s. Flucht

erbe s. Erbe

Erbe

Berechtigter oder Berechtigung, die Liegenschaften von Verstorbenen zu übernehmen 18 Z. 10, 15, 17, 24; 19 Z. 2, 6, 8, 11ff., 15, 24, 34, 38, 45; 20 Z. 2, 9, 14, 16; 22 Z. 7; 32 Z. 1, 6; 36 Z. 5, 22f.; 70 Z. 28, 39; 71 Z. 8, 29, 40; 72 Z. 13; 88 Z. 38; 91 Z. 1ff.; 99 Z. 14

erberkait s. Ehrbarkeit

erbfạl s. Teil

erbgitter s. Erblehen

erbgütter s. Erblehen

erbgůt s. Erblehen

erbin s. Erbe

Erblehen

Innerhalb der Verwandtschaft des Inhabers und der Genossenschaft vererbbare Güter 32 Z. 10; 49 Z. 25; 65 Z. 3f., 28; 66 Z. 22; 68 Z. 1; 70 Z. 23, 71 Z. 17, 23; 74 Z. 8, 17, 25; 77 Z. 13, 22; 80 Z. 7; 81 Z. 11; 83 Z. 3f., 35, 40, 45; 84 Z. 4, 9; 88 Z. 13, 19f., 22, 31, 33f.; 89 Z. 7, 33; 90 Z. 30, 43, 45; 91 Z. 27; 93 Z. 13, 36; 94 Z. 1f., 5, 8f., 14, 26; 98 Z. 8

Erblehenbrief

Vereinbarung über die Bewirtschaftung eines erblehenbaren Gutes und über die darauf lastenden Abgaben, ausgestellt vom Lehensherrn, bzw. im Fall des Reverses vom beliehenen Bauern 32 Z. 14f., 23f., 35; 33 Z. 15; 66 Z. 32f.; 70 Z. 17f.; 71 Z. 18; 77 Z.

14-19; 99 Z. 8, 11

erblehengütter s. Erblehen

erblehengůtt s. Erblehen

erblehensrecht s. Erbe

erblich anfal s. Heimfall und s. Fall

erblich fal s. Heimfall

erblich gerechtigkait s. Erbe

erbrecht s. Erbe

erbrechtguet s. Erblehen

erbrechtsbrief s. Erblehenbrief

erbrechtsgut s. Erblehen

erbschaft s. Teil

erbtail s. Teil

erbval s. Teil

erdschatz s. Erschatz

ergeben s. Verschreibung

erplich gerechtigkaitt s. Erbe

Erschatz

An den Lehensherrn zu entrichtende Gebühr bei Übernahme eines Gutes, orientiert an dessen Wert 49 Z. 28; 65 Z. 28; 66 Z. 8, 27; 67 Z. 8, 20, 28f., 37; 70 Z. 32; 71 Z. 12, 33; 72 Z. 17f.; 74 Z. 27; 75 Z. 8, 11; 77 Z. 24; 81 Z. 18; 83 Z. 8; 89 Z. 1; 90 Z. 35; 91 Z. 11; 92 Z. 22; 94 Z. 24; 99 Z. 15f., 25, 34; 100 Z. 1, 4, 10, 20f., 30; 101 Z. 2, 6, 12; 111 Z. 14; 121 Z. 19; 126 Z. 13; 129 Z. 21, 31; 133 Z. 46; 139 Z. 14f.; 146 Z. 21; 152 Z. 25f.

ewige gu(e)lt s. Gült

ewiger zins s. Gült

F

fängknus s. Gefangenschaft

fahen s. Gefangenschaft

Fahrhabe

Mobilien 36 Z. 16; 40 Z. 12; 43 Z. 28; 57 Z. 9, 12f., 30, 32, 35; 60 Z. 3, 12, 34; 63 Z. 25; 65 Z. 9, 13, 17, 22; 67 Z. 2f., 39, 41; 68 Z. 20f.; 73 Z. 7; 91 Z. 12, 28, 30; 92 Z. 22; 98 Z. 13, 17f., 22, 24; 99 Z. 14; 101 Z. 3, 5, 22, 33f.; 110 Z. 1; 111 Z. 29, 34; 115 Z. 47; 116 Z. 1, 13f.; 147 Z. 1; 161 Z. 30f.

Fall

Abgabe von Eigenleuten und Leibeigenen im Todesfall an die Herrschaft 19 Z. 35; 29 Z. 24; 30 Z. 8f.; 32 Z. 18; 35 Z. 36; 36 Z. 4, 9f., 14, 19; 42 Z. 18; 46 Z. 16, 21; 49 Z. 41, 44; 51 Z. 14; 56 Z. 44; 57 Z. 5, 8, 23; 60 Z. 3; 68 Z. 19; 70 Z. 32; 71 Z. 13, 34; 72 Z. 18; 75 Z. 31; 76 Z. 2; 79 Z. 2, 15; 91 Z. 31; 93 Z. 32; 98 Z. 14, 21; 101 Z. 32, 38; 110 Z. 13; 111 Z. 13; 114 Z. 21; 116 Z. 20; 128 Z. 38; 131 Z. 8; 139 Z. 15; 141 Z. 7; 146 Z. 5; 153 Z. 40; 154 Z. 8; 162 Z. 32

Fallzins

Güterzins, der bei nicht termingerechter Ablieferung dazu führt, daß das Gut an den Empfangsberechtigten fällt 159 Z. 14, 21, 23

falzins s. Fallzins

farende habe s. Fahrhabe

farendes gut s. Fahrhabe

fasnachthennen s. Schirm

faßnacht henen s. Schirm

Fischgerechtigkeit

Recht von Untertanen, in offenen Gewässern zu fischen 157 Z. 42

flecken steuer s. Steuer

Flucht

Unerlaubter Wegzug aus der Herrschaft; im übertragenen Sinn auch Annahme eines fremden Schutz- und Schirmherrn; vgl. Verschreibung 22 Z. 20; 51 Z. 7, 11; 56 Z. 9; 120 Z. 8, 11; 121 Z. 4, 11, 14f., 31, 33; 122 Z. 6, 10, 13, 18, 21f., 25, 30, 33, 36; 123 Z. 4, 7, 14, 17, 22, 28, 34; 124 Z. 6, 14, 20, 39; 125 Z. 19, 24, 28, 31, 38; 126 Z. 3, 7f., 28; 128 Z. 3, 30, 34, 40; 129 Z. 1, 4, 12, 15, 17, 20, 29; 131 Z. 25, 38, 41; 132 Z. 2, 14; 133 Z. 11, 15, 21, 31, 39; 135 Z. 27; 136 Z. 2, 17, 33, 37, 41; 137 Z. 4, 16, 23; 138 Z. 21; 139 Z. 35; 140 Z. 2, 7f., 19, 30f., 39; 141 Z. 11, 19, 36; 143 Z. 32, 35; 144 Z. 2, 5, 11, 14, 22; 145 Z. 36; 146 Z. 12; 147 Z. 6, 11,

15, 20; 149 Z. 41; 150 Z. 34; 151 Z.
14, 28, 30, 39, 42; 152 Z. 4, 34, 43;
153 Z. 2, 7

flutsame s. Flucht

fräfel s. Frevel

frävel s. Frevel

fravel s. Frevel

freibrief s. Freibrief

Freibrief
Urkundliche Bestätigung des persön-
lich freien Rechtsstatus 116 Z. 9; 122
Z. 6; 124 Z. 37f.; 126 Z. 17; 139 Z.
10, 33f.; 151 Z. 37; 160 Z. 10, 16

freier man s. Freiheit

freier muntman s. Muntmann

freier zug s. Freizügigkeit

freie stift s. Freistift

freie zinser s. Freizinser

freie zinserin s. Freizinser

Freiheit
Recht, das durch kaiserliche Privile-
gierung in einer Herrschaft gilt, auch
Bezeichnung für den oder die persön-
lich Freien oder Freie. 19 Z. 9, 31; 35
Z. 24; 43 Z. 39; 44 Z. 2; 47 Z. 4; 73
Z. 5, 7; 77 Z. 5f., 8; 115 Z. 3, 7f., 23,
30; 118 Z. 35; 120 Z. 8; 121 Z. 27;
122 Z. 13; 124 Z. 36, 41; 125 Z. 1,
10, 15; 126 Z. 15; 129 Z. 7; 133 Z.
17, 20, 22; 135 Z. 34; 136 Z. 5, 9f.,
22; 138 Z. 3, 13, 17, 23, 36, 41; 139
Z. 1, 8, 18, 25, 36f., 41; 140 Z. 5, 16,
34, 41; 141 Z. 15, 26f., 32, 38; 143
Z. 8; 144 Z. 24; 146 Z. 26; 148 Z. 10;
150 Z. 39; 151 Z. 19, 23, 46; 152 Z.
1; 153 Z. 29, 33, 42; 154 Z. 18, 22,
32, 37, 41, 44; 155 Z. 4, 6, 8, 11ff.,
25, 31, 34; 158 Z. 6, 12, 21f., 24f.,
29, 37; 160 Z. 42; 161 Z. 8f., 11, 13,
17, 19, 21, 23; 162 Z. 25; 164 Z. 13f.

frei man s. Freiheit

freischaft s. Freizinser

Freistift
Recht der Herrschaft, die Beständer
der Güter auf- und abzusetzen 22 Z.
13; 25 Z. 12, 15

freiyin s. Freiheit

Freizinser
Herrschaftsabhängige Leute mit ei-
nem Rechtsstand zwischen Freien und
Eigenleuten. Auch Sammelbezeich-
nung für verschiedene spezifizierte
Gruppen von Zinsern wie Allerheili-
gen-, Frauen-, Martins- und Nikolaus-
zinser, die ihre Namen von den Al-
tären ableiten, auf die sie ihren jährli-
chen Zinspfennig legen 108 Z. 14;
109 Z. 1; 110 Z. 43f.; 111 Z. 17, 28,
33; 112 Z. 4, 13; 113 Z. 10f., 14, 16f.,
19ff., 23, 25; 114 Z. 5, 15; 115 Z. 2, 6-
9, 14f., 22, 24, 44; 116 Z. 10, 26, 46;
117 Z. 1f.; 118 Z. 40f.; 119 Z. 23,
34f.; 120 Z. 5, 10, 16; 121 Z. 1, 8, 12,
22, 28f., 32, 35f.; 122 Z. 3, 6, 8, 11,
15f., 20, 23, 27f., 31, 35, 38; 123 Z. 3,
6, 12, 15, 21, 26, 32, 36; 124 Z. 2, 8,
16f., 26, 29; 125 Z. 11f., 15, 21, 30,
35f., 40; 126 Z. 6, 9, 19, 26, 31; 127
Z. 3, 5, 23f., 28-31, 33, 39; 128 Z. 1f.,
17f., 25, 29, 32, 35f., 39, 44; 129 Z. 3,
7f., 10, 14, 16, 19, 32f.; 130 Z. 4, 17,
22, 24, 26, 28, 30, 33, 40; 131 Z. 6f.,
18, 26, 36, 39; 132 Z. 1, 15; 133 Z. 2,
8ff., 29, 33, 38, 42f.; 134 Z. 9, 31, 39;
135 Z. 14, 18, 28, 34, 38; 136 Z. 4, 7-
11, 16, 19, 26, 28f., 31, 34, 43; 137 Z.
11, 21, 25, 27, 33, 37, 40, 46; 138 Z.
10, 18, 24, 39; 139 Z. 7, 21, 27, 29,
40; 140 Z. 4, 6, 15, 17, 21, 26, 37f.;
141 Z. 6, 9, 13, 17, 26, 40; 143 Z. 27,
31, 40; 144 Z. 1, 4, 7, 10, 13, 21; 145
Z. 14, 19, 22, 25, 37; 146 Z. 1, 7, 9,
11, 13, 32, 38, 40; 147 Z. 4, 9f., 16,
19, 22, 27, 30, 32, 34; 149 Z. 38,
40ff.; 150 Z. 3, 30, 37, 40; 151 Z. 5f.,
14, 20, 25, 27, 29, 32, 39, 41, 43f.;
152 Z. 3, 10, 31, 38, 42; 153 Z. 1, 4f.,
12, 18f., 25; 154 Z. 34; 155 Z. 3, 5,
14, 27, 29, 36, 40; 158 Z. 8, 13, 17,
22, 26, 31; 159 Z. 6, 17; 160 Z. 25,
30, 35; 161 Z. 1, 6f., 18, 42; 162 Z. 1,
14, 16, 21f., 36, 41; 163 Z. 8, 10, 34f.,
44; 164 Z. 1, 5, 14, 16

Freizinserrecht
  Rechtsstellung als Freizinser 123 Z. 38; 124 Z. 10; 125 Z. 26, 29; 127 Z. 4; 128 Z. 20; 129 Z. 2, 6, 18; 130 Z. 22f., 33, 43; 131 Z. 17, 26, 37, 40; 133 Z. 14, 40f., 44; 135 Z. 28; 136 Z. 21, 38, 42; 137 Z. 6, 17, 26; 138 Z. 12; 139 Z. 25; 140 Z. 9, 40; 143 Z. 29f., 33, 36, 42; 144 Z. 6, 9, 12, 22; 145 Z. 17f., 21; 146 Z. 3, 15, 34; 147 Z. 7, 12, 21, 28, 30; 150 Z. 25, 34f.; 151 Z. 2; 152 Z. 41, 44f.; 153 Z. 20, 30; 154 Z. 38; 155 Z. 16, 29, 37; 158 Z. 10, 15, 27, 31f.; 161 Z. 9, 20, 23

Freizügigkeit
  Recht von Personen, außerhalb des Bereichs ihrer Herrschaft zu ziehen; vgl. Flucht 116 Z. 2, 15; 133 Z. 12; 151 Z. 34

Freundschaft
  Verwandtschaft 19 Z. 46; 30 Z. 10; 45 Z. 28; 55 Z. 8; 57 Z. 9, 15, 42; 60 Z. 5; 67 Z. 26; 88 Z. 35; 93 Z. 6; 96 Z. 26; 100 Z. 27; 113 Z. 40; 128 Z. 35; 134 Z. 24; 136 Z. 35; 154 Z. 4; 162 Z. 11

Frevel
  Strafrechtliche, teils von der Herrschaft, teils von den Gerichten normierte Vergehen, die mit Geldzahlungen gebüßt werden 27 Z. 32; 50 Z. 12, 23; 58 Z. 22; 75 Z. 24, 26; 78 Z. 38, 41; 81 Z. 21, 23, 27, 30; 114 Z. 25; 142 Z. 21, 24

freybrief s. Freibrief
freye fraw s. Freiheit
freye hausfraw s. Freiheit
freÿe person s. Freiheit
freye thochter s. Freiheit
freye zinser aigenschaft s. Freizinserrecht
freye zinser gerechtigkait s. Freizinserrecht
freÿhaiten s. Freiheit
freyhaitsprief s. Freibrief
freyin s. Freiheit
freÿ man s. Freiheit

frey weib s. Freiheit
frondienste s. Dienst
früheit s. Freiheit
fründ s. Freundschaft
frunde s. Freundschaft
frundschaft s. Freundschaft
frundtschaft s. Freundschaft
frwonde s. Freundschaft
fryhait s. Freiheit
frÿhait s. Freiheit

G

gebott s. Satzung
geburschafft s. Bauernschaft
Gefangenschaft
  Gewaltsame Festnahme zur Erzwingung herrschaftlicher Forderungen 54 Z. 30, 40; 55 Z. 7, 9, 17, 22, 24; 56 Z. 34; 92 Z. 19; 118 Z. 41; 120 Z. 6, 16; 121 Z. 1, 8, 12f., 32; 122 Z. 4, 9, 11, 16, 21, 23, 28, 31, 35f.; 123 Z. 3, 6, 12f., 15, 21, 26, 32; 124 Z. 4, 11, 18, 28, 37; 125 Z. 13, 17, 35, 40; 126 Z. 1, 9, 16, 23, 27; 127 Z. 40; 128 Z. 25, 29, 32f., 45; 129 Z. 19, 38; 130 Z. 18; 131 Z. 9, 11-16, 20f., 23f., 30, 36, 39; 132 Z. 1, 11; 133 Z. 10, 13, 32, 38; 134 Z. 1, 11, 21, 28; 135 Z. 25, 33; 136 Z. 16, 26, 39; 137 Z. 12f., 41; 139 Z. 19, 32; 140 Z. 1, 7, 18, 28, 38; 141 Z. 10, 13, 17, 34; 143 Z. 12, 18, 27, 31, 34, 40; 144 Z. 1, 4, 7, 10, 15, 17, 21, 33; 145 Z. 34; 147 Z. 4, 13, 16; 148 Z. 3; 149 Z. 38; 150 Z. 32; 151 Z. 13, 20, 29f., 35, 41; 152 Z. 3, 11, 13, 32, 38, 42; 153 Z. 5, 13, 30; 154 Z. 27, 32, 44; 155 Z. 9; 156 Z. 27; 158 Z. 1; 161 Z. 22; 162 Z. 2ff.; 164 Z. 8

gefencknüss s. Gefangenschaft
gelêsse s. Nachlaß
gemain s. Gemeinde
gemaind s. Gemeinde
gemaines Recht s. Recht gemeines
gemainschaft s. Gemeinschaft
gemeinde s. Gemeinde
Gemeinde

174

Gesamtheit der zu einem Dorf oder einer Herrschaft gehörenden Bauern beziehungsweise Untertanen, aber auch das von der Gemeinde gemeinsam genutzte Land 53 Z. 11-22; 56 Z. 39f., 42; 75 Z. 31; 76 Z. 7; 79 Z. 1; 84 Z. 16, 18, 22, 25f.; 91 Z. 35; 94 Z. 46f.; 95 Z. 8-11, 13, 15f.; 96 Z. 2; 103 Z. 8; 104 Z. 5, 11, 13, 17, 37; 106 Z. 10, 28, 31f.; 140 Z. 22; 142 Z. 27f.; 151 Z. 9f., 12; 163 Z. 23

Gemeinder
Nutzungsberechtigtes Mitglied der Gemeinde 139 Z. 6

gemeines Recht s. Recht gemeines

Gemeinschaft
Gesamtheit der zu einer Herrschaft gehörenden Leute bzw. Untertanen 75 Z. 35; 79 Z. 5f.

genoß s. Genossenschaft

genosschaft s. Genossenschaft

Genossenschaft
Verband der von der Herrschaft in personaler und/oder dinglicher Hinsicht abhängigen Leute 35 Z. 34; 38 Z. 13; 49 Z. 25, 28

gepaurschafft s. Bauernschaft

gepawrschaft s. Bauernschaft

gepott s. Satzung

gerechtigkait s. Gerechtigkeit

Gerechtigkeit
Recht im Sinne einer bestimmten, einzelnen Berechtigung 27 Z. 10; 31 Z. 20; 32 Z. 12; 43 Z. 6, 38f.; 47 Z. 3; 55 Z. 37; 57 Z. 36; 63 Z. 24f.; 66 Z. 22; 77 Z. 10; 83 Z. 6, 10; 88 Z. 1f., 4, 9, 38; 89 Z. 18; 94 Z. 28f.; 95 Z. 41; 97 Z. 8, 28; 101 Z. 38ff., 46f.; 102 Z. 3; 106 Z. 8, 43; 112 Z. 34; 113 Z. 36; 115 Z. 2, 37; 132 Z. 36, 39; 136 Z. 12; 141 Z. 7; 142 Z. 31, 38; 144 Z. 23

gerechtigkheit s. Gerechtigkeit

gerechtikait s. Gerechtigkeit

gereichtikait s. Gerechtigkeit

gerichtsfrável s. Frevel

gerichtsfrevel s. Frevel

Gerichtsgang
Gang zum Gericht, um an der Urteilsfindung mitzuwirken 50 Z. 12, 35

gerichtsgenge s. Gerichtsgang

Gerichtsleute
Gerichtlich einer Herrschaft unterworfene Bauern 63 Z. 11

gerichtzlüt s. Gerichtsleute

gerichtzman s. Richter

Gewandfall
Abgabe des besten Gewandes von Eigenleuten bzw. Leibeigenen an die Herrschaft, teilweise in Geldabgabe umgewandelt 35 Z. 36; 36 Z. 15, 19f.; 42 Z. 1, 8, 13, 16; 50 Z. 1; 56 Z. 45; 57 Z. 5; 68 Z. 4; 113 Z. 12, 20, 24, 31, 33f., 45; 114 Z. 7, 17, 22

Gewohnheit
Rechtsverbindlicher Brauch, teilweise synonym gebraucht mit Altem Herkommen 19 Z. 37; 24 Z. 13; 46 Z. 22; 51 Z. 3; 57 Z. 20; 63 Z. 23; 78 Z. 30f.; 82 Z. 15, 18; 87 Z. 22; 89 Z. 14; 91 Z. 23, 33, 38, 40f., 43f.; 92 Z. 1f., 6f., 34, 36ff., 42; 93 Z. 15; 94 Z. 20; 101 Z. 40, 46; 144 Z. 36

gewonhait s. Gewohnheit

gewonheit s. Gewohnheit

gläß s. Nachlaß

gmainder s. Gemeinder

gotshusman s. Gotteshausleute

Gotteshaus
Kloster bzw. kirchliche Institution, auch der dazugehörende Personenverband (nur ausgewählte Stellen belegt) 36 Z. 18, 25f.; 42 Z. 30f.; 45 Z. 6, 27; 46 Z. 1; 57 Z. 4, 25; 70 Z. 26; 85 Z. 6f.; 96 Z. 16; 115 Z. 27

Gotteshausgüter 49 Z. 26; 64 Z. 47; 65 Z. 5, 26; 67 Z. 34, 40; 98 Z. 5ff., 10, 25f.; 100 Z. 37; 101 Z. 4, 33f., 39

Gotteshausleute
Von einem Kloster abhängige Männer und Frauen; Sammelbezeichnung für personal und dinglich Abhängige 22 Z. 8; 37 Z. 4; 42 Z. 15; 44 Z. 22;

48 Z. 24; 49 Z. 20, 23; 50 Z. 3, 7; 51
Z. 14, 16, 22, 35f.; 53 Z. 8f.; 54 Z.
7f., 20, 25f., 31f.; 55 Z. 3, 5, 40; 56
Z. 36, 44f.; 57 Z. 11, 19f., 24; 58 Z.
7, 29, 32; 59 Z. 42; 60 Z. 1, 21; 61 Z.
16, 23f., 33, 41; 62 Z. 3; 64 Z. 9,
17ff., 45; 65 Z. 1, 3, 8, 19, 25; 67 Z.
5f., 8, 10f., 12, 14, 30ff., 35, 37, 40;
68 Z. 3, 16, 22f.; 70 Z. 3, 17; 71 Z.
17, 22f.; 74 Z. 21; 76 Z. 1; 88 Z. 26;
91 Z. 29; 93 Z. 20, 27, 35; 94 Z. 43;
96 Z. 6, 25; 98 Z. 6ff., 26; 99 Z. 14,
21, 36; 100 Z. 7, 9, 14ff., 34f., 38;
101 Z. 1f., 4, 13, 22, 29f., 35f., 39,
43; 105 Z. 12; 111 Z. 5f.; 112 Z. 34,
38; 114 Z. 8, 45; 115 Z. 38f.; 116 Z.
29; 117 Z. 2, 7; 121 Z. 7; 127 Z. 23

Gotteshausrecht
Rechte und Rechtsansprüche eines
Klosters in ihrer Gesamtheit; im Ter-
ritorium geltendes Recht 64 Z. 6f.;
74 Z. 13, 22; 75 Z. 13; 80 Z. 9; 88 Z.
25; 89 Z. 11, 26; 94 Z. 8

gotzhaws s. Gotteshaus
gotzhaws gütter s. Gotteshausgüter
gotzhaws lütt s. Gotteshausleute
gotzhawsman s. Gotteshausleute
gotzhaws mann s. Gotteshausleute
gotzhaws recht s. Gotteshausrecht
gotzhaws weib s. Gotteshausleute
gotzhusaygenmensch s. Gotteshausleute
gotzhusfrow s. Gotteshausleute
gotzhusgůt s. Gotteshausgüter
gotzhuslewt s. Gotteshausleute
gotzhuslüt s. Gotteshausleute
gotzhuslewt s. Gotteshausleute
gotzhus lute s. Gotteshausleute
gotzhusman s. Gotteshausleute
gotzhusmensch s. Gotteshausleute
gotzhusmentsch s. Gotteshausleute
gotzhusperson s. Gotteshausleute
gotzhußaygenlüt s. Gotteshausleute
gotzhußleut s. Gotteshausleute
gotzhußrecht s. Gotteshausrecht
Grundherr
Obereigentümer eines Hofes bzw.

von Grund und Boden 31 Z. 10; 88
Z. 41; 89 Z. 3; 94 Z. 32, 36
grundther s. Grundherr
grundtsherrschaft s. Grundherr
Gült
Jährlich zu entrichtende Abgaben von
Höfen an die Herrschaft in Geld oder
Naturalien, sowie hypothekarische
Belastung von Gütern, die teils künd-
bar, teils nicht rückzahlbar (ewig)
waren 22 Z. 15; 55 Z. 29, 35, 38; 70
Z. 34, 47; 71 Z. 6, 11, 36; 72 Z. 4,
11, 16; 74 Z. 13; 80 Z. 10; 83 Z. 39;
84 Z. 19; 87 Z. 23; 90 Z. 11, 13, 17;
93 Z. 36; 94 Z. 37; 95 Z. 6; 103 Z.
11; 105 Z. 6f., 29; 110 Z. 14; 111 Z.
13; 116 Z. 34, 38; 126 Z. 20f.; 141 Z.
31; 143 Z. 17; 144 Z. 28; 145 Z. 28;
156 Z. 1; 159 Z. 10, 12, 14, 21-24
Güter liegende
Immobilien 36 Z. 16; 40 Z. 12; 43 Z.
28; 57 Z. 9, 13; 60 Z. 7, 32f.; 63 Z.
25; 65 Z. 22, 24; 66 Z. 4, 7; 68 Z. 20;
73 Z. 7; 74 Z. 35; 75 Z. 2, 6; 81 Z. 5;
91 Z. 11f., 23f.; 92 Z. 21; 98 Z. 10,
23ff.; 99 Z. 12f.; 101 Z. 6, 22, 33;
110 Z. 1; 111 Z. 29, 34; 115 Z. 47;
116 Z. 1, 14, 27, 45; 147 Z. 1; 161 Z.
30f.; 162 Z. 6f.
gult s. Gült
gwonhait s. Gewohnheit

H
haimstür s. Heimsteuer
halbtail s. Teil
halbteil s. Teil
handtlon s. Erschatz
harkommen s. Herkommen altes
haubt s. Hauptrecht
Hauptrecht
Abgabe des besten Stück Viehs an
die Herrschaft im Todesfall; teilweise
in Geld abgelöst 25 Z. 19, 25, 27f.;
35 Z. 37f.; 36 Z. 4, 9, 11, 15; 41 Z.
43; 42 Z. 7f., 12; 46 Z. 16, 19f.; 49 Z.
40; 56 Z. 45; 57 Z. 30, 35; 65 Z. 10f.,
18; 68 Z. 4ff., 8, 10, 18; 76 Z. 2; 98

Z. 14f., 19, 22; 101 Z. 14ff., 18, 21,
32; 110 Z. 13; 111 Z. 13; 113 Z. 11,
20, 24, 26, 45; 114 Z. 2f., 6, 10, 13,
17, 19; 116 Z. 20; 135 Z. 15; 141 Z.
7; 162 Z. 32

Hausfrau
Verheiratete, mit ihrem Mann das
Haus leitende Frau 70 Z. 23; 71 Z.
19; 81 Z. 37; 115 Z. 9; 127 Z. 9; 153
Z. 29; 154 Z. 40; 155 Z. 5, 15, 31

hausfraw s. Hausfrau

haußwirt s. Hauswirt

Hauswirt
Hausherr 155 Z. 10

Heimfall
Rückfall eines Gutes und/oder der
Verlassenschaft an die Herrschaft 31
Z. 15; 32 Z. 18, 22; 36 Z. 33f.; 43 Z.
8; 55 Z. 27f.; 63 Z. 24; 64 Z. 45f.; 65
Z. 4, 6, 9, 17; 74 Z. 15; 75 Z. 5; 78 Z.
12-18; 88 Z. 25; 89 Z. 28; 98 Z. 6, 9,
11, 14, 21; 114 Z. 27; 140 Z. 31; 161
Z. 36

Heimsteuer
Aussteuer der Kinder bei der Heirat
92 Z. 41; 127 Z. 6, 43; 129 Z. 44;
145 Z. 42f.; 164 Z. 16

Herkommen altes
Lokale oder regionale, meist münd-
lich tradierte Rechtsgewohnheiten in
Abgrenzung zu gemeinem Recht und
Satzung 19 Z. 37f.; 24 Z. 21f.; 36 Z.
45; 37 Z. 10; 42 Z. 23; 43 Z. 2; 46 Z.
22; 55 Z. 32, 39f.; 58 Z. 1f., 30; 64 Z.
3; 68 Z. 38, 42; 75 Z. 13, 22, 39, 43;
76 Z. 5, 8; 77 Z. 23; 78 Z. 17, 22, 30;
79 Z. 9, 16; 80 Z. 9, 16; 82 Z. 14f.,
18; 83 Z. 1, 13, 47; 84 Z. 1, 10, 14,
29, 37, 40; 85 Anm. 29; 93 Z. 44; 94
Z. 20, 22f., 27; 102 Z. 3; 143 Z. 2f.,
5, 39, 45; 156 Z. 4, 15; 163 Z. 20

herlichait s. Herrlichkeit

herrengult s. Gült

Herrlichkeit
Herrschaft, Verfügungsgewalt über
Höfe im Sinne von dominium 47 Z.
2; 90 Z. 23; 91 Z. 8f.; 92 Z. 26; 94 Z.

31, 37; 106 Z. 8, 43; 132 Z. 29

heßfall s. Gewandfall

heßfel s. Gewandfall

hindersåss s. Hintersasse

hindersass s. Hintersasse

hindersazz s. Hintersasse

hinder sich bringen s. Hintersichbrin-
gen

hintersåssen s. Hintersasse

Hintersasse
Einem Kloster zugehöriger Mann
(Frau); synonym verwendet mit Ei-
genmann, bisweilen auch unterschie-
den von Gotteshausleuten 22 Z. 23f.;
25 Z. 42f.; 27 Z. 28; 29 Z. 4; 30 Z.
25; 58 Z. 29, 33; 59 Z. 42; 60 Z. 25;
63 Z. 11; 70 Z. 26, 41; 71 Z. 27, 43;
85 Anm. 29

Hintersichbringen
Den Ehepartner und/oder die Kinder
in den eigenen persönlichen Rechts-
stand überführen; vgl. Verschreibung
51 Z. 9; 57 Z. 25ff., 32ff.; 115 Z. 5,
27; 124 Z. 7f.; 127 Z. 26; 128 Z. 18,
26f.; 130 Z. 32; 133 Z. 43; 136 Z. 8,
19f.; 138 Z. 15f., 33f.; 145 Z. 26f.;
153 Z. 27; 155 Z. 22; 158 Z. 10f., 15,
27f.; 159 Z. 7, 18; 160 Z. 35; 161 Z.
1, 44; 162 Z. 15, 17, 23

Hof
Bäuerlicher Betrieb in Abgrenzung
zur meist schlechter ausgestatteten
Sölde 51 Z. 16; 55 Z. 27; 58 Z. 27;
60 Z. 26; 70 Z. 24; 71 Z. 24; 89 Z.
35; 121 Z. 16f., 19; 125 Z. 21; 126 Z.
20, 22; 129 Z. 21, 24; 146 Z. 4f., 10,
21; 147 Z. 23, 36, 38f.; 159 Z. 9; 163
Z. 31

hofmarch s. Hofmark

Hofmark
Grundherrschaft mit niedergerichtli-
chen Kompetenzen 31 Z. 10

holtz s. Holz

Holz
Wald oder Forst, an dem Bauern und
Herren Nutzungsrechte haben (Bau-,
Brenn- und Zimmerholz) 25 Z. 39-

45; 26 Z. 1f.; 29 Z. 18; 30 Z. 18; 55
Z. 31, 39; 69 Z. 6-16; 85 Anm. 29; 97
Z. 20f., 23f.; 101 Z. 41; 117 Z. 17;
121 Z. 23, 25f.; 126 Z. 13f.; 131 Z.
30; 135 Z. 3, 7, 30; 150 Z. 16f., 24;
155 Z. 45f.; 156 Z. 1, 3, 5, 9, 16f.,
20, 24, 26

holzgult s. Gült

hopt s. Hauptrecht

hoptrecht s. Hauptrecht

hoptval s. Hauptrecht

houbtrecht s. Hauptrecht

hubgelt s. Gült

Huldigung
Bei Antritt eines neuen Herrn oder
nach Niederschlagung einer Revolte
zu leistender Eid der Untertanen 105
Z. 10; 111 Z. 10; 117 Z. 41

hůben s. Hof

hůbgült s. Gült

hußfrow s. Hausfrau

K

Kaufrecht
Mit Erblehen verbundene Berechti-
gung, diese zu verkaufen 80 Z. 7;
142 Z. 36, 38

Kaufrechtlehen
Gut, das mit zweifachem Todfall be-
lastet ist 162 Z. 31

kaufrecht lehen s. Kaufrechtlehen

kieˊs s. Eckerich

kös s. Eckerich

L

Landrecht
Das für ein Territorium geltende
Recht; synonym verwendet mit
Landsbrauch 22 Z. 16f.; 32 Z. 2; 64
Z. 4; 81 Z. 40; 83 Z. 16, 26, 34, 44;
91 Z. 17f.

landsbruch s. Landrecht

Landschaft
Gesamtheit der Untertanen einer
Herrschaft 87 Z. 4, 20

landsrecht s. Landrecht

landtrecht s. Landrecht

landtschaft gemain s. Landschaft

landtspruch s. Landrecht

lauß s. Nachlaß

lechen s. Lehen

lechengütter s. Lehen

Lehen
Verliehenes Gut 36 Z. 33; 42 Z. 22;
43 Z. 2, 5; 55 Z. 40; 57 Z. 36-39, 43;
60 Z. 4f.; 66 Z. 5, 8, 10, 12, 15; 70 Z.
31; 71 Z. 33; 74 Z. 17; 77 Z. 23; 83
Z. 3, 6, 36; 88 Z. 13; 89 Z. 32, 35; 90
Z. 3, 10, 34; 94 Z. 19; 95 Z. 2; 106 Z.
43; 111 Z. 14; 114 Z. 25, 28; 134 Z.
4; 159 Z. 16; 162 Z. 29

lehenbrief s. Erblehenbrief

lehenfall s. Heimfall

lehengůtt s. Lehen

leibaigen s. Leibeigenschaft

leibaigenschaft s. Leibeigenschaft

Leibeigenschaft
Aus der Eigenschaft entwickelter
personaler Rechtsstatus, der die Ehe-
schließung auf die Genossenschaft
beschränkt und dem Leibherrn hohe
Abgaben (Erbe, Teil) im Todesfall si-
chert 40 Z. 8; 41 Z. 1f., 20f., 29f.; 42
Z. 4f., 25f., 28, 30, 34f.; 116 Z. 18f.,
23; 120 Z. 17; 125 Z. 9; 126 Z. 16f.,
29; 127 Z. 26,; 29-35; 128 Z. 17, 19,
21, 28; 129 Z. 42; 130 Z. 10, 17, 21,
25-28, 30, 32, 41f.; 131 Z. 10; 133 Z.
1f., 6, 8f., 18, 23, 33, 37, 44; 136 Z.
28f.; 137 Z. 7, 21f., 24-29, 30, 32f.,
37; 138 Z. 3f., 14, 16, 27; 139 Z. 1,
3, 11, 37f.; 143 Z. 11; 144 Z. 24f.;
145 Z. 15f., 19f., 22, 25, 38; 146 Z.
1, 14, 16, 26, 32; 147 Z. 1, 33; 150 Z.
39; 151 Z. 3, 6, 21, 23, 26; 158 Z.
38f., 42; 159 Z. 17, 28; 160 Z. 9, 11,
27, 32; 161 Z. 1f., 12; 162 Z. 23, 37,
43

leibfall s. Fall

Leibgeding
Leiheform eines Gutes auf Lebens-
zeit 25 Z. 16

leübaigne s. Leibeigenschaft

libaigen s. Leibeigenschaft

libaigentschaft s. Leibeigenschaft
libfall s. Fall
liegende güter s. Güter liegende
ligende gütter s. Güter liegende
ligende hab s. Güter liegende
ligend gůt s. Güter liegende
lybfall s. Fall

M

Martinszinser s. Freizinser
mayr s. Meier
maÿr s. Meier
Meier
    Hofinhaber 32 Z. 22
Mene
    Gespann 104 Z. 29
menin s. Mene
miterbschaft s. Teil
Montag stolzer
    Festtag, markiert durch das Tragen
    besonders festlicher Kleidung 35 Z.
    36; 36 Z. 20; 49 Z. 41; 50 Z. 2
mundtmin s. Muntmann
muntleut s. Muntmann
muntman s. Muntmann
Muntmann
    Unter dem Schutz einer Herrschaft
    stehende, in der Regel freie Person
    124 Z. 22; 138 Z. 36; 139 Z. 32; 141
    Z. 29, 32; 153 Z. 26; 154 Z. 43

N

Nachbar
    Der vom Stand her Nächste in der
    engeren Umgebung 23 Z. 14; 50 Z.
    4; 51 Z. 7; 57 Z. 42; 96 Z. 11; 104 Z.
    35; 105 Z. 20
nachgepuren s. Nachbar
nachgepawrn s. Nachbar
Nachlaß
    Hinterlassenschaft, sowie der von der
    Herrschaft eingezogene Teil dersel-
    ben 19 Z. 36; 57 Z. 30, 35
nach sich bringen s. Hintersichbringen
Nachsteuer
    Vermögenssteuer, die von Eigenleu-
    ten beim Wegzug aus der Herrschaft

zu entrichten ist 115 Z. 40f.; 116 Z.
    1, 7, 9, 14, 17, 27
notdurft s. Notdurft
Notdurft
    Rechtmäßiger, ständisch differenzier-
    ter, nicht immer schriftlich fixierter
    Bedarf der Herrschaft oder der Bau-
    ern an Einkommen und Dienstlei-
    stungen 22 Z. 15f.; 25 Z. 13, 33; 27
    Z. 11f.; 32 Z. 33; 46 Z. 31; 60 Z.
    10f.; 69 Z. 11; 71 Z. 8; 72 Z. 14; 81
    Z. 35; 85 Anm. 29; 97 Z. 24; 155 Z.
    47; 156 Z. 15, 24, 31
notturft s. Notdurft
nützlich herren s. Herrlichkeit
nutzlich herlichait s. Herrlichkeit

O

oberkait s. Obrigkeit
oberkeyt s. Obrigkeit
obman s. Obmann
Obmann
    Der den Stichentscheid gebende
    Richter bei Schiedsgerichten 30 Z.
    16
Obrigkeit
    Herrschaft, sowohl des Kaisers, als
    auch des unmittelbaren Herrn 55 Z.
    5; 58 Z. 28; 59 Z. 16; 69 Z. 22; 89 Z.
    41; 101 Z. 40; 106 Z. 8, 43; 118 Z.
    35; 157 Z. 36
onbillich s. Billigkeit
ongenossen s. Ungenosse, Ungenossin

P

pauding s. Bauding
paur s. Bauer
paw s. Bau
pawr s. Bauer
pawrschaft s. Bauernschaft
peen s. Buße
pen s. Buße
pfleger s. Träger
pflegschaft s. Träger
pillich s. Billigkeit
pillichait s. Billigkeit
pittel s. Büttel

p̂orgschaft s. Bürgschaft
pot s. Satzung
pott s. Satzung
prief s. Brief
pruderschaft s. Einung
pundtnus s. Einung
puntn̂us s. Einung
puntnuss s.Einung
pur s. Bauer
puttel s. Büttel

R

raißgelt s. Reissteuer
raisstêwr s. Reissteuer
raisstewr s. Reissteuer
rayßstür s. Reissteuer
recht s. Recht
Recht
Rechtmäßigkeit; auch Gericht bzw. rechtliches Verfahren; Rechtstitel 19 Z. 35; 20 Z. 1; 24 Z. 21; 25 Z. 28; 26 Z. 25; 27 Z. 6, 33; 33 Z. 22; 34 Z. 12; 36 Z. 44; 37 Z. 9; 43 Z. 6, 26, 30, 38; 44 Z. 2; 45 Z. 12; 47 Z. 2; 50 Z. 40; 54 Z. 39; 55 Z. 1, 9, 12f., 19f.; 56 Z. 7f., 12f., 32; 57 Z. 19f.; 58 Z. 13, 37, 42; 60 Z. 19; 64 Z. 3, 7, 21; 70 Z. 28, 44; 71 Z. 30; 72 Z. 1; 74 Z. 26; 75 Z. 17f., 21; 78 Z. 10, 28, 40; 81 Z. 1; 82 Z. 18, 22; 83 Z. 9, 11f., 19, 22, 27, 33, 35, 37, 40f., 43, 46f.; 84 Z. 4, 10, 13, 15, 24, 29ff., 39, 41; 85 Z. 6, 9, 15, 18, Anm. 29; 87 Z. 23; 88 Z. 1; 89 Z. 9, 14f., 31, 40; 91 Z. 35, 39, 44; 92 Z. 1f., 5, 9, 18, 20; 93 Z. 16, 21, 29; 94 Z. 7, 19, 22f.; 95 Z. 25; 96 Z. 5; 97 Z. 6; 105 Z. 5; 106 Z. 43; 112 Z. 34; 119 Z. 12; 120 Z. 11, 19; 121 Z. 11; 122 Z. 4, 15, 19, 22; 123 Z. 14, 30; 124 Z. 38; 125 Z. 14, 20; 126 Z. 10, 18; 127 Z. 2, 32; 128 Z. 38; 129 Z. 2, 6, 11, 13; 130 Z. 9, 12, 25, 29, 34, 43; 131 Z. 4f., 13f., 21ff., 32, 37, 41, 44; 132 Z. 1, 3, 10, 25; 134 Z. 6, 11, 25, 27; 135 Z. 41; 136 Z. 30, 33; 137 Z. 12; 139 Z. 2, 36; 140 Z. 3, 5, 38, 41; 141 Z. 2, 7, 21, 28; 142 Z. 15, 18; 143 Z. 10, 13, 19f., 25, 29; 144 Z. 3, 11, 14, 19, 32, 36; 145 Z. 3f., 8, 24, 29, 33; 146 Z. 2, 6, 8, 10, 12, 14, 22, 24f., 29, 33, 42; 147 Z. 3, 6, 8, 10, 14, 25, 27, 32, 39; 148 Z. 2, 4; 149 Z. 7f., 14; 150 Z. 19, 32; 151 Z. 2, 10, 24, 35, 40, 42; 152 Z. 1, 3, 35f., 44; 153 Z. 2, 16; 154 Z. 10; 157 Z. 18, 26, 29, 33; 159 Z. 35, 38, 41
Recht gemeines
Der Satzung, Gewohnheit und dem Herkommen nachgeordnetes bzw. übergeordnetes Recht 41 Z. 25; 66 Z. 3; 78 Z. 29, 31; 83 Z. 1, 12f., 23; 84 Z. 14; 91 Z. 17; 92 Z. 27f., 33; 93 Z. 18; 99 Z. 5; 118 Z. 46
Rechtsauskunft
Einholung einer Urteilsempfehlung durch ein Gericht bei einer fremden Gerichtsinstanz 75 Z. 23; 78 Z. 34ff.; 81 Z. 33ff.; 142 Z. 13
rechtung s. Anspruch
Reissteuer
Steuer für nicht geleisteten Kriegsdienst für Institutionen des Reiches oder des Schwäbischen Bundes 89 Z. 42; 112 Z. 5, 7f., 11, 16, 18, 22; 114 Z. 41, 44f.; 142 Z. 9; 154 Z. 15; 161 Z. 12
rent s. Gült
revers s. Erblehenbrief
reversbrief s. Erblehenbrief
reverß s. Erblehenbrief
Richter
Urteilssprecher in einem Gericht, hier in der Regel von Bauern beziehungsweise Untertanen besetzt 53 Z. 8; 54 Z. 7, 19, 35; 56 Z. 5, 8, 13, 16, 19, 26, 28, 31, 34ff., 39, 42; 57 Z. 17; 60 Z. 11, 37, 41; 61 Z. 12, 33, 40f.; 62 Z. 3; 75 Z. 15, 18; 78 Z. 25f., 28; 85 Anm. 29; 97 Z. 3, 16; 103 Z. 8; 104 Z. 37; 106 Z. 30; 162 Z. 2
rodel s. Rödel
Rödel
Schriftliches Verzeichnis von Rechts-

titeln einer Herrschaft 19 Z. 15, 36;
65 Z. 1, 26; 70 Z. 25; 71 Z. 25
rödlen s. Rödel

S

sant Martins zinser s. Freizinser
sant Niclaus zinser s. Freizinser
Satzung
    Von der Herrschaft erlassene Ord-
    nung, für deren Rechtsgültigkeit der
    Konsens der Betroffenen gefordert
    wird; auch deren materialer Gehalt
    26 Z. 13, 19; 43 Z. 39; 50 Z. 12, 18,
    35, 39; 54 Z. 33; 64 Z. 4; 69 Z. 18,
    20f.; 78 Z. 29ff.; 80 Z. 11; 81 Z. 27;
    83 Z. 38; 84 Z. 42; 85 Anm. 29; 92
    Z. 32f., 38, 40, 43; 93 Z. 35; 95 Z.
    44; 96 Z. 12, 22, 24, 30, 38f., 42f.; 97
    Z. 4, 7, 12, 14f., 18; 103 Z. 27; 106
    Z. 8, 11f.; 132 Z. 32; 137 Z. 44; 142
    Z. 19; 156 Z. 4, 6, 27, 32
scharberck s. Scharwerk
scharberk s. Schwarwerk
schardienst s. Scharwerk
scharlberch s. Scharwerk
scharrdienst s. Scharwerk
Scharwerk
    Dienste der Bauern für eine Herr-
    schaft 23 Z. 18; 24 Z. 14, 26; 27 Z.
    13, 18; 31 Z. 3; 32 Z. 26, 36, 40
schatzung s. Steuer
scherm s. Schirm
schirm s. Schirm
Schirm
    Herrschaftlicher Schutz (Vogtei) über
    Personen, für den teilweise eine jähr-
    lich wiederkehrende Geld- oder Na-
    turalabgabe zu entrichten ist 26 Z.
    37; 58 Z. 29; 70 Z. 45; 72 Z. 2; 116
    Z. 19; 124 Z. 14, 21f.; 125 Z. 24, 28;
    136 Z. 22; 159 Z. 1-5; 161 Z. 14
schirmgelt s. Schirm
schloff s. Gewandfall
schlouff s. Gewandfall
schupfgüter s. Schupflehen
schupflechen s. Schupflehen

Schupflehen
    Lehengüter, von denen man wegen
    Mißwirtschaft abgestiftet werden
    kann 74 Z. 18; 94 Z. 26f.
Schwaighof
    Großbetrieb einer Herrschaft zur Un-
    terhaltung von Vieh 23 Z. 21
selde s. Sölde
sidelrichter s. Richter
Sölde
    Kleinbäuerlich-gewerblicher Betrieb
    in Abgrenzung zu Hof 51 Z. 18; 55
    Z. 33; 57 Z. 40; 60 Z. 26; 75 Z. 41
söldner s. Sölde
soldlehen s. Sölde
Stand
    Persönliche Rechtsstellung, differen-
    ziert nach Gotteshausleuten, Eigen-
    leuten, Leibeigenen usw. 97 Z. 24;
    114 Z. 8; 118 Z. 42
Standgeld
    Gebühren für den Stand auf Märkten
    142 Z. 17
standgelt s. Standgeld
statutten s. Satzung
Steuer
    Jährlich zu reichende Abgabe; als
    Schatzung unregelmäßig erhoben 23
    Z. 1; 89 Z. 42; 106 Z. 16; 110 Z. 12;
    111 Z. 13, 36, 38f., 44; 112 Z. 2; 113
    Z. 32f.; 115 Z. 39, 46; 116 Z. 30; 122
    Z. 1f.; 124 Z. 24; 128 Z. 37; 130 Z.
    38; 135 Z. 19, 21; 136 Z. 23f.; 138 Z.
    37; 139 Z. 14; 140 Z. 35f.; 141 Z. 27,
    30f.; 142 Z. 2, 5, 8f.; 143 Z. 39, 44;
    144 Z. 33f.; 150 Z. 4f., 8; 152 Z . 16;
    153 Z. 39, 42, 44; 154 Z. 9, 11f., 15;
    161 Z. 12
Steuermeister
    In der Gemeinde bestellte Steueranle-
    ger 112 Z. 1ff., 20-24; 142 Z. 3f.
steurmaister s. Steuermeister
stewr s. Steuer
Stift
    Stiftstag, an dem Bauern und Herr-
    schaft zusammenkommen 22 Z. 28
stoltzer mentag s. Montag stolzer

stoltzer möntag s. Montag stolzer
swaighof s. Schwaighof
sydelrichtere s. Richter

T

tagdienst s. Dienst
tailen s. Teil
tailung s. Teil
Talleute
    Bäuerliche Genossenschaft in einem
    Bergtal 18 Z. 11, 15, 19; 19 Z. 9, 13,
    43; 20 Z. 8, 14
tallutte s. Talleute
Tausch
    Austausch von Leibeigenen und
    Zinsern unter zwei Herren 151 Z. 4;
    152 Z. 17
taylung s. Teil
Teil
    Erbteil der Herrschaft an der Verlas-
    senschaft von Eigenleuten 27 Z. 7;
    35 Z. 38; 36 Z. 9, 11, 16, 20; 40 Z.
    10, 12, 19f.; 41 Z. 31f., 34; 45 Z. 7;
    46 Z. 7f., 13; 49 Z. 37f.; 50 Z. 4; 51
    Z. 13; 57 Z. 30f., 35; 60 Z. 3; 67 Z.
    41; 68 Z. 13, 15; 74 Z. 37; 77 Z. 10;
    80 Z. 18; 101 Z. 4, 23, 26, 28, 37;
    110 Z. 13; 111 Z. 13; 112 Z. 39f.;
    113 Z. 5-8, 18, 42; 120 Z. 20; 126 Z.
    30-35, 41, 43; 127 Z. 1, 36f.; 129 Z.
    43; 130 Z. 1, 11, 36f.; 133 Z. 4f., 24,
    28, 34, 37; 137 Z. 8, 34; 138 Z. 29,
    40; 139 Z. 15; 146 Z. 2, 36, 39; 147
    Z. 1, 25; 149 Z. 19ff.; 151 Z. 22; 152
    Z. 15; 156 Z. 42; 158 Z. 40; 160 Z.
    13; 163 Z. 2, 32
thaylen s. Teil
thusch s. Tausch
todtfall s. Fall
totenfal s. Fall
Träger
    Vormund für Kinder 46 Z. 9, 11; 67
    Z. 19, 22, 24, 26; 100 Z. 20, 22, 24,
    27; 121 Z. 3; 137 Z. 9; 154 Z. 4
trager s. Träger
tratt s. Tratt
Tratt

Weiderecht 68 Z. 28; 75 Z. 43; 81 Z.
    43; 84 Z. 33ff., 37; 95 Z. 15; 96 Z. 3
Trostung
    Sicherheitsleistung für den Fall der
    Flucht aus der Herrschaft 46 Z. 2; 51
    Z. 6; 54 Z. 28f.; 55 Z. 1f., 21, 24; 56
    Z. 10
twinge und bånne s. Zwing und Bann

U

uffart s. Auffahrt
umbsässen s. Nachbar
umbsåssen s. Nachbar
umbsёß s. Nachbar
unbewegliche guter s. Güter liegende
unbillich s. Billigkeit
undersess s. Untertanen
underthanen s. Untertanen
ungenössit s. Ungenosse, Ungenossin
ungenossämy s. Ungenossame
Ungenossame
    Unter Strafe stehende Heirat einer
    Person, die nicht derselben Genos-
    senschaft von Leibeigenen bzw. Ei-
    genleuten angehört 40 Z. 11, 20; 42
    Z. 25, 33, 36; 43 Z. 3; 51 Z. 7f.; 57
    Z. 26f., 31, 33
Ungenosse, Ungenossin
    Mann bzw. Frau, die nicht derselben
    Genossenschaft von Leibeigenen
    bzw. Eigenleuten angehören 36 Z.
    13; 50 Z. 3; 67 Z. 9f., 13, 15, 35; 68
    Z. 20; 76 Z. 7; 79 Z. 18; 96 Z. 7, 16,
    19, 25; 100 Z. 10f., 14, 17, 37f.; 101
    Z. 33
ungnȯssin s. Ungenosse, Ungenossin
ungnossami s. Ungenossame
ungnoßen s. Ungenosse, Ungenossin
unpillich s. Billigkeit
unrecht s. Frevel
unser lieben frawen zinser s. Freizinser
Untertanen
    Die einem Herrn unterstellten Leute;
    synonym zu Arme Leute und Leibei-
    gene 31 Z. 2, 10, 15f., 18; 33 Z. 5,
    27; 48 Z. 5; 50 Z. 15; 51 Z. 16, 36;
    63 Z. 11; 103 Z. 10; 107 Z. 7; 109 Z.

1, 17; 110 Z. 12, 17, 23, 32; 111 Z. 6, 12, 18, 23, 28, 33; 112 Z. 1, 4, 13, 15, 20, 29ff.; 114 Z. 3, 24, 28, 35, 41; 117 Z. 7, 28, 37, 40, 43f.; 118 Z. 1, 5, 9f., 12, 19, 21, 24, 41; 119 Z. 10, 35; 120 Z. 1; 156 Z. 18, 35

urfåhe s. Urfehde

urfechd s. Urfehde

urfecht s. Urfehde

Urfehde

Urkundliche Verschreibung, sich für Verhaftungen nicht zu rächen 55 Z. 12; 106 Z. 37f., 39; 132 Z. 14

urthail holen s. Rechtsauskunft

V

vålle s. Fall

val s. Fall

vale s. Fall

vallen s. Fall

valzins s. Fallzins

valzinß s. Fallzins

varend gůt s. Fahrhabe

vasnachthünr s. Schirm

velle s. Fall

veltzins s. Zins

vereinigung s. Einung

vererschatzen s. Erschatz

verpott s. Satzung

verpurgen s. Bürgschaft

Verschreibung

Urkundliche Ergebung in einen minderen persönlichen Rechtsstand; vgl. Hintersichbringen 106 Z. 37; 120 Z. 7, 17; 121 Z. 3, 10, 13f.; 122 Z. 5, 9, 12, 17, 21, 24ff., 30, 32, 36; 123 Z. 4, 9, 13, 16f., 22, 27, 33; 124 Z. 5, 13, 19f.; 125 Z. 23, 27f., 30, 37; 126 Z. 3, 7f., 11, 23; 128 Z. 2, 30, 33, 39f.; 129 Z. 3f., 14ff., 20, 28; 130 Z. 6, 28, 32; 131 Z. 17, 25, 38, 41; 132 Z. 2; 133 Z. 9, 11, 43; 134 Z. 2, 30; 135 Z. 27, 33, 37f.; 136 Z. 2, 31, 36, 40; 137 Z. 4, 15, 22f., 28; 138 Z. 20f.; 139 Z. 34f.; 140 Z. 7, 19, 30, 39; 141 Z. 10, 18, 35f.; 143 Z. 12f., 18, 28, 32, 34f., 41, 44; 144 Z. 2, 5, 8, 11, 13, 16; 145

Z. 35; 146 Z. 8, 11; 147 Z. 5, 11, 14-17, 20; 149 Z. 33, 39; 150 Z. 20f., 33; 151 Z. 6, 13, 22, 26f., 36, 44; 152 Z. 4, 14, 34, 39, 43; 153 Z. 1, 6, 11, 15

Vertrag emphyteutischer

Erbleihevertrag, der im Gegensatz zum Vertrag über Bestandgüter das dominium utile des Belehnten beinhaltet 90 Z. 22f., 28

verschreyben s. Verschreibung

verschribung s. Verschreibung

vischentz s. Fischgerechtigkeit

vogt s. Träger, Vogt

Vogt

Vertreter einer geistlichen Herrschaft in weltlichen Geschäften 116 Z. 33; 118 Z. 22; 119 Z. 10; 131 Z. 22, 43; 137 Z. 46; 139 Z. 9; 140 Z. 9, 25, 40; 142 Z. 14; 144 Z. 18, 32; 146 Z. 24; 147 Z. 13, 41; 148 Z. 12; 152 Z. 5; 157 Z. 12, 16, 18f., 23, 29, 31, 33; 159 Z. 34; 163 Z. 18, 22

W

waiden s. Allmende

weglösin s. Abfahrt

weichen s. Flucht

weychen s. Flucht

Z

zehende s. Zehnt

Zehnt 19 Z. 35; 68 Z. 37, 41; 75 Z. 35f.; 79 Z. 7, 9; 84 Z. 27; 95 Z. 19ff.; 131 Z. 3, 5

zeinß s. Zins

Zins

Abgabe an die Herrschaft 19 Z. 35; 55 Z. 29, 34, 37; 59 Z. 6, 9; 68 Z. 27, 31; 70 Z. 47; 72 Z. 4; 74 Z. 13; 80 Z. 10; 81 Z. 43; 84 Z. 19; 90 Z. 10, 16; 95 Z. 34; 101 Z. 2, 8f., 11; 103 Z. 11; 104 Z. 1ff., 10, 19, 22, 24; 105 Z. 6; 111 Z. 13; 116 Z. 34, 38, 44; 125 Z. 3f.; 128 Z. 38; 141 Z. 31; 142 Z. 28; 143 Z. 15; 149 Z. 43; 151 Z. 9f.; 157 Z. 45; 162 Z. 8, 13, 33f.

zinser s. Freizinser

zinser freyhait s. Freizinserrecht

zinser gerechtikait s. Freizinserrecht

zinserschaft s. Freizinserrecht

Zinslehen

    Von Höfen durch die Abgaben unter-
    schiedene Klostergüter 55 Z. 33, 36

Zwing und Bann

    Gerichtsbezirk und Satzungskompe-
    tenz einer Herrschaft 19 Z. 36; 58 Z.
    18f., 39; 59 Z. 11, 23f.; 140 Z. 22

Ortsregister

Das Register beschränkt sich auf Ortsnamen mit Angabe ihrer Zugehörigkeit zur jeweiligen Herrschaft. Eine Zuweisung der auftauchenden Orte zu heutigen Gemeinden und Landkreisen läßt sich beim Streubesitz der Herrschaften um 1500 ohne eigene archivische Forschungen mit letzter Sicherheit nicht vornehmen. (Teilweise sind solche Zuweisungen in den älteren Editionen genauer, wie für Nr. 21). Auf ein Personenregister wurde aus mehreren Gründen verzichtet: Die Personen werden in der Regel nur einmal genannt, und lassen sich, soweit es sich um Bauern handelt, ohne zusätzliche Archivarbeiten auch nicht, wenn überhaupt, näher bestimmen; zudem entstünden unvertretbare Ungleichgewichte, denn man kennt beispielsweise die Namen der rund 1200 Untertanen des Fürststifts Kempten, deren Beschwerden schließlich zum Vertrag von 1526 (Nr. 20) führten, während solche Angaben aus anderen Herrschaften fehlen.

A

Adelegg (Ort in der Pfarrei Wiggensbach; Kloster Kempten) 153f.

Adelegk s. Adelegg

Adelin (Ort in der Pfarrei Wiggensbach; Kloster Kempten) 153

Adelßhoven (möglicherweise Adrazhofen, s. dort)

Adrazhofen (Pfarrei des Klosters Kempten) 109, 139

Ahusen s. Anhausen

Aichen s. Eichen

Aichipüchel s. Eichbühl

Aleshusen s. Alleshausen

Aleshuwsen s. Alleshausen

Alishuwsen s. Alleshausen

Alleshausen (Ort des Klosters Marchtal) 103-107

Alleshaußen s. Alleshausen

Alleshuwsen s. Alleshausen

Alltußried s. Altusried

Altusried (Pfarrei und Ort des Klosters Kempten) 109, 140, 155, 158

Altusriedt s. Altusried

Altussried s. Altusried

Altußried s. Altusried

Ampen s. Ampo

Ampo (Ort in der Pfarrei Legau; Kloster Kempten) 138

Andratzhoven (Ort in der Pfarrei Leutkirch) 155

Anhausen (Ort des Klosters Salem) 61

Anhausen (Weiler oder Hof des Klosters Weingarten) 44

Anhusen s. Anhausen (Weingarten)

Arlach (Ort in der Klosterherrschaft Ochsenhausen) 63

Aschach s. Eschach

Aschachberg s. Eschachberg

Augsburg (Bischof, Bistum) 45, 47, 124

Augsburg (Reichsstadt) 145

Augspurg s. Augsburg

Auttagershofen (Ort des Klosters Ochsenhausen) 63

Autzenried (Ort in der Pfarrei St. Lorenz, Kloster Kempten) 109f.

B

Bachen s. Bechen

Bairn s. Bayern

Bappenhaim s. Pappenheim

Batzegow s. Betzigau

Bayern (Herzogtum) 21f., 24, 26, 29, 32

Baÿrn s. Bayern

Bechen (Ort in der Pfarrei Sulzberg; Kloster Kempten) 126

Bechtenrot (Ort des Klosters Ochsenhausen) 63

Bellamont (Ort des Klosters Ochsenhausen) 63

Berkheim (Ort des Klosters Ochsenhausen) 63

Betzegaw s. Betzigau

Betzegow s. Betzigau

Betzengaw s. Betzigau

Betzenried (Ort in der Pfarrei Sulzberg; Kloster Kempten) 127

Betzigau (Pfarrei des Klosters Kempten) 109f., 130, 133

Betzigaw s. Betzigau

Beyrn s. Bayern

Biberach 145

Bibrach s. Biberach

Bichels (Ort in der Pfarrei Legau; Kloster Kempten) 154

Bientzen s. Binzen

Binzen (Ort in der Pfarrei Altusried; Kloster Kempten) 158

Bodenwalts s. Bodenwalz

Bodenwalz (Ort des Klosters Kempten) 157

Böhen (Pfarrei des Klosters Kempten) 109

bond im land z\u{u} Swaben s. Schwäbischer Bund

Bonlanden (Ort des Klosters Ochsenhausen) 63

Brachsenberg s. Brasenberg

Braitenbach (Weiler oder Hof des Klosters Weingarten) 44

Brasenberg (Ort des Klosters Marchtal) 103-107

Braßenberg s. Brasenberg

Bropstried s. Probstried

Buch (ein im Kemptener Raum weitverbreiteter Ortsname; am naheliegendsten ist Auf'm Buch) 134, 150

Buchenberg (Pfarrei und Ort des Klosters Kempten) 109f., 149f., 155f.

Buffnang (Ort des Klosters Salem) 61

Buggensegel (Ort des Klosters Salem) 53, 61

Buggensegen s. Buggensegel

Bund zu Schwaben s. Schwäbischer Bund

Bundt Schwaben s. Schwäbischer Bund

bundt zu Schwaben s. Schwäbischer Bund

B\u{u}ch s. Buch

Burgberg (Weiler oder Hof des Klosters Weingarten) 44

Burgkperg s. Burgberg

Bysegk (nicht identifizierbarer Ort in der Pfarrei Wiggensbach; Kloster Kempten)

C

Constentz s. Konstanz

Costenntz s. Konstanz

Costentz s. Konstanz

D

Depsried (Ort in der Pfarrei Krugzell; Kloster Kempten) 155

Depßried s. Depsried

Diemassried s. Dietmannsried

Dietmannsried (Pfarrei des Klosters Kempten) 109, 128, 161f.

Dietmanried s. Dietmannsried

Durach (Pfarrei des Klosters Kempten) 109, 111, 124f., 137

Durchgew s. Trauchgau

Durrach s. Durach

E

Ebersbuch (Pfarrei des Klosters Kempten) 109, 162f.

Eberspach s. Ebersbuch

Edenbachen (Ort des Klosters Ochsenhausen) 63

Egelsee (Ort des Klosters Ochsenhausen) 63

Egg (Ort des Klosters Salem) 56

Egg s. Ober- und Unteregg

Eggenbühl (Ort in der Pfarrei Obergünzburg; Kloster Kempten) 147

Eggenbuhell s. Eggenbühl

Egk s. Egg

Ehrensberg (Ort des Klosters Ochsenhausen) 63

Eichbühl (Ort des Klosters Ochsenhausen) 63, 84

Eichen (Ort des Klosters Ochsenhausen) 63, 79

Eichenberg (Ort des Klosters Ochsenhausen) 63

Eizisried (Ort in der Pfarrei Sulzberg; Kloster Kempten) 160
Engelberg
 – Kloster 18ff.
 – – oberes Kloster 20
Englisweiler (Ort des Klosters Ochsenhausen) 63
Erlemoß s. Erlenmoos
Erlenmoos (Ort des Klosters Ochsenhausen) 63, 84, 95
Erlimoß s. Erlenmoos
Ermegens s. Ermengerst
Ermegers s. Ermengerst
Ermengerst (Ort des Klosters Kempten) 135, 154f.
Eschach (Ort in der Pfarrei Buchenberg; Kloster Kempten) 155f.
Eschachberg (Ort in der Pfarrei Buchenberg; Kloster Kempten) 156
Essen (möglicherweise aufgegangen in Ermengerst, s. dort)
Eytzißried s. Eizisried

F
Forst (Ort des Klosters Salem) 61
Frauenzell (Pfarrei des Klosters Kempten) 109, 164
Freiburg im Breisgau 48, 139
Frenckhenbach s. Frenkenbach
Frengkenbach s. Frenkenbach
Frenkenbach (Flecken des Klosters Weingarten) 44
Freyburg s. Freiburg im Breisgau
Friburg im Brisgöw s. Freiburg im Breisgau
Füramoos (Ort des Klosters Ochsenhausen) 63

G
Gerisried s. Görisried
Gerissried s. Görisried
Gerißried s. Görisried
Gintzburg s. Obergünzburg
Gintzpurg s. Obergünzburg
Görisried (Pfarrei des Klosters Kempten) 109, 132, 163
Goppertshofen (Ort des Klosters Ochsenhausen) 63, 79

Gopportzhofen s. Goppertshofen
Grasbeuren (Ort des Klosters Salem) 53, 61
Grasbüren s. Grasbeuren
Grönenbach (Pfarrei des Klosters Kempten) 109
Grünberg (Ort in der Pfarrei St. Lorenz; Kloster Kempten) 161
Grünenbach (Ort in der Pfarrei Urlau; Stadt Leutkirch) 138 (?), 155
Grunebach s. Grünenbach
Grunenbach s. Grünenbach
Grunenberg s. Grünberg
Grunnenberg s. Grünberg
Gůntzburg s. Obergünzburg
Gůntzpurg s. Obergünzburg
Guntzburg s. Obergünzburg
Guntzpurg s. Obergünzburg

H
Hagnau (Flecken des Klosters Weingarten) 35, 40-44
Hagnow s. Hagnau
Haldenwang (Pfarrei des Klosters Kempten) 109, 127, 160
Hattenburg (Ort des Klosters Ochsenhausen) 63
Heilgenberg s. Heiligenberg
Heiligenberg (Herrschaft) 58
Heising (Ort in der Pfarrei Lauben; Kloster Kempten) 160
Heuesern s. Heising
Hinderm Bůch s. Hinterem Buch
Hinterem Buch (Ort in der Pfarrei Sulzberg; Kloster Kempten) 124
Hochdorf (Ort des Klosters Ochsenhausen) 63
Hochenthan s. Hohentann
Hohenrad s. Mühlbichel
Hohentann (Herrschaft, Schloß) 112, 117, 153f., 157
Huggenlaubach (Ort des Klosters Ochsenhausen) 63
Hundtweiler (Weiler oder Hof des Klosters Weingarten) 44
Huntweÿler s. Hundtweiler

I
Ilerberg s. Illerberg
Ilerperg s. Illerberg
Illerberg (Schloß) 148
Imental s. Immental
Immental (Ort in der Pfarrei Obergünz-
  burg; Kloster Kempten) 145, 157
Isny (Reichsstadt) 158
Ittendorf (Dorf des Klosters Weingar-
  ten) 44

K
Känels s. Kenels
Käser s. Käsers
Käsers (Ort in der Pfarrei Dietmansried;
  Kloster Kempten) 162
Kaltprunnen (nicht identifizierbar) 158
Kempten
  - Grafschaft 115
  - Kloster 63, 70, 108-124, 126-129,
    131-134, 136, 138ff., 142-146, 148-
    151, 153-164
  - Landgericht 160
  - Reichsstadt 108ff., 116, 142, 156f.
Kemptten s. Kempten
Kenels (Ort in der Pfarrei Buchenberg;
  Kloster Kempten) 156
Kimpratzhoven s. Kimratshofen
Kimratshofen (Pfarrei des Klosters
  Kempten) 109, 140, 154, 157, 159
Kimratzhoven s. Kimratshofen
Kippenhausen (Flecken des Klosters
  Weingarten) 44
Kippenhusen s. Kippenhausen
Kirnach s. Kürnach
Königsegg (Herrschaft) 37ff., 108
Kolenberg (Ort in der Pfarrei Sulzberg,
  Kloster Kempten) 124
Konstanz (Bischof, Bistum) 18, 41, 56,
  63, 70, 103, 108, 150
Kronwinkel (Ort des Klosters Ochsen-
  hausen) 63
Krugzell (Pfarrei des Klosters Kemp-
  ten) 109, 140, 160
Kürnach (Ort in der Pfarrei Buchen-
  berg; Kloster Kempten) 156
Kummertzhoven s. Kimratshofen

Kumratzhofen s. Kimratshofen
Kungsegk s. Königsegg

L
Landau (Stadt) 160
Landaw s. Landau
Landoltz s. Ober - und Unterlandholz
Landsberg 26
Langingen (nicht identifizierbar) 127
Lanndegkh s. Lindegg
Lantsperg s. Landsberg
Laubach (Ort des Klosters Ochsenhau-
  sen) 63, 79
Lauben (Ort und Pfarrei des Klosters
  Kempten) 109, 137, 160
Laubo s. Lauben
Laůb s. Lauben
Lauterbach (Ort des Klosters Stein-
  gaden) 29
Lautterbach s. Lauterbach
Lautrach (Herrschaft der Herren von
  Landau) 155
Legau (Pfarrei des Klosters Kempten)
  109, 138, 154, 158f., 164
Lego s. Legau
Legŏw s. Legau
Legow s. Legau
Leubas (Ort des Klosters Kempten)
  151, 160
Leutkirch 155, 158
Liebennthann s. Liebentann
Liebentann (Schloß) 117, 136, 145, 162
Lindegg (Ort des Klosters Steingaden) 29
Lobach s. Laubach
Lubas s. Leubas

M
Marchtal (Kloster) 103-107
Marchtall s. Marchtal
Markt Günzburg s. Obergünzburg
Masers (Ort in der Pfarrei Buchenberg;
  Kloster Kempten) 156
Memingen s. Memmingen
Memmingen (Reichsstadt) 45ff., 50, 52,
  63, 109, 119, 130, 139
Mengen 139
Mimmenhausen (Ort des Klosters Sa-
  lem) 53, 61

Quellen und Forschungen zur Agrargeschichte

Begründet von Günther Franz und Friedrich Lütge.
Herausgegeben von Prof. Dr. Peter Blickle, Bern und
Prof. Dr. David Sabean, Los Angeles

Band 41 • Schmidt
Dorf und Religion
**Reformierte Sittenzucht in
Berner Landgemeinden der
Frühen Neuzeit**

1995. XVI, 425 S., 87 Abb., 25 Tab.,
incl. 3 1/2" Datendiskette,
geb. DM 128,–
ISBN 3-8282-5391-1

Band 39 • Cechura
Die Struktur der Grundherrschaften im mittelalterlichen Böhmen
**Unter besonderer Berücksichtigung
der Klosterherrschaften**

1994. XII, 162 S., 5 Karten, 17 Tab.,
geb. DM 79,–
ISBN 3-8282-5359-8

Band 40 • Fuhrmann
Kirche und Dorf
**Religiöse Bedürfnisse und
kirchliche Stiftung auf dem Lande
vor der Reformation**

1995. X, 506 S., 1 Abb., 1 Karte,
18 Tab., geb. DM 128,–
ISBN 3-8282-5366-0

Band 38 • Cordes
Stuben und Stuben-gesellschaften
**Zur dörflichen und kleinstädtischen
Verfassungsgeschichte am Oberrhein
und in der Nordschweiz**

1993. XIV, 345 S., 25 Abb., 4 Karten,
geb. DM 94,–
ISBN 3-8282-5358-X

Preisänderungen vorbehalten

LUCIUS & LUCIUS

Quellen und Forschungen zur Agrargeschichte

Begründet von Günther Franz und Friedrich Lütge.
Herausgegeben von Prof. Dr. Peter Blickle, Bern und
Prof. Dr. David Sabean, Los Angeles

Band 37 • Maisch
**Notdürftiger Unterhalt und
gehörige Schranken**
Lebensbedingungen und Lebensstile in
württembergischen Dörfern der frühen
Neuzeit

1992. IV, 518 S., 5 Karten, 105 Abb.,
182 Tab., geb. DM 128,–
ISBN 3-8282-5353-9

Band 36 • Holenstein
**Die Huldigung der Untertanen
Rechtskultur und Herrschafts-
ordnung (800 – 1800)**

1991. X, 543 S., 10 Abb.,
geb. DM 116,–
ISBN 3-8282-5338-5

Band 35 • Blickle
**Studien zur geschichtlichen
Bedeutung des deutschen
Bauernstandes**

1989. X, 235 S., 3 Abb., 1 Tab.,
geb. DM 58,–
ISBN 3-8282-5323-7

Band 34 • Hinsberger
**Die Weistümer des Klosters
St. Matthias in Trier**
Studien zur Entwicklung des
ländlichen Rechts im frühmodernen
Territorialstaat

1989. X, 256 S., 1 Karte, 54 Tab.,
geb. DM 89,–
ISBN 3-8282-5322-9

Band 33 • Zückert
**Die sozialen Grundlagen
der Barockkultur in Süd-
deutschland**

1988. X, 354 S., 19 Abb., 21 Tab.,
geb. DM 98,–
ISBN 3-8282-5315-6

Preisänderungen vorbehalten

LUCIUS et LUCIUS